Michael Pohl · Heinrich Fallner

Coaching mit System

Michael Pohl · Heinrich Fallner

Coaching mit System

Die Kunst nachhaltiger Beratung

4. Auflage

Mit Illustrationen von Gudrun Pohl

VS VERLAG

Bibliografische Information der Deutschen Nationalbibliothek
Die Deutsche Nationalbibliothek verzeichnet diese Publikation in der
Deutschen Nationalbibliografie; detaillierte bibliografische Daten sind im Internet über
<http://dnb.d-nb.de> abrufbar.

4. Auflage 2010

Alle Rechte vorbehalten
© VS Verlag für Sozialwissenschaften | Springer Fachmedien Wiesbaden GmbH 2010

Lektorat: Kea S. Brahms

VS Verlag für Sozialwissenschaften ist eine Marke von Springer Fachmedien.
Springer Fachmedien ist Teil der Fachverlagsgruppe Springer Science+Business Media.
www.vs-verlag.de

Umschlaggestaltung: KünkelLopka Medienentwicklung, Heidelberg
Umschlagfoto: Michael Pohl
Gedruckt auf säurefreiem und chlorfrei gebleichtem Papier
Printed in Germany

ISBN 978-3-531-17522-5

Inhalt

Coaching mit System – ein Überblick

Technische Systeme brauchen Wartung
– soziale Systeme brauchen Pflege

In den acht Jahren, die seit der ersten Auflage dieses Buches vergangen sind, hat sich viel getan. Begriff und Praxis des Coaching haben in Deutschland einen weiteren enormen Popularitätsschub erfahren. Die Nutzung professioneller Prozessberatung gehört mittlerweile zur positiven Routine vieler Organisationen. Für Menschen in anspruchsvollen Berufsrollen wird es immer selbstverständlicher, auf die Unterstützung von Personen mit kompetenter Außensicht zurückzugreifen.

Supervision und insbesondere Coaching gelten schon lange nicht mehr als Hilfsmittel zum Ausgleich von Defiziten. Im Gegenteil: sie sind Bestandteil vorausschauenden Organisationshandelns und nachhaltiger Qualitätssicherung. Eine Coachingkultur bildet sich heraus. Bemerkenswerterweise findet die Verankerung des Coachinggedankens sektorenübergreifend statt. Ebenso wie die meisten Wirtschaftsunternehmen schätzen auch öffentliche, private und zivilgesellschaftlich orientierte Institutionen den Nutzen externer Prozessberatung hoch ein.

Coaching mit System ist ein integratives und kreatives Coachingkonzept, dass von den Autoren in langjähriger Praxis entwickelt wurde. Seine Grundlagen, Arbeitsprinzipien und Anwendungsmöglichkeiten werden in diesem Buch vorgestellt. Der Ansatz Coaching mit System wendet sich explizit gegen eine Ökonomisierung aller Lebensbereiche – nicht jeder Klient ist ein Kunde und nicht jede Interaktion ein Geschäft.

Die Zielgruppen von Coaching mit System sind Einzelpersonen in verantwortungsvollen Positionen (Führungs- oder Beratungsfachkräfte) sowie organisatorische Subsysteme (Teams, Projektgruppen, Abteilungen)

- in helfenden (Sozialarbeit, Gesundheitswesen, Kirche),

- lehrenden (Aus- und Weiterbildung, Schule, Hochschule, Training),

- verkaufenden (Handel und Banken),
- gestaltenden (Kunst und Medien) sowie
- planenden (Politik und Verwaltung) Funktionen.

Coaching mit System verbindet humanwissenschaftliche Fundierung mit künstlerischer, manchmal spielerischer Herangehensweise. Es ist integrativ, weil es Arbeitsbeziehungen im Einflussfeld organisatorischer Strukturen (Systeme) sieht und dabei persönliche Eigenarten, die Auseinandersetzung mit Sinnfragen sowie größere soziale Zusammenhänge (gesellschaftliche Verantwortung) mit einbezieht.

Coaching mit System ist sowohl

- *pragmatisch*, weil es immer um die konkrete unkomplizierte Anwendbarkeit geht als auch
- *existentiell*, weil zur Machbarkeit für uns immer auch die verantwortungsgeleitete Reflexion von Sinnfragen gehört.

Die wohlwollend kritische, vertiefende und überprüfende Betrachtung: Was kann hier und jetzt getan werden? Hat das, was wir tun Herz und Verstand? Diese Fragen gehören für uns untrennbar zusammen.

Die Einflüsse oder „der Coach stiehlt, wo er kann"

Es heißt, der kreative Geist stiehlt, wo er kann. Thomas A. Edison sagte einmal: „Die meisten meiner Ideen gehörten ursprünglich anderen Leuten, die sich nicht die Mühe gemacht haben, sie weiter zu entwickeln." Was für den Geist gilt, gilt auch für den Coach. Einsame Denker und Erfinder sind in einer hochgradig vernetzten Welt nur noch Fiktion. Unsere Konzepte sind nicht nur auf unserem eigenen Mist gewachsen. Sie sind eine Koproduktion der beiden Autoren *und* das Ergebnis des Zusammenwirkens vieler Menschen, Kräfte und Systeme, die wir allein schon deshalb nicht alle aufführen können, weil vieles Angeeignete uns so in Fleisch und Blut übergegangen ist, dass der Ursprung verblasst und es zu Eigenem geworden ist.

Der Begriff Coaching ist seit langem en vogue und es ist sehr viel dazu geschrieben worden. Wir nehmen aus vorhandenen Coaching-Konzepten, was uns nützlich erscheint (>Coaching-Definitionen) und verbinden es mit Elementen aus anderen Disziplinen. Kombiniert mit unseren eigenen

Ideen, Akzenten und ausgiebigen Praxiserfahrungen machen wir etwas hoffentlich Brauchbares daraus.

Wir erfinden das Rad nicht neu, wir stellen eine eigene *Reifensorte mit möglichst griffigem Profil* vor. Für Dienstfahrten, für Geländefahrten und für Fahrten ins Unbekannte, zu denen mehr als die bisherige Routine erforderlich ist.

Wir stehen unter *Einfluss*. Wir wurden beeinflusst von den vielen Menschen, mit denen wir gearbeitet haben, von unserer Geschichte, unseren Arbeits- und Lebensbedingungen. Konzeptionell beeinflusst sind wir unter anderem von *Gregory Bateson* (Systemtheorie) und *Paul Watzlawick* (Kommunikationstheorie), von *Joseph Zinker* und *Bruno Paul de Roeck* (Gestalt), von *Kurt Lewin* und *Erich Fromm* (Sozialpsychologie), von *Edwin Nevis* und *Peter Senge* (Organisationsberatung), von *City* und *Bob Dylan* (bei radikalem Wandel sich selber treu bleiben).

Sich treu bleiben, bedeutet nicht, sich auf bisherige Kompetenzen zu reduzieren. Es bedeutet, sich auf neue Herausforderungen einzustellen und sich immer wieder auf die eigene Handlungskunst zu konzentrieren.

Wir sehen und praktizieren Coaching besonders aus dem Blickwinkel der Kreativität. Uns interessieren dabei weniger Modernität und Innovation um ihrer selbst willen, denn Innovation ohne Gegenpol – also die Bewahrung von Bewahrenswertem – verliert den Boden unter den Füßen. Viel wichtiger und spannender finden wir es, vorhandene Elemente neu und vielleicht ungewohnt zu kombinieren, zu experimentieren und Berührungsängste abzubauen.

Elemente dieses Buches

Ohne Theorie gibt es keine fundierte Praxis und ohne Praxis keine tragfähige Theorie. Dementsprechend ist dieses Buch aufgebaut.

- *Wie macht sich Coaching verständlich?* Die Kunst des Coaching (Teil I) ist wirkungslos, wenn sie nicht anschluss- und übersetzungsfähig ist. Ein Coach sollte sich in verschiedenen Sprachcodes bewegen können. Deshalb beantworten wir die Frage „Coaching wozu?" in drei Varianten. Zunächst alltagssprachlich „für Einsteiger", dann zweckrational „für Betriebswirte" und schließlich in der Fachsprache der Beratung.

- *Was unterscheidet Coaching von anderen Beratungsformen?* In einer Standortbestimmung beschreiben wir unter Bezugnahme auf andere relevante Konzepte unser Verständnis von Coaching, seine Ziele und Funktionen. Nach einer Skizzierung der Gemeinsamkeiten und Unterschiede von Coaching und Supervision folgt der Entwurf eines integrativen Coaching-Konzepts. Der Ansatz „Coaching mit System" wird charakterisiert durch die konsequente Einbeziehung kreativ-analoger Arbeitsweisen und die Schwerpunktsetzung auf systemorientiertes Coaching.

- *Wie wird Coaching wirksam?* Als Gestaltung von Arbeitsbeziehungen, sozialen Räumen und Prozessen ist es im Wesen kreativ. Als Gestaltung sozialer Wirklichkeiten bewegt es sich zwischen Handwerk und Kunst. Das Kapitel „Kreativität" handelt davon, wie Coaching mit System von den Prinzipien künstlerischer Lern- und Gestaltungskonzepte profitiert.

- *In welchen Zusammenhängen bewegt sich Coaching?* Die Komplexität und das Funktionieren der Systeme, in denen Coaching sich bewegt, wird anhand einer komplexen System-Metapher veranschaulicht. Die moderne Stadt ist ein aussagefähige Organisationsmodell, an dem sich aktuelle und zukünftige Entwicklungen sozialer Systeme aufzeigen lassen.

- *Wie werden Veränderungen erreicht?* Zukunftsfähiges Lernen ist in erster Linie Entfaltung von Kompetenzen, nicht Aneignung von Wissen. Man muss lernen, zu lernen und das geht nicht ohne Übung. Ein vierstufiges Modell von Coachinglernen hat sich bewährt, wenn Coaching nachhaltig beim Erreichen von Zielen helfen soll.

- *Welche Fähigkeiten braucht ein Coach?* Unter der leicht provokanten Überschrift „Gute Coaches – schlechte Coaches?" wird die Frage nach der erforderlichen Coaching-Kompetenz erörtert. Kann das im Grunde jeder oder bedarf es hochspezialisierter Fähigkeiten? In jedem Fall hat der Coach zahlreiche Ambivalenzen zu meistern und sich in ihren Spannungsfeldern zu bewegen.

- *Wie kann Coaching Bildungs- und Ausbildungsprozesse nachhaltig fördern?* Am Beispiel einer Kooperation mit gestaltender Wissenschaft schildern wir, wie „der Blick für das Wesentliche" Hochschullernen und Beratungspraxis verbinden kann. An einer Fachhochschule für Design wurde im Zusammenwirken von Kunst, Supervision und Coaching eine Form produkt- und arbeitsweltbezogenen Praxislernens entwickelt.

- *Wie kann ein nachhaltiges Coachingkonzept aussehen?* Coaching ist im Wesen eine professionelle Begegnung. In Teil II wird eine konkrete Coaching-Systematik vorgestellt, in deren Zentrum das Gegenüberwerden im Begegnungsraum steht. So entsteht kreatives Praxislernen Am Modell „Systemhaus" wird die Komplexität systemischer Interventionen praktisch handhabbar. Die Eigenarten verschiedener Coaching-Settings – vom Leitungscoaching über Teamcoaching bis hin zur Coaching-Ausbildung – werden dargestellt. Wir erläutern, in welcher Praxissituation welches Setting indiziert ist und worauf bei der Kontraktierung zu achten ist.

- *Wie können Coaches sich qualifizieren?* Im komplett neu eingearbeiteten Teil III schildern wir ein – in den vergangenen acht Jahren etabliertes – Modell von Coachingausbildung, dass den Maßstäben nachhaltiger Beratung entspricht und nach dem mittlerweile ca. 400 erfolgreich tätigen Coaches qualifiziert wurden. Wir beschreiben, wie das Konzept des Coachinglernens weiterentwickelt wurde, wie angemessene Lernziele definiert werden und wie ein prozessuales Curriculum aussehen kann.

- *Wie wird Coaching sich entwickeln?* Im ebenfalls neu verfassten Teil IV beleuchten wir die Zukunft des Coaching und legen dar, warum es sich dabei nicht um einen Mode-Trend, sondern um eine gesellschaftlich notwendige und sinnvolle Verankerung von Prozessberatung handelt. Wir beschreiben, wie mit fundierten Qualitätskriterien von Coaching, die Herausbildung einer Coachingkultur und die Implementierung von Coachinglernen einhergeht.

- *Was sollten Sie darüber hinaus noch wissen?* In einem kaleidoskopartig angelegten Coaching-Lesebuch – Teil V – erläutern wir in unser Verständnis von Begrifflichkeiten, die für Konzept und Kontext wichtig sind – vom kreativen Chaos über Kundenorientierung und Nachhaltigkeit bis zu Selbstorganisation – quasi in einem erweiterten Glossar.

- *Coaching mit System – wie sieht das praktisch aus?* In Teil VI schildern wir zunächst beispielhaft – als Live-Berichte – Szenen und Settings aus verschiedenen Praxisbereichen, in denen analoge Übungen – teils geplant, teils situativ – angewendet wurden. Wir verschweigen nicht die Probleme, die manchmal bei der Einführung von Coaching auftauchen (>Coaching und Banking) und zeigen, wie sie ausgeräumt werden können.

- *Welche Methoden haben sich bewährt?* Die danach folgenden kreativ-systemische Coaching-Übungen haben wir praktisch vielfach erprobt. Alle sind durch ein „Entwicklerbad" gegangen und dabei modifiziert und variiert worden. Sie sind ein gesicherter Weg, systemische Bezüge zu durchschauen und sich soziale Kompetenzen anzueignen. Die Abrundung des Praxisteils bilden Arbeitspapiere, die für den Seminargebrauch zur Verfügung gestellt werden. Der erweiterte Materialteil enthält zahlreiche neue Hand-Outs, die in den letzten Jahren entstanden sind.

Die Systematik dieses Buches versteht sich nicht linear, sondern zirkulär und dementsprechend finden sich an vielen Stellen Zeichen (>), die auf Zusammenhänge in Inhaltsverzeichnis und Lesebuch verweisen. Der Lesefreundlichkeit wegen verwenden wir meistens, jedoch nicht immer, die männliche Sprachform. Selbstverständlich möchten wir Sie als Leserin genauso ansprechen wie als Leser.

Dieses Buch ist ein Produkt kollektiver Kreativität. Als Autorenteam haben wir intensiv zusammengearbeitet und dabei von ungezählten Menschen gelernt. Besonders bedanken möchten wir uns an dieser Stelle bei *Melanie Gajowski* für den Blick der Bankerin und Projektmanagerin, bei *Johanna Pohl* und *Steffi Pohl* für den ungetrübten gesunden Menschenverstand, bei *Kurt Richter* für die Mitentwicklung von Coaching-Konzepten, bei *Georges Wagner* für die Anregungen aus der interkulturellen Perspektive und bei *Ralph Zeiler* und bei *Lothar Klein* für die grafische Umsetzung.

Ein spezieller Dank geht an *Gudrun Pohl* für die originellen Illustrationen und an *Carola Wedekind-Pohl* für die kontinuierliche organisatorische Begleitung und Unterstützung während des gesamten Projekts.

Teil I – Die Kunst des Coaching

Michael Pohl

1. Coachingsprachen

„Wir leben in einer Wegwerf-Gesellschaft, die auch ihre Worte verschleißt und verwirft. Zentrale Begriffe sind davon betroffen. Wir bedürfen des kreativen Recycling."[1]

Diese Abnutzung von Wörtern und Begriffen hat längst auch das „Coaching" erfasst. Das verurteilt uns weder zur Sprachlosigkeit, noch dazu, den Begriff zu verwerfen. Es veranlasst uns vielmehr, unsere Sprache zu reflektieren, verschiedene Sprachen zu kennen und zu nutzen. Es fordert uns auf, übersetzungsfähig zu sein. Die *Darstellungsweise* soll Neugierde, Emotionen – auch Irritation – wecken, viele Sinne ansprechen, Kommunikation auf vielen Ebenen anbieten, manchmal auch etwas erzählen, das differenzierter als ein Vortrag ist.

Normalerweise benutzen wir eine hochentwickelte Fachsprache, die durchaus sinnvoll ist, um komplexe Zusammenhänge reflektiert zu beschreiben. Es ist wichtig, sich zu Beginn bewusst zu machen, dass nicht jeder diese Sprache versteht. Deshalb haben wir uns vorgestellt, aus verschiedenen Perspektiven gefragt zu werden, was Coaching eigentlich ist. Beispielhaft versetzen wir uns zu Beginn zuerst in die Perspektive von Unbefangenen, sagen wir Heranwachsenden, und dann in eine sehr zweckorientierte Sichtweise, sagen wir von Betriebswirten.

1.1. Für Einsteiger – Was ist eigentlich Coaching?

Wir sind daran interessiert, dass unsere Arbeit, unser Denken und Sprechen sich nicht in einem kleinen, hochspezialisierten „Beratungskosmos" selbst einsperrt. Wir brauchen den Bezug zum alltäglichen Leben. Im Kontakt mit Freunden, Bekannten und Kolleginnen, die keine Beratungsprofis sind, stellen wir immer wieder fest, dass Begriffe wie Coaching oder Supervision nicht verstanden werden.

Manchmal sind sie ein Buch mit sieben Siegeln, manchmal gibt es völlig falsche Vorstellungen. Ich mache also die Probe auf Exempel und stelle mich – froh darüber, dass es Sie überhaupt interessiert – den Fragen meiner Töchter Johanna (15) und Steffi (17). Das folgende Interview ist, wohlgemerkt, acht Jahre her. Inzwischen studieren Johanna und Steffi sozialwissenschaftliche Fächer und es könnte gut sein, dass sie auch einmal coachen.

Wenn Töchter fragen

Beide: „Was arbeitest du eigentlich genau?"

Ich: „Ich mache Coaching und Supervision. Ich schreibe auch ein Buch darüber."

Beide: „Cool. Kann ich eins haben, wenn es fertig ist?"

Ich: „Klar!"   – Pause –

Steffi: „Michael? Was ist Coaching denn eigentlich genau?"

Johanna: „Und wozu kann man das denn brauchen?"

Ich: „Ähm...ich berate Leute, damit sie ihre Arbeit besser machen können und damit es ihnen besser geht mit ihrer Arbeit."

Steffi: „Inwiefern? Kannst du das nicht etwas genauer erklären?"

Ich: „Die meisten Leute machen ihre Arbeit gut. Trotzdem können sie oft Unterstützung gebrauchen. Z.B. wenn es sehr viel und sehr unübersichtlich wird oder wenn sie einen neuen Job beginnen. Außerdem passiert es oft, dass die Leute entweder an sich selbst zweifeln oder dass sie in schwierigen Situationen nicht wissen, was sie am besten machen. Manchmal sagen die Leute auch: ‚Ich habe soviel zu tun, dass ich gar nicht weiß, wie ich das alles schaffen soll. Wenn ich nach Hause komme erwartet mich in der Familie die zweite Schicht und ich muss die ganze Zeit an meine Arbeit denken – auch nachts. Auf die Dauer halte ich das nicht durch.'"

Steffi: „Gehen sie dann nicht zum Psychiater?"

Ich: „Ah, gut dass du das fragst. Viele Leute haben Bedenken, sich von einem Coach helfen zu lassen, weil sie befürchten, man hielte sie dann irgendwie für gestört. Dabei kann es jedem mal passieren, den Überblick zu verlieren. Und sich dann professionelle Hilfe zu holen, gerade wo heutzutage alles immer komplizierter wird, ist keine Schande – im Gegenteil."

Johanna: „Wieso im Gegenteil?"

Ich: „Weil ich denke, dass echte Profis auch ihre Schwachpunkte erkennen und daran arbeiten. Wer immer nur so tut als ob, der tritt auf der Stelle."

Johanna: „Kannst du mal ein Beispiel sagen, wann Leute Coaching brauchen?"

Ich: „Ja, oft ist die Zusammenarbeit ziemlich schwierig. Ich habe z.B. einmal mit einem Team gearbeitet, in dem manche Leute nicht mehr miteinander sprachen und sich noch nicht mal „Guten Morgen" sagten. Ihr könnt euch vielleicht vorstellen, dass sie es ziemlich schwer hatten, ihre Arbeit zusammen zu machen. Zum Teil können sie sich heute immer noch nicht ausstehen, aber sie reden wieder miteinander und die Arbeit läuft besser."

Steffi: „Ah ja, und wann braucht man Coaching noch?"

Ich: „Es gibt viele Chefs und Cheffinnen, die sich viel vornehmen. Manchmal kommen sie irgendwie nicht weiter und brauchen neue Impulse. Manchmal macht ihnen ihre Arbeit auch keinen Spaß mehr und sie müssen entscheiden, ob sie lieber etwas anderes machen wollen, oder ob sie es noch einmal mit neuem Schwung anpacken. Teams oder ihre Vorgesetzten müssen auch immer öfter ihre Arbeit umstellen oder neue Aufgaben übernehmen. Die Kunden wollen jetzt etwas anderes oder sie wollen sich neue Ziele setzen weil sie selbst nicht mehr zufrieden sind."

Steffi: „Das Gefühl hab' ich bei meinen Lehrern auch manchmal..."

Ich: „Das kann gut sein. Lehrer können Coaching oft gut gebrauchen. Insgesamt geht es meistens darum, dass die Leute und die Teams neue Gedanken und Ideen brauchen. Sie arbeiten lange auf eine bestimmte Art und kommen oft einfach nicht darauf, dass es auch anders ginge. Da können sie dann gut jemanden von außen brauchen, der in so etwas geübt ist. Der sie versteht, der merkt, was los ist und der ihnen hilft, neue Wege zu gehen."

Johanna: „Ist ja eigentlich ganz gut. Aber ich könnte mir vorstellen, dass der sich dann voll cool vorkommt."

Steffi: „Ich glaube auch nicht, dass es jemanden gibt, der das alles kann."

Ich: „Das ist auch ganz wichtig. Ein Coach ist kein Guru, der alles besser weiß. Er gibt auch keine klugen Ratschläge. Er hilft Menschen dabei, klarer zu sehen, was sie in ihrer Arbeit wirklich wollen, wie sie ihre Ziele am besten erreichen können und was sie dazu brauchen. Machen müssen sie es selbst. Talent zum Coach hat übrigens fast jede/r. Allerdings muss man es lernen und wenn man es so gut machen will, dass es den Leuten wirklich was bringt, muss man sehr viel üben."

Johanna: „Wenn sich einer dann so cool vorkommt, fühlen sich die Leute doch nicht mehr so toll beraten oder?"

Ich: „Genau, ein Coach darf nicht überheblich sein. Insgesamt ist Coaching also dazu da, damit die Leute wieder „Guten Morgen" zueinander sagen, damit ihnen die Arbeit nicht über den Kopf wächst, damit sie ihre wirklichen Ziele erreichen und damit sie neue Schritte tun."

Johanna: „Cool, ich glaube ich habe es jetzt verstanden."

Steffi: „Cool, ich auch – so was Ähnliches wie Gruppenpsychologie also..."

Ich: „Na ja, die spielt auch eine Rolle, aber wenn du es ganz genau wissen willst, liest du am besten unser Buch..."

So ganz verständlich war es offenbar immer noch nicht, aber so antworte ich meinen Töchtern, wenn sie wissen wollen, was Coaching ist.

Unbefangene Einsteiger fordern Allgemeinverständlichkeit

Diese – für Beratungsprofis eher ungewöhnliche – Übersetzung in die Alltagssprache ist natürlich nicht nur für Jugendliche notwendig. Unsere Fachsprache versteht nicht jeder. Auch nicht jeder Erwachsene. Wir sollten das auch nicht einfach voraussetzen.

1.2. Für Ökonomen – Coaching was bringt das?

Aus ganz anderer Perspektive, nämlich keineswegs unbefangen, sondern sehr ziel- und zweckorientiert wird die Betriebswirtin fragen: „Coaching – was bringt mir das?". Hier eine mögliche Antwort in der Sprache rationaler Kosten-Nutzen-Abwägungen.

Coaching ist eine innovative Maßnahme der Personalentwicklung und ein Instrument zur Entwicklung der Lernfähigkeit des Unternehmens.

Beide Faktoren sind ökonomisch überlebenswichtig, da besonders die deutsche Wirtschaft immer mehr in einem Qualitäts- als in einem Preiswettbewerb steht[2]. Marktführerschaft wird zukünftig immer mehr durch Innovationsbereitschaft und Lernfähigkeit erreicht. „Die Fähigkeit, schneller zu lernen als die Konkurrenz ist vielleicht der einzig wirklich dauerhafte Wettbewerbsvorteil."[3]

Investitionen in das Humankapital werden daher immer wichtiger. Dabei spielen vor allem *zwei Qualifizierungsaspekte* eine Rolle.

- Die Förderung von Teamfähigkeit, Flexibilität und Kreativität der einzelnen Mitarbeiter *(individuelles Lernen)*
- die Sicherung der Anpassungsfähigkeit der betrieblichen „Humansysteme" *(institutionelles Lernen)*.

Menschen müssen immer öfter, immer besser und immer wirksamer zusammenarbeiten. Sie brauchen Kooperationsvermögen, soziale Kompetenz sowie die Fähigkeit und Bereitschaft zur konstruktiven und zielgerichteten Interaktion.

Daraus folgt der hohe Stellenwert von *Reflexion und Gestaltung der Arbeits-Beziehungen*. Teamfähigkeit und Kommunikationskompetenz spielen bei zunehmender Vernetzung eine immer größere Rolle. Teamarbeit

21

steht hoch im Kurs, sie steht als Qualifikationsmerkmal „Teamfähigkeit" in fast jeder Stellenausschreibung.

Nun wissen wir, dass Personalentwicklung, die den Menschen nur als Funktionsträger anspricht, zum Scheitern verurteilt ist, da Menschen niemals bereit sind, sich organisatorischen Zielen nahtlos unterzuordnen. Jeder Betrieb muss davon ausgehen, dass Mitarbeiter „vielmehr ein hohes Maß an Kreativität mobilisieren, um ihre Integrität als einmalige Menschen zu wahren. Um dieses typische menschliche Potential nicht in Widerstandsformen zu verschleißen, sondern es lebendig zu erhalten und sogar konstruktiv zu nutzen, muss jede Personalarbeit neben dem Funktionsträger auch den Menschen im Berufstätigen anzusprechen suchen."[4] Hier besteht in vielen Betrieben noch eine große Lücke zwischen Wunsch und Realität.

Die fehlende Verbindung – The Missing Link

Peter Senge identifiziert diese strategische Lücke schlicht aber treffend als „die fehlende Verbindung: Übung". Sowohl individuelles als auch Team-Lernen bedürfen regelmäßiger Übung. Das fast vollständige Fehlen von Übungsmöglichkeiten ist oft Ursache für Stagnation und daraus folgende entscheidende Wettbewerbsnachteile.

Eine weitere Lücke klafft zwischen zahllosen Einsichten und Verbesserungsvorschlägen, die nie in die Alltagspraxis umgesetzt werden. Der tiefere Grund, „warum die besten Ideen scheitern" liegt im Festhalten an gewohnten Denk- und Handlungsweisen. Die Beteiligten denken in *„mentalen Modellen"* die nicht daraufhin überprüft werden, ob sie noch den veränderten Realitäten entsprechen. „Ob mentale Modelle zu Problemen führen, hängt nicht davon ab, ob sie richtig oder falsch sind – alle Modelle sind per definitionem Vereinfachungen. Problematisch wird es, wenn die mentalen Modelle im Verborgenen operieren."[5]

Es gibt *zwei wesentliche Settings* zum Ausbau von Interaktionskompetenz und kreativer Problemlösefähigkeit. Zum einen Dialogsitzungen mit bestimmten Regeln (Aufheben von Annahmen, Kollegialität, Forschergeist[6]), zum anderen die Schaffung simulativer Lernlabors, in denen effektivere Kommunikationsformen oder auch verbesserte Produkt- und Akquisitionsplanungen erreicht werden können[7].

Übungs-Settings wie Lernlabors dienen dem spielerischen Experimentieren[8] (> Spiel als Systemlernen), der Reflexion problematischer Situationen, der Simulation zukünftiger „Ernstfälle" und der Überprüfung mentaler Modelle.

Zwei Varianten innovativer Lernlabors

- Computersimulationen, strategische Planspiele und EDV-gestützte Szenario-Techniken
- Lebendige, verkörperte Simulationen mit den anwesenden Menschen im Form von Inszenierungen und Re-Inszenierungen

Die kreativen Settings des Coaching mit System gehören zu letzteren. Sie haben gegenüber EDV-gestützten Lernlabors zwei Vorteile. Sie arbeiten sowohl mit Realitätssimulationen – in Form von Inszenierungen – als auch mit dialogfördernden Mitteln. Außerdem bewegen sie sich unter Einbeziehung aller Sinne auf der Ebene direkter zwischenmenschlicher Kommunikation. Damit fördern sie *praktische Sozialkompetenz* und wirken dem allgemeinen Verlust an direkter Kommunikationsfähigkeit entgegen.

Kreatives Coaching mit System ist also ein *effizientes Instrument*, die Lücke zwischen gesteckten Zielen und Alltagspraxis zu schließen. Es entwickelt die individuellen Potentiale im Zusammenhang mit den Erfordernissen von Team, Abteilung und Betrieb. Es verliert nie Selbstverantwortung und Initiative des Einzelnen aus dem Auge („Was können *Sie* tun, um die Situation zu verbessern?"), weiß aber auch, dass kaum noch etwas ohne Kooperation funktioniert.

Der heutige Mitarbeiter ist immer weniger dazu bereit, individuelle Lebensziele hinter betriebliche Belange zurückzustellen. Er bringt das Unternehmen am ehesten voran, wenn seine Ziele und Bedürfnisse mit denen der Firma „synchronisiert" werden können. Coaching mit System zieht daraus die Konsequenz, persönliche Eigenarten mit konstruktiver Interaktion und Systemzielen (Betriebszwecken) in Beziehung zu setzen.

Investitionen in Coaching-Maßnahmen zahlen sich aus, da sie der Steigerung von Prozess- und Ergebnisqualität der Arbeit, der (>) Kundenorientierung und der Arbeitszufriedenheit dienen. Als spezielle – langfristig sogar kostenneutrale – Variante, bietet sich auch die Einführung von Methoden des (>) Kollegialen Coaching an.

Soweit also zwei mögliche Varianten, den Nutzen von Coaching aus unterschiedlichen Perspektiven zu erklären – einmal für Unbefangene, einmal für Effizienzorientierte. Diese Erklärungen schließen einander nicht aus, sie ergänzen sich vielmehr, indem sie verschiedene Ebenen ansprechen. Im Wesentlichen gleiche Sachverhalte werden nur anders formuliert oder anders akzentuiert. Die folgende Darstellung bewegt sich vorwiegend in der Terminologie professioneller Beratung.

1.3. Für Beratungsprofis – Coachingdefinitionen

Es gibt gut entwickelte Coaching-Theorien und Methodiken, auf die wir uns beziehen und an die wir anknüpfen[9], eine grundlegende finden wir bei *Astrid Schreyögg*. Wer an einem erweiterten Überblick interessiert ist, den verweisen wir gerne auf den systematisch vorzüglichen Vergleich aktueller innovativer Konzepte und ihrer Merkmale bei *Christopher Rauen*[10]. Wir beschränken uns an dieser Stelle auf die Darstellung einiger zentraler Aspekte.

Der Begriff Coaching kommt ursprünglich aus dem Leistungssport und bezeichnete zunächst die Zuständigkeit eines Coaches für Leistungstraining und „menschlich-mentale Verfassung seines Schützlings".

Coaching galt als gezieltes, berufsbezogenes Persönlichkeits- und Mentaltraining, dass auch Talenttraining umfasst. „Ein professioneller Coach erkennt genau die Stärken seines Schützlings und hält auch bei dessen scheinbaren Schwächen unbeirrbar an seinem Urteil über ihn fest, denn er glaubt an sein Talent, ja, er weiß, was in ihm steckt."[11]

Gutes Coaching erfüllt zwei wesentliche Erfordernisse: erstens das Training von Erfolgsstrategien und die Stabilisierung vorhandener Fähigkeiten, und zweitens die gezielte Förderung der aktiven Persönlichkeit. Die Metapher vom „Luna-Learning"[12] weist darauf hin, dass wir vom Mond nur die Teile sehen, auf die die Sonne scheint, und dass auch die anderen Teile ins rechte Licht zu rücken sind. Dabei gilt: Häufiges Vergegenwärtigen führt zu professioneller Bewusstheit der eigenen Stärken, Schwächen und Möglichkeiten.

Das Wesen des Coaching besteht nach Tim Gallwey (The Inner Game of Tennis) darin, das Potential eines Menschen zur Maximierung seiner eigenen Leistung freizusetzen. Es hilft ihm eher zu lernen als das es ihn etwas lehrt[13]. Es gilt auch als Maßnahme der Personalentwicklung, die sich perfekt auf den einzelnen zuschneiden lässt, sowie als Unterstützung für „Freud und Leid im Beruf"[14].

Als Hauptgegenstand von Coaching gilt traditionell die

- „Förderung beruflicher Selbstgestaltungspotentiale, also des Selbstmanagements von Führungskräften und Freiberuflern".

- Es geht um „einsame Leistungen, auf die der Coach seine Klienten vorbereiten soll"[15].

- Andere Autoren sehen in Coaching – als personenzentrierter Arbeit mit Führungskräften – „nichts anderes als eine Form der Kurzzeitsupervision"[16].

Coaching versteht sich als persönlicher Dialog zwischen dem Gecoachten und einem bewusstheitsfördernden Feedback-Partner, der Veränderungsprozesse durch verbesserte Selbstwahrnehmung auslöst[17]. Es dient dabei immer als Mittel zur Förderung von Bewusstsein und Verantwortung und baut zugleich auf dem Vorhandensein dieser zentralen Elemente beim Klienten auf.

Klassische Coaching-Konzepte beschränken sich bis auf wenige Ausnahmen[18] auf zwei Hauptakzentuierungen.

Die zwei Hauptakzente des klassischen Coaching

- Coaching ist vorrangig verbal und kognitiv orientiert
- Coaching bezieht sich meist auf professionelle Einzelakteure.

Dementsprechend sind die üblichen Vorgehens- und Arbeitsweisen vorwiegend bis ausschließlich gesprächsorientiert. Ausdrucksfördernde Methoden und kreativierende Medien werden zwar manchmal erwähnt, gelten dann jedoch als zusätzliche „eher unübliche methodische Maßnahmen"[19].

Eine Frage, die in Fachkreisen immer wieder gestellt wird, ist die nach dem Verhältnis von Coaching und Supervision. Den interessierten Laien und die KundInnen von Beratungsdienstleistungen dürfte diese Frage vermutlich weniger bewegen, solange sie gut beraten werden. Für alle Interessierten gibt es weiter unten (>2.3.) eine Positionsbestimmung zu diesem Thema.

2. Coaching mit System als konzeptionelle Weiterentwicklung

Da „Coaching mit System" sich vor allem als *Beziehungs- und Prozessgestaltung* versteht, haben ausdrucks- und kreativitätsfördernde Mittel hier einen hohen Stellenwert. Dabei sind Anleihen bei Spiel, Kunst und Theater legitime und oft geradezu indizierte Maßnahmen. Weil Coaching zudem immer auf berufliche soziale *Systeme* trifft, reicht es nicht aus, nur die Einzelpersonen im Blick zu haben.

„Wenn in Organisationen Menschen vernetzt zusammenarbeiten, kann sich Coaching nicht nur auf den Umgang mit Individuen beziehen, sondern muss Zusammenarbeit, Teamentwicklung und Teamcoaching zum selbstverständlichen Bestandteil haben."[20]

2.1. Coachingziele – Innovation mit Herz

Generelles Ziel von Coaching mit System ist die Veränderung von Deutungs- und Handlungsmustern in drei Kategorien:

Musterveränderung im Coaching

- Ablösung von Mustern (Was ist zu beenden?)
- Weiterentwicklung von Mustern (Was ist fortzusetzen?)
- Neuentwicklung von Mustern (was ist zu beginnen?)

Coaching zielt auch darauf ab, Schwächen von Individuen oder Gruppen ins Positive umzukehren. Es geht davon aus, dass dies wesentlich erfolgversprechender ist, als der Versuch, Schwachpunkte einfach zu eliminieren.

Im Mittelpunkt von Coaching steht die Art der Beziehung zwischen dem Coach und dem Gecoachten. Gegenüber Mittel und Stil der verwendeten Kommunikation sind sogenannte objektive Fakten zunächst zweitrangig. Oberstes Ziel dabei ist immer die Leistungsverbesserung[21].

Coaching mit System ist auch ein zeitgemäßes Mittel der Innovation von Management und Organisation. Während sich altes Management auf einer Skala zwischen „Sagen – Verkaufen – Diskutieren – Machen lassen" bewegt, liegt Coaching „auf einer ganz anderen Ebene. Es verbindet die Vorteile beider Extreme, ohne zugleich deren Risiken zu besitzen"[22].

Damit ist es sowohl Mittel als auch Wesen eines Wandels von Organisations- und Unternehmenskultur. Coaching ist – im Sinne von Effizienz *und* Humanität – sowohl auf die Steigerung beruflicher Qualifikationen als auf die Entfaltung menschlicher Potentiale im Beruf gerichtet[23].

2.1.1. Der Arbeit Herz und Seele zurückgeben

Die Humanisierung der Arbeit stellt in unserem Coaching-Verständnis eine unverzichtbare Zieldimension dar. Die meisten Menschen arbeiten gerne und ziehen sogar – entgegen landläufiger Vorurteile – im Zweifelsfall eine niedrig bezahlte Arbeit der staatlichen Unterstützung vor.

Arbeit gibt ihnen das Gefühl, gebraucht zu werden, Arbeit gibt Bestätigung und soziale Anerkennung, Arbeit gibt dem Leben Sinn. In unserer Gesellschaft hängt das Selbstwertgefühl des Einzelnen sehr eng mit der Arbeit zusammen, in aller Regel hängt es entscheidend von ihr ab. Das mag mancher bedauern, doch man muss es zur Kenntnis nehmen.

Bedauert wird dieser Zusammenhang oft, weil mit Arbeit Fremdbestimmung, Unfreiheit, Sinnleere und Reduzierung der Persönlichkeit verbunden werden. Dies trifft leider nicht selten zu, weil die Form in der wir arbeiten, nur allzu oft von hemmenden, destruktiven und letztlich ungesunden Einflüssen und Bedingungen geprägt ist. Provokant pointiert können wir daher mit Sprenger sagen: „Arbeit macht Spaß oder krank."

Wenn Arbeit und Sinn, Arbeit und Gesundheit, Arbeit und Persönlichkeitsentfaltung keine unüberbrückbaren Gegensätze sein sollen, dann muss Arbeit Spaß machen. Effektive, sinnvolle und verantwortliche Beratungsmethoden müssen sich daher nach unserem Verständnis auch daran messen lassen, ob sie dazu beitragen, der Arbeit „Herz und Seele zurückzugeben".

Psycho-Tricks zur kurzsichtigen Leistungssteigerung oder Motivationsmanipulation sind dabei tabu. Wir glauben, dass nachhaltige Produktivitätssteigerung, Produktverbesserung und Zielerreichung dann am besten erreicht werden, wenn es gelingt, sie in Einklang mit den individuellen Bedürfnissen nach Anerkennung, Sinn und Selbstverwirklichung zu bringen – wenn also die Selbststeuerung in Humansystemen gestärkt wird.

Wenn wir radikal auf Selbstwertgefühl und die Stärkung von Selbst-
verantwortlichkeit setzen, können wir eine Arbeitsethik mit Zukunft unterstützen. Kreatives Coaching mit System versteht sich als praktisch
erprobte und humanwissenschaftlich fundierte Methodik zur Erreichung
dieser Ziele.

Grundsätzlich gilt: Coaching mit System ist ein professionelles Begleitangebot für lernende Organisationen, für Veränderungsprozesse
und für Menschen, die mit Menschen arbeiten, besonders wenn sie dies
leitend oder beratend tun.

- Es ist psychisch entlastende Begleitung, indem es bei der Erreichung individueller und organisatorischer Ziele sowie bei der Reflexion eigener Beratungstätigkeit unterstützt.
- Es ist Kommunikationsberatung, Training und Selbstklärungshilfe
  für Person und System.
- Es identifiziert Erfolgsblockaden und fördert den menschlichen und
  beruflichen Erfolg.

2.2. Coaching-Funktionen

Wann ist Coaching indiziert? Was soll Coaching bewirken? Welche
Funktionen nimmt es in Arbeitssystemen wahr?

2.2.1. Veränderungsbegleitung

In einer Zeit unvermeidlichen Wandels in fast allen Lebensbereichen ist
eine Hauptfunktion von Coaching die Begleitung bei Veränderung von
professionellen Systemen. Bei der Anpassung an veränderte Kontextbedingungen, bei neuen Zielsetzungen, bei unumgänglichen Innovationen
und neuen Anforderungen (> „überrollt werden oder aktive Teilhabe?").

Unvermeidlich ist der Wandel oft im Sinne evolutionärer Anpassung.
Organisationen, die stagnieren und versteinern werden früher oder später
dysfunktional. Wettbewerbsnachteile und Abkoppelung von der gesellschaftlichen Entwicklung sind die Folge.

Das Evolutionsprinzip „survival of the fittest" wird oft als menschen-
verachtender Sozialdarwinismus missverstanden, als „nur die Stärksten
überleben". Tatsächlich bedeutet es das Überleben derer, die sich am

besten an wechselnde Umweltbedingungen angepasst haben. „Fit-Sein" heißt passend sein – und dies wiederum keineswegs nach dem Motto „one size fits all" (alle über einen Leisten schlagen) , sondern unter Berücksichtung aller nur denkbaren und vertretbaren Vielfalt.

2.2.2. Systempflege

Coaching hat eine Wartungs- und Pflegefunktion in Arbeitssystemen. Bei der Verbindung von Humanitäts- und Effizienzaspekten stehen Förderung und Erhalt von Sozial- und Systemkompetenz im Vordergrund.

Zur Systempflege gehört wesentlich das „Spiegeln" von Wahrnehmungen. Der Coach in seiner marginalen Rolle kann Interaktionen, Handlungsweisen und Routinen des Systems wahrnehmen, die der Betriebsblindheit zum Opfer gefallen sind. Beim Coaching von Leitungsrollen, die mit erheblicher Macht ausgestattet sind, wird manchmal das Bild vom (>) „Coach als Hofnarr" verwendet.

Arbeitssysteme sind in ihrer eigenen Spiegelungsfähigkeit oft durch Faktoren wie Angst vor Gesichtsverlust, mangelnde Offenheit und kollektive Abwehrroutinen stark eingeschränkt. Führungskräften sind oft isoliert *(lonely at the top)*. Selbständige leiden oft an der „Freiberufler-Blindheit". Bei beiden kommt es dadurch zu unrealistischen Selbstbildern.

Zur Systempflege gehört auch die Prävention. Regelmäßiges Coaching als Qualitätssicherung ist die Alternative zum Coaching als (>) Krisenintervention, wenn das Kind schon in den Brunnen gefallen ist.

2.2.3. Hilfe und Heilung

Arbeitssysteme sind oft auf die eine oder andere Art beschädigt. Mobbing, Burn-Out oder auch der Begriff des Karrierekrüppels bezeichnen solche Schadensphänomene.

Coaching kann zu „sozialer Heilung" beitragen, indem es dabei hilft, dass auch in beschädigten mikrosozialen Systemen – wie zerstrittenen Teams, gekränkten Arbeitsbeziehungen, angeschlagenen Organisationen – zusammenwachsen kann, was zusammengehört. Es fördert notwendige Stabilisierungsprozesse, indem es angegriffenen („kränkelnden") Arbeitssystemen ein gesunderes Funktionieren ermöglicht.

Kränkelnde Systeme haben immer eine Wahlmöglichkeit

Ziel dabei ist immer die Stärkung und Wiederbelebung der Selbstentwicklungskräfte. Es gibt immer natürliche – also latent noch vorhandene – Ressourcen und Potentiale. Zwei Missverständnissen ist dabei vorzubeugen:

- Es geht *nicht* um Therapie.
- Da es sich bei Arbeitssystemen um lebendige Organismen und nicht um technische Apparaturen handelt, lautet das Motto dennoch: *Heilen statt reparieren.*

2.2.4. Verbindungslernen

Coaching mit System kann verlorengegangene Verbindungen *(missing links)* wieder herstellen:

- die Verbindung von Individuum und Organisation,
- die Verbindung der verschiedenen Systemebenen „Binnen-, Sub-, Gesamt- und Kontextsystem",
- die Verbindung von Leitbildern und Visionen zum Alltag

- die Verbindung von Vernunft und Intuition,
- die Verbindung von Theorie und Praxis.

Gerade durch das Ansprechen aller Sinne bzw. Intelligenzformen kann es als „soziokultureller Katalysator" fungieren. Indem es „logisches Denken, sprachliches Geschick, Selbstreflexion, bildliche Vorstellungskraft, zwischenmenschliches Verständnis, musikalisches Empfinden, Bewegungsintelligenz und die Einsicht in naturgesetzliche Prinzipien"[24] verbindet, kann es Lernprozesse beschleunigen und vertiefen.

2.3. Coaching und Supervision

Für *Rauen* ist die Supervision „dem Coaching in vieler Hinsicht sehr ähnlich, z.B. in der Art der vorhandenen Settings; jedoch begrenzte sich die Zielgruppe in der Supervision ursprünglich auf erklärte Beziehungsarbeiter wie z.B. Trainer, Therapeuten, Sozialarbeiter". Diese formale Beschränkung auf bestimmte Zielgruppen hat sich durch Weiterentwicklungsprozesse inzwischen aufgelöst und es gibt erkennbare Tendenzen dahin, „dass sich Supervision in der Wirtschaft als prozessorientierte Beratungsform etabliert"[25].

In Übereinstimmung mit *Butzko, Doppler, Fatzer* und *Sievers* kann er „relativ wenig Unterschiede zu Coaching erkennen" und sieht in der Praxis des Coaching oft eine Art Management-Supervision. Der These von *Rauen*, dass der Coach sich vom klassischen Supervisor durch wirtschaftliche Fachkenntnisse und Feldkompetenz unterscheide können wir uns nicht anschließen, zumal er selbst in seiner vergleichenden Übersicht die entscheidende Rolle der gemeinsamen Meta-Kompetenzen beschreibt. Die Auffassung, dass der Coach Themen wie „Macht" und „Hierarchie" eher akzeptiere, während der Supervisor sie kritisiere, kann allenfalls auf ein längst überholtes Verständnis von Supervision zutreffen.

2.3.1. Zwei Seiten einer Medaille

Coaching ist – zumindest in unserem Verständnis von Coaching mit System – keine völlig eigenständige, klar abgrenzbare Beratungsform, „...weil Supervision als Handlungskonzept in den helfenden Berufen alles abdeckt, was auch im Coaching betrieben wird. Doch stoßen wir hier an sprachkulturelle Grenzen: Der Begriff Supervision ist im Kontext von Management und Unternehmung noch nicht anschlussfähig."[26]

„Supervision ist wie Coaching ursprünglich als breite beruflich orientierte Beratung von einzelnen oder Kleingruppen konzipiert. Im Fortlauf ihrer Entwicklung reduzierten sich die Intentionen aber auch immer deutlicher auf emotionsorientiertes Lernen... Die traditionelle Bedeutung des Begriffs ‚Supervision' ist übrigens auch maßgeblich dafür, dass sich Supervision im Management bislang noch kaum etablieren konnte."[27] Neuere Entwicklungen – beispielsweise die Gründung einer DGSv-Fachgruppe für Supervision in der Wirtschaft – zeigen, dass es oft eher um überlieferte sprachkulturelle Grenzziehungen als um substantielle Unterschiede geht.

Eine interessante Parallele besteht in diesem Zusammenhang darin, dass beide Begriffe im angloamerikanischen Sprachraum enger und ursprünglicher verwendet werden, als im deutschen. Supervision bezeichnet dort immer noch vorwiegend die kontrollierend-beratende Führungsfunktion von Vorgesetzten, während hierzulande ein breites Spektrum prozessberaterischer Ansätze darunter verstanden wird. Coaching ist dort fast ausschließlich eine entwicklungsorientierte Vorgesetztentätigkeit gegenüber den Mitarbeitern, während sich bei uns ein bunter und kaum überschaubarer Strauß von Coaching-Formen entwickelt hat.

In den 90er Jahren hat sich im deutschsprachigen Raum ein Trend zum „Alles ist Coaching" entwickelt. „Jede Art von Instruktion, Training, Gespräch Unterricht, Anleitung usw. wird als ‚Coaching' bezeichnet; fast jede Unternehmensberatung hat diesen Service mit im Angebot."[28] Diese Entwicklung beinhaltet die Problemtendenz, den Begriff Coaching auf eine anschlussfähige Vokabel zu reduzieren, die herkömmliche Anbieter als trojanisches Pferd benutzen, um sich neue Märkte zu erschließen.

Wenn der Begriff nicht zur Worthülse verkommen soll, muss er gefüllt und beschrieben werden. Hier stimmen wir mit *Rauen* überein: „Der Idee, das Coaching nicht definieren zu können, oder dies für nutzlos zu halten, möchte ich jedoch ausdrücklich *nicht* folgen. Betrachtet man die verschiedenen Varianten des Coaching genau, so lassen sich zahlreiche grundsätzlich übereinstimmende Merkmale feststellen, die m.E. genügen Trennschärfe zu anderen Verfahren aufweisen"[29].

2.3.2. Coaching und Supervision als Metakonzepte

Kritisch stehen wir der Auffassung von *Buer* gegenüber, der für das „Format Supervision", die Ausschließlichkeit „der konkreten Reflexion und Verbesserung beruflichen bzw. fachlichen Handelns im Umgang mit

Menschen im Kontext des jeweiligen Arbeitsfelds und seiner Organisationen" reklamiert. Im Unterschied zu seiner Definition des Formats Coaching – „Der Coach erscheint so als Privatlehrer, Spezialtrainer, Einpauker für Spitzenkräfte"[30] – ist Coaching mit System für alle professionellen Settings geeignet, in denen es um die Verbindung von Prozess- *und* Ergebnisorientierung mit Persönlichkeitsbezug geht.

Der Komplexität von Coaching wird u.E. eher *Petzold* gerecht, wenn er sich auf das Coaching-Urbild der Kutsche bezieht, das er zum „Wagen des Lebens" bzw. zur Metapher des „Lebensgefährts" erweitert: „Die Ressourcen im gegenwärtigen Kontext, die motivationalen Kräfte der Vergangenheit, die Zukunftsziele, vorhandene unterstützende Personen des persönlichen und professionellen Netzwerkes, werden dargestellt, so dass divergierende Motivationen, Ziele oder Mittel oder gar Konflikte in diesen Dimensionen erkennbar werden und im Coaching optimale Wege gefunden werden, Probleme zu lösen oder Ziele in effizienter Weise, unter bestmöglicher Nutzung von Ressourcen zu erreichen."[31]

Schreyögg definiert Coaching als „emotions- und problemorientierte Beratungsform" und bringt Gemeinsamkeiten und Unterschiede folgendermaßen auf den Punkt: „Bei Coaching wie bei modernen Formen der Supervision handelt es sich meistens um prozessuale Beratung. In beiden Arrangements geht es um die Auseinandersetzung mit der Person des zu Beratenden in seinem jeweiligen beruflichen Kontext. Wo aber Supervision im allgemeinen auf die Förderung sozialer Kompetenzen zentriert bleibt, sucht Coaching auch fachliche Defizite im Sinne von konzeptionellen und sachlichen Managementkompetenzen zu ‚begradigen' oder ihre Erweiterung zu fördern."[32]

2.3.3. Die wendige Yacht und der Luxusliner

Wir sehen Coaching und Supervision als zwei Variationen eines Meta-Konzepts, deren unterschiedliche Ausprägungen sich durchaus charakterisieren lassen. In einem pragmatisch verkürzten Bild könnte das z.B. heißen: Coaching verhält sich zu Supervision wie eine wendige Yacht zu einem zwar komfortableren, aber etwas schwerfälligeren Luxusliner.

Coaching und Supervision haben viele Überschneidungen, gehen aber auch Hand in Hand und gehören idealerweise zusammen. Sie sind zwei Sichtweisen auf den gleichen Prozess, gemeinsam ist ihnen die Bearbeitung von Wahrnehmungs-, Denk-, Verhaltens- und Handlungsmustern.

Welche Muster können weg, welche sind beizubehalten, welche sollen neu entwickelt werden?

Während Supervision – aus dem Lateinischen frei übersetzt – dazu dient, sich einen komplexen Überblick zu verschaffen, übernimmt Coaching die konsequente Arbeit an den so gefundenen Zielen. Gelungenes Coaching setzt idealerweise supervisorisch gewonnene Erkenntnis voraus bzw. baut auf ihr auf, wirksame Supervision mündet oft in Coaching-Prozesse oder integriert Coaching-Elemente. Umgekehrt kann sich in Coaching-Prozessen herausstellen, dass tiefergehende Reflexion erforderlich ist, um die kurzfristig erreichten Ziele langfristig zu stabilisieren.

In der Praxis überschneiden sie sich oft und daher werden die Begriffe oft unscharf und wenig prägnant gebraucht. Das ist aus unserer Sicht nicht unbedingt tragisch und dem Praktiker, Kunden oder Klienten meistens auch ziemlich egal. Oft ist es einfach eine Frage von Kultur und Sprachkonventionen des jeweiligen Praxisfeldes, welcher Zugang bevorzugt wird. Gerade wegen der gemeinsamen Schnittmenge und der Ähnlichkeiten halten wir es für wichtig, theoretische Klarheit zu haben, damit die Begriffe nicht beliebig werden.

Die hier vorgenommene Präzisierung ist demgemäß in erster Linie für BeraterInnen wichtig, um genauer zu wissen und zu reflektieren, wann sie was tun. Am Beispiel eines kreativen und produktorientierten Arbeitsprozesses (> 7.4. Betreuungs-Schritte) lassen sich die Unterschiede prägnanter machen: die Arbeitsphasen, in denen das Thema gefunden, Material gesammelt und assoziativ erweitert wird, werden supervisorisch begleitet. In den Phasen der konkreten Gestaltung, des handwerklichen Ausfeilens und der Produkterstellung werden die daran Arbeitenden gecoacht.

2.3.4. Coaching und Supervision – Gemeinsamkeiten und Unterschiede

Gemeinsamkeiten:

- Reflexion und Veränderung von mentalen Modellen, von Wahrnehmungs- und Handlungsmustern.
- Anregung von Selbstorganisationsprozessen und Förderung von Selbstmanagement.
- Reflexion professioneller Szenen auf die eigenen Beteiligungen hin.
- Integration von Verfahren aus unterschiedlichen Bereichen.
- Leitlinien: Kontakt herstellen, Vertrauensbasis, Raum geben, die richtigen Fragen stellen.

Unterschiedliche Akzentuierungen:

	Coaching	*Supervision*
Zielrichtung	Förderung der Potentiale zur Erreichung von selbstgesteckten Zielen im institutionellen Zusammenhang	reflektierende Klarlegungsarbeit (Person, Rolle und Praxisfeld) im professionellen Kontext
Charakter des Prozesses	grundsätzlich offene Prozesse sind ausgeschlossen	offener Reflexionsprozess, weniger zielgerichtet, oft ist der Weg das Ziel
Lernaspekt	Lernen steht pragmatisch im Vordergrund	Lernen als ein Teil von Persönlichkeits- und Praxisentwicklung
Umgang mit Belastung	Abbau von subjektivem Erleben von Überforderung	Reflexion und Ursachensuche des Erlebens von Überforderung
Rolle des Beraters	Erklärungshelfer, Regenerationsmoderator, Lernstimulanz und Sparringspartner	Klärungshelfer, Begleiter, kritischer Förderer, perspektiverweiternder Reflexionspartner
Transfer	stärkere Transferkontrolle durch den Coach	größere Transferverantwortung des Supervisanden

2.4. Integratives Coaching

Die Bezeichnung „Coaching mit System" hat drei Bedeutungsebenen:

- das Konzept baut auf systemischen Bezügen auf,
- die Coaching-Settings werden systematisiert (>) Basisreflexion und
- es geht um das Coachen von sozialen Systemen.

Auch beim (>) Einzelcoaching – das wir nicht in den Vordergrund stellen – spielen Systembezüge eine größere Rolle, als oft angenommen (inneres System, einwirkende Systeme, Kontexte). Die Variante (>) „Der Chef als Coach" wird daher nur am Rande behandelt, wohl wissend, dass zeitgemäße Leitung zunehmend auf die Integration von Coaching-Elementen angewiesen sein wird.

2.4.1. Für wen?

Coaching mit System ist berufsfeldübergreifend anwendbar. Es ist nicht an bestimmte Sektoren (profit, non-profit, staatlich) gebunden und bezieht sich auf

- *Arbeitssysteme* (Teams, Organisationen, Beratungseinheiten) sowie auf
- Aus- und Weiterbildungssysteme.

Die Zielgruppen von Coaching mit System sind

- *Einzelpersonen in verantwortungsvollen Positionen*, wie z.B. Führungskräfte, Trainer, Ausbilderinnen und Lehrerinnen, hochqualifizierte Kundenberaterinnen und Verkaufsmitarbeiter, Diakone, Ärzte, Pfarrer und Beratungsfachkräfte jeder Art.
- *Organisatorische Subsysteme*, wie Abteilungen, Projekte, Stabsstellen, Entscheidungsgremien, Ausbildungs- und Lerngruppen sowie insbesondere Teams mit anspruchsvollen Aufgaben oder auch selbstorganisierte Erfolgsteams.

2.4.2. Für wen nicht?

Von Coaching werden manchmal schnelle Lösungen erwartet, TeilnehmerInnen oder Vorgesetzte wünschen sich Techniken oder „Tricks" um schnell erfolgreich zu sein. So verständlich und berechtigt diese Wünsche sind – Veränderungen in sozialen Systemen brauchen ihre Zeit. Eingefahrene Muster und defensive Routinen lasen sich nicht von heute auf morgen ändern. Deshalb ist Coaching als Training und wiederholte Übung zu verstehen. Coaching ist ein Prozess.

Wir vertreten die Ansicht, dass Coaching im eigentlichen Sinne nur in einer hierarchiefreien und freiwilligen Arbeitsbeziehung möglich ist. Außerdem geht es immer um vom Klienten selbst gewollte und gewählte Entwicklungen und Ziele. Dies schließt Aufträge wie: „Coachen Sie mir mal das Team (bringen Sie die Leute auf Vordermann)" ebenso aus, wie das Ansinnen der Motivierung („Motipulation") oder des „verdeckten Coaching".

Wer also an reinen Systemreparaturen, an der Beseitigung von „Schwachstellen" und (>) Störungen in seiner Organisation bzw. bei seinen Mitarbeitern interessiert ist, wird bei uns nicht finden, was er sucht. Kreatives Coaching mit System ist stets auch Coaching mit Herz. Es versteht Schwächen als Ressourcen und sucht immer nach einem Weg, das in ihnen verborgene Potential sichtbar und nutzbar zu machen.

Unser Coaching-Verständnis ist weit gefasst und integrativ in mehrerer Hinsicht. Es bezieht die vier Ebenen professionellen Handelns ein (> Systemhaus).

Coaching mit System zielt immer auf das bessere Funktionieren von sozialen Systemen ab, lässt aber nie die Frage nach der menschlichen Qualität dieses Funktionierens außer acht.

Es berücksichtigt essentiell die Verbindung von Effizienz und Humanität und ist als bloße Reparaturveranstaltung ungeeignet. Dabei stellen wir vier Aspekte in den Vordergrund:

- Gestaltung – Coaching als bewusste Einwirkung auf Arbeitsbeziehungen und die Systeme, in denen sie stattfinden. Diese Gestaltung erfordert handwerkliches Können bis hin zur Millimeterarbeit. Sie wird zur (>) Kunst, wenn dabei etwas mit Sinn und Schönheit entsteht.

- Raum – Coaching als bewusster Umgang mit Beziehungsräumen, mit manifesten baulichen (> Beratungs-Architektur) und organisatorischen Räumen, als Nutzung und Erweiterung von Spiel- und Handlungsräumen.

- Verbindung – Coaching als Herstellung von Bezügen zwischen gegensätzlichen oder bislang unverbundenen Elementen, Erlebnis-Polen und Handlungsbereichen (>Polaritäten). Es verbindet Effizienz und

Humanität, Spezial- und Allgemeinbildung, analoges und digitales Denken.

- Verlebendigung – Coaching als Beitrag zur Verflüssigung eingetrockneter Routinen und Strukturen, zur Wiederentdeckung von Lebendigkeit.

2.4.3. Mit allen Sinnen

Der Dialog als zwischenmenschliche Begegnung und Auseinandersetzung ist das Herzstück im Coaching. Die Charakteristik des Ansatzes „Coaching mit System" besteht darin, *zusätzlich* kreativ-analoge Arbeitsweisen konsequent einzubeziehen und den Schwerpunkt – auch bei Einzelpersonen – auf systemorientiertes Coaching zu legen. Hierbei geht es darum, Szenen aus der beruflichen Praxis zunächst analog zu verstehen und sie erst dann digital-reflektorisch zu bearbeiten.

- Die *analoge Orientierung* bedeutet keineswegs, sprachlich-diskursives und rein dialogorientiertes Vorgehen abzulehnen oder abzuwerten (> Diskurs).

- Die *systemische Orientierung* bedeutet nicht, die Handlungsspielräume der jeweils beteiligten AkteurInnen aus den Augen zu verlieren.

Neben der Einübung des konstruktiven Dialogs und dem Experimentieren in virtuellen Lernlabors sehen wir eine dritte, sehr wirksame Möglichkeit sozialen Lernens – die Interaktion im analogen Feld. „Die Einheit für Veränderung ist Interaktion" *(Gregory Bateson)*.

Zu den Medien, also Vermittlungsmethoden, die bei Gruppen- und Kommunikationsprozessen sehr förderlich sein können, zählen vor allem Handlungsmedien, insbesondere die symbolische Interaktion (analog Bewegendes, Rollenspiel, (>Skulpturierung) und das personale Medium (Modellverhalten, Beziehungsstil, Interventionsstil).

Der große Vorteil dieses Ansatzes gegenüber reiner Visualisierung (Flipchart, Overhead, Power Point etc.) liegt in der Aktivierung der Teilnehmer und der Entwicklung szenischer Rekonstruktion und Analyse.

Die Einbeziehung analoger Methoden verbindet die Transformation von reaktiver in kreative Haltung mit nachhaltigem learning-by-doing. In ihnen erkennt man individuelle Richtungen, Handlungslinien, Initiativen,

Herangehensweisen, gewählte Wege, eigene und fremde Aktionen und Re-Aktionen, kurz: praxisrelevante Handlungsmuster.

Die Nutzung von (>) Spiel als System-Lernen ist nie Spielerei um ihrer selbst willen. Es geht um professionelle Integration und Verbindung. Es geht darum, bei der Gestaltung von Arbeitsbeziehungen „seine fünf Sinne beisammen" zu haben. „Die Erkenntnis, die nicht durch die Sinne gegangen ist, kann keine Wahrheit erzeugen als eine schädliche" (Leonardo da Vinci).

3. Coaching und Kreativität

Soziale Prozesse, Lernprozesse, Entwicklungsprozesse werden unzulässig reduziert, wenn man sie nur unter funktionalen Gesichtspunkten betrachtet. Auch Führung und Management werden zunehmend als Gestaltung von Beziehungen und Prozessen begriffen[33].

Wenn ein soziales System funktionieren soll, ist nicht nur das Ergebnis – das „Was" – von Interesse, sondern auch die Qualität des Prozesses – das „Wie".

Gelungene Kooperation, flüssige Kommunikation, das Zusammenspiel unterschiedlicher Teile eines Teams, eines Projekts, eines Orchesters, einer Mannschaft, das professionelle Niveau einer Performance – all das wird als angenehm empfunden und fördert nicht zuletzt Leistungsbereitschaft und Motivation.

3.1. Coaching zwischen Handwerk und Kunst

Kreatives Coaching kann als Kunst verstanden werden, da es an der Gestaltung von Beziehung, Interaktion und sozialem Raum arbeitet. Coaching trägt bei zur Schaffung von Neuem, zur Begleitung von Wachstum, zur Produktion praktischer Konzepte und zur Gestaltung von Systemen. Insofern ist Coaching kreativ und seine Vorgehensweisen haben Parallelen zu künstlerischen Prozessen (> künstlerisches Lernen), (> der Blick für das Wesentliche).

Viele Begriffe sind durch inflationären und unreflektierten Gebrauch banalisiert worden. Dieser Begriffsverschleiß gilt gleichermaßen für *Coa-*

ching (> Coachingsprachen), wie für die Worte *Design, Kunst* und (> *Nachhaltigkeit*). Was sollen wir angesichts dessen tun? Wir halten nichts davon, die Worte einfach wegzuwerfen. Wir bevorzugen kreatives Recycling. *„Wir retten uns nicht durch immer neue Worte, sondern nur dadurch, dass wir semantisch genauer sind."*[34]

3.1.1. Was ist Kunst?

Jahrhundertelang gab es keine Künstler, nur Handwerker. *Roland Günter* legt in seiner grundlegenden Arbeit „Was ist Gestaltung?" dar, wie im 15. Jahrhundert in Florenz der Begriff des Künstlers entstand: Die Handwerker, z.b. Maler, hatten ihre Fähigkeiten fulminant entwickelt und fühlten sich schließlich ihren Auftraggebern überlegen. Um sich im Ansehen mit den Intellektuellen gleichzusetzen, nannten sie sich Künstler.

Eine Statusanhebung, die bis heute umstritten ist, denn sie führte dazu, die sogenannte freie Kunst zu überhöhen (Superioritäts-Behauptung) und die „angewandte Kunst" abzuqualifizieren.

Was nun nennen wir sinnvollerweise Kunst, wenn wir von der „Kunst des Coaching" sprechen? Wir folgen *Roland Günter*, wenn er den Begriff der Dispositions-Kultur ins Zentrum rückt. „Der Gestalter überlegt weit mehr als zuvor, wie sich die einzelnen Elemente zueinander verhalten. Er denkt über Beziehungen nach. Und er schafft Beziehungen, die nun nicht mehr einfacher Art sind, sondern raffiniert sein können."[35]

Genau diese interaktive, systemische Perspektive liegt der Arbeitsweise kreativen Coachings zugrunde. Die qualitätsvolle Gestaltung von Arbeitsbeziehungen benötigt in ähnlicher Weise „Disposition", wie bildende Kunst in Malerei und Architektur.

Eine weitere Standortbestimmung markiert die Kunst des Coaching: „Wissenschaft ist der Bereich der Analyse. Kunst ist der Bereich der Synthese." Bei der Inszenierung von Erfahrungsräumen in den (> analogen Übungen) verbindet sich digitale Aufgliederung mit analoger Zusammensetzung. Es geht nicht um Statusanhebung, es geht um Qualität.

Es darf nie vergessen werden, dass Handwerk die Basis ist, deshalb sprechen wir im Coaching-Training immer wieder von der unabdingbaren Millimeter-Arbeit, getreu dem Motto: „Übrigens: auf Originalität würde ich verzichten. Gut muss es sein."[36]

3.1.2. Coaching und Design

Wenn es um die Verbindung von Funktionalität – im Sinne betrieblicher Effizienz – mit Ästhetik – im Sinne angenehmer und anregender Arbeitsatmosphäre – geht, lassen sich sinnfällige Parallelen zur gestalterischen Disziplin des Design erkennen (>Live-Berichte). Wie Design bewegt sich Coaching zwischen Handwerk und Kunst, zwischen unmittelbarem Nutzen und Nachhaltigkeitsanspruch.

Design gestaltet heute nicht mehr nur einzelne Produkte, sondern das Erscheinungsbild ganzer Unternehmen „vom Briefbogen bis zu Firmengebäude, von der Einkaufstüte bis zum Werbespot: die sogenannte Corporate Identity". Wir arbeiten im Coaching mit System beispielsweise mit der Methode „Organisationswappen". Design befasst sich mit allen Bereichen der Kommunikation, auch mit der Gestaltung von Umgangs- und Informationsformen.

Die Gestaltung von Objekten ist ursprünglich nur auf Nützlichkeit gerichtet. Das „Prinzip, dass der Zweck zur Gestalt führt, ...ist die früheste, erste und wichtigste Sinn-Ebene aller Gestalten, die uns umgeben. es folgt der Struktur des menschlichen Körpers und wird von uns auf alles um uns herum übertragen."[37]

Die Dimension der Nützlichkeit ist unabdingbar. Eine Reduzierung auf das Prinzip „Form follows Function" greift allerdings sowohl im Design als auch im Coaching zu kurz. Ornament ist eben keineswegs ein „Verbrechen" (*Adolf Loos*), also vermeidbare Ressourcenverschwendung. Für die Sinne, für den ganzen Menschen, gehören schöne Elemente immer auch dazu.

Auch soziale Systeme verlangen nach Schmuck und Ornament, die Gegenstände werden dadurch zu Symbolen. Nach *Roland Günter* haben Ornamente fünf Funktionsebenen:

- sie erhöhen die *Bedeutung* von Gegenständen und Menschen,
- sie können den Inhaber bzw. Träger angenehm machen, indem sie ihn durch *Schönheit* schmücken (>Ästhetik),
- sie können das *Selbstgefühl* von Individuum und System heben,
- sie können „folgenlose *Meditation*" im Sinne von Walter Benjamin sein und
- sie können der *Unterhaltung* dienen.

3.1.3. Gestaltung schafft soziale Symbole

Gestaltete Objekte haben also immer symbolischen „Zeichencharakter". „Denn ein Stuhl ist eben mehr als nur ein Stuhl, er kann rein funktional als Sitzgelegenheit dienen, aber darüber hinaus auch eine deutliche und von allen verstandene Sprache sprechen. Er kann als Chefsessel sozialen Status dokumentieren oder als Kunstobjekt die Persönlichkeit seines Besitzers widerspiegeln."[38]

Im Unterschied zur gegenständlichen Gestaltung – vom Handwerker bis zum Architekten – gibt es in sozialen Systemen nie den einzelnen Gestalter. Er trifft immer auf Mit-GestalterInnen und auf die beeinflussenden Wirkungen des System-Kontexts. Die Gestaltungsimpulse treffen aufeinander – sie begegnen sich im sozialen Raum – und treten zueinander in Beziehung. Sie können sich durchkreuzen, gegenseitig verstärken, ergänzen.

Etwas Neues, ganz Unerwartetes kann das Ergebnis des Interaktionsprozesses sein.

3.2. Coaching und die Gestaltung sozialer Wirklichkeiten

Coaching ist soziale Einflussnahme in Arbeitssystemen. Bei der Gestaltung sozialer Wirklichkeiten – sozialer Räume, Prozesse und Beziehungen – geht es immer auch um die Polarität von Gestalten und Wachsen-Lassen.

Lebende Systeme verfügen über Selbstorganisationsfähigkeit. Unbelebte Gegenstände können sich von selbst nur in Richtung Verfall, Erosion oder Versteinerung bewegen. Belebte, besonders soziale Systeme verfügen über eigengesetzliche bis chaotische Selbstentwicklungsformen (> kreatives Chaos).

Wenn Coaching gestaltet, dann nicht im Sinne des Handwerkers, der das leblose Objekt nach seinem Willen formt, sondern im Sinne des Akteurs, der seinerseits vielen Einflüssen ausgesetzt ist. Der Coach weiß, dass er das System nicht formen kann. Er kann den Prozess formen und auch das nicht allein.

Gestaltung ist hier immer ein „soziales Produkt", das im Zusammenwirken entsteht. Der Coach kann dabei Einfluss nehmen auf die Art der Beziehungsgestaltung, auf Kommunikationsformen (erweitern) und Wahrnehmungsformen (schärfen).

3.2.1. Das Produkt lebt

Das Produkt im Coaching ist nicht statisch und der Coach hat, wenn überhaupt, nur eine sehr begrenzte Kontrolle darüber. *Das Produkt des Coachingprozesses lebt oder es existiert nicht.*

Das sind wesentliche Unterschiede zu beispielsweise der Gestaltung eines Stuhls oder eines Gebäudes. Die Unterschiede werden geringer und scheinen tendenziell zu verschwinden, wenn der Designbegriff sich wandelt und erweitert, beispielsweise auf das Design von Prozessen. *Tendenziell wird die Kontrolle des Gestalters über das Produkt immer geringer, sie „sozialisiert" sich.*

Für Coaching als nachhaltige Beratung gilt ähnlich wie in der Kunst, dass man zwar ohne Feeling, Intuition und den „Moment der Gnade des Einfalls" nicht auskommt, dass es aber auch Produktionskriterien gibt, die lehrbar sind (>künstlerisches Lernen, >gestaltende Wissenschaft).

Auch die Kontextbedingungen spielen eine große Rolle. Ein kreatives Umfeld, entspannte Atmosphäre, Aktivierung, neue Anregungen und Eindrücke sowie ungehinderte Kommunikationsfähigkeit sind günstig. Förderliches lässt sich verstärken, Blockaden lassen sich erkennen und auflösen. „Während Allgemeinwissen die Assoziationsmöglichkeiten fördert, schränkt Erfahrung das kreative Denken ein."[39] Damit ist nichts gegen den grundsätzlichen Wert der Erfahrung gesagt, sie muss im kreativen Prozess – im Sinne der Relativierung (>) mentaler Modelle – nur zeitweilig in den Hintergrund treten.

3.2.2. Die Phasen des kreativen Prozesses

Kreativität entzieht sich keineswegs der bewussten Einwirkung. Im Gegenteil: Kreativität kann bis zu einem gewissen Maß analysiert, gelernt und gefördert werden. Bezogen auf innovative Teamarbeit wird das bei *Pohl/Witt* beschrieben. Jeder kreative Prozess gliedert sich nach dem *Walls-Modell* in vier Phasen: *Vorbereitung* (preparation), *Inkubation* (incubation), *Eingebung* (illumination) und *Verifikation* (verification).

1. In der *Vorbereitungsphase* wird durch den Erwerb von Wissen und Fähigkeiten die Basis für die weiteren Schritte und schließlich für die Ausführung des Werkes, die Erstellung des Produktes gelegt. Diese Phase kann Jahre oder auch nur eine Stunde dauern, ohne sie entsteht kein Werk. In kreativen Coachingprozessen basiert diese Phase auf zwei Ele-

menten: auf der bisherigen Lebens- und Berufserfahrung der Beteiligten und auf bewusst inszenierten Einlassungs- und Joining-Sequenzen.

2. Während der *Inkubationsphase* gären und reifen die vorhandenen Informationen und Eindrücke, sie beschäftigen das Unbewusste und sikkern gewissermaßen nach und nach ins Bewusstsein. Auch hier gibt es keinen festlegbaren Zeitraum, er hängt von konkreten Gegebenheiten und von Art und Umfang des Vorhabens ab. Dieser Phase wird kreatives Coaching gerecht, indem es neuen Einsichten und Musterveränderung den angemessenen Zeit-Raum gibt. Coaching mit System übt *produktive Geduld.*

3. Die *Eingebungsphase* ist die, die oft vordergründig mit schöpferischen Fähigkeiten assoziiert wird und der die Kreativität ihren manchmal überhöhten Nimbus verdankt. Im Stadium der Illumination entstehen scheinbar schlagartig die Geistesblitze, Erkenntnismomente, Visionen oder einfach die guten Ideen. Hier finden im kreativen Coachingprozess die großen und vor allem die kleinen „Aha-Erlebnisse" statt. Ein blinder Fleck wird sichtbar, eine bislang unbekannte Verbindung wird hergestellt, neue Perspektiven entstehen.

4. Unterbewertet wird oft auch die alles entscheidende Bedeutung der *Verifikationsphase.* Ohne Umsetzung, die meist mit Mühen und Anstrengungen verbunden ist, entsteht kein Werk. Salopp ausgedrückt: Inspiration ist nicht viel wert ohne Transpiration. Im Coachingprozess ist dies der Praxistransfer. Hier liegt eine spezifische Akzentuierung gegenüber der (>) Supervision – Coaching geht zielgerichteter vor. Es fokussiert und forciert konsequent die praktische Umsetzung *(„Wann wollen sie es tun? Warum nicht sofort?").*

3.2.3. Die kreative Haltung

Kreativität als schöpferischer Akt lebt von der Kombination zweier Wege der Problemlösung. Die kreative Haltung erfordert sowohl

- *divergentes Denken*, also das Inbetrachtziehen einer breiten Palette von Möglichkeiten als auch

- *konvergentes Denken*, also die Annahme, es gäbe nur eine richtige Antwort.

Der erste Denkstil befähigt zur Hervorbringung neuer Ideen, der zweite dazu, sich auf die besten von ihnen zu konzentrieren.

Symbolische Interaktion bringt Farbe ins System

Verbildlichungs-Methoden im weiteren Sinne, also auch (>) Körper-Bilder, Interaktions-Bilder und Erlebnis-Bilder setzen das schöpferische „Denken" bei der Gestaltung von Arbeitsbeziehungen und Organisationen um. Sie sind ebenso notwendige wie wirksame Ebenen kreativen Praxislernens.

3.2.4. Dylan – Ein populäres und nachhaltiges Gestaltungskonzept

Angewandte Kunst beinhaltet die Integration verschiedener Formen. Ein herausragendes Beispiel für die Integration von Sprache, Musik, Präsentation und Botschaft ist Bob Dylan. Er gilt als „die wichtigste Figur im Bereich des populären Liedes"[40]. Sein Einfluss auf die Kultur der englischsprachigen Welt – und damit mittelbar auch auf unsere Alltagskultur – lässt sich „zumindest in Bezug auf die Bereicherung der Sprache nur mit Shakespeare und der Bibel vergleichen".

Schön und gut – aber was interessiert das den Coach? Kreatives Coaching kann unter vier Gesichtspunkten von der künstlerischen Gestaltungskonzeption Bob Dylans profitieren.

- Die integrative Arbeitsweise. Dylan arbeitete stets nach dem Prinzip „Der Coach stiehlt wo er kann", indem er sich immer hemmungslos von allen möglichen musikalischen, literarischen und soziokulturellen Quellen beeinflussen ließ. Er sog sie wie ein Schwamm in sich auf und machte daraus etwas sehr Eigenes, das schließlich stilbildend wurde und seinerseits wieder Generationen von Künstlern beeinflusste.

- Veränderungsbereitschaft und Präsenz. Wenn seine künstlerischen Mittel verbraucht waren, hat sich Dylan 35 Jahre lang nie gescheut, Stilwechsel vorzunehmen und Neues zu kreieren, auch auf die Gefahr hin, sein Publikum zu verstören.[41] Entscheidend war, sich selbst treu zu bleiben. Für den Coach ist es eine wichtige Orientierung, authentisch zu bleiben. Am besten gelingt das durch hohe Bewusstheit und Präsenz. Dylans hoch entwickelte Fähigkeit, *„voll da zu sein und gleichzeitig neben sich zu stehen"*, ist eine künstlerische Form der Anforderung an den Coach, die Ambivalenz von Empathie und professioneller Distanz zu verkörpern.

- Die Verbindung analoger und digitaler Elemente zu einem lebendigen Gesamtkunstwerk. Die besondere Qualität dieser Kunst liegt in der „Einheit von Sound und Wort". Sie kommt dadurch zustande, dass die Ebenen „Text, Melodie, Rhythmus, Metrum, Vortrag, instrumentale Begleitung und Akzentuierung, Klangfarbe, Lautstärke und gegebenenfalls (beim Konzert) Mimik und Gestik" situativ zusammenwirken. Dementsprechend wird jedes Werk bei jeder Aufführung neu erschaffen. Playback ist ebenso undenkbar wie beim „Coaching mit System". Eine wirklich gelungene Coaching-Sequenz ist nicht mit methodischen Schablonen zu erreichen. Sie hängt unter anderem von der Einmaligkeit des Augenblicks und der beteiligten Akteure ab und ist in dieser Form nicht reproduzierbar.

- Der Brückenschlag zwischen Qualität und allgemeiner Zugänglichkeit. „Bob Dylan befreite den öffentlichen Geschmack. Er hat mehr getan als jeder andere...um in einem Massenpublikum eine gewisse Aufnahmebereitschaft für Geistreiches und Nicht-Triviales zu wecken, wo derlei bislang alleiniges Vorrecht elitärer Minderheiten gewesen war." Wir übersetzen das so, dass gutes Coaching sehr anspruchsvoll und gleichzeitig allgemein zugänglich sein kann. Nachhaltige Beratung kann soziokulturell bildend wirken, indem sie Menschen Zugang zu Bereichen verschafft, die ihnen bislang verschlossen waren.

3.2.5. Kreativitätsblockaden

Kreative Haltung beinhaltet immer die Bereitschaft, ausgetretene Wege zu verlassen. Kreativität kommt nicht aus heiterem Himmel und ist keineswegs Genies vorbehalten, sie kann und muss geübt werden. Allerdings gibt es auch viele Wege, ihre Entfaltung zu behindern, schlimmstenfalls zu verhindern.

Zinker und *Nevis* identifizieren vierzehn Möglichkeiten, Kreativität in sozialen Systemen und bei Individuen zu blockieren[42]. Für Coachingprozesse sind u.E. sieben davon besonders bedeutsam:

- *Die Angst vor Misserfolg* ist wahrscheinlich eine der Hauptblockaden. „Es darf nicht schiefgehen.", „Mach keinen Fehler!", „Sei kein Versager!" – Diese Botschaften aus dem Reich des Perfektionismus sind bestens geeignet, kreative Interaktion im Ansatz zu unterbinden. Der Coach, der nach dem Motto: „Geh lieber auf Nummer sicher" handelt, wird garantiert im Sitzen und Reden steckenbleiben.

- *Das Vermeiden von Frustration* ist verständlich, verführt aber schnell zum Verharren in gewohnten Bahnen. Neue Wege im Coaching sind auch von Hindernissen, Mühen und Unannehmlichkeiten begleitet und Sie werden nicht immer wie gewünscht „funktionieren". Wer diese Risiken scheut wird... siehe oben.

- *Der Angst vor dem Unbekannten* liegt das Bedürfnis zugrunde, „die Zukunft zu kennen, bevor man weitergeht". Systeme und Individuen, die nur arbeitsfähig sind, wenn sie ein klares eindeutiges Ziel vor Augen haben, können nicht experimentieren. Der Coach, der die „gemeinsame Suchbewegung" nicht wertschätzt und stattdessen nur auf festgelegte Ergebnisse zusteuert, unterstützt die Scheuklappen des Klientensystems.

- *Das Bedürfnis nach Ausgewogenheit* ist nach *Hermann Hesse* ein „stets vorhandener Zustand des Menschlichen". Als „das Bürgerliche" ist es für die Systemstabilität letztlich unverzichtbar. Problematisch und blockierend wird es erst als Unfähigkeit, auch Unordnung, Verwirrung oder Ambiguität zu tolerieren. Die Abneigung gegen Komplexität, ein übersteigertes Bedürfnis nach Ordnung und Symmetrie ersticken Energie und positive Störpotentiale, die oft in „einseitigen" Interventionen stecken.

- *Die Abneigung dagegen, von seinem Einfluss Gebrauch zu machen,* führt zu mangelndem Durchsetzungsvermögen. Selbstlähmung und Verlust der Gestaltungskraft sind die Folge. Kreatives Coaching kann nicht nur sanft und akzeptierend sein. Die Beteiligten des Coachingprozesses müssen zu ihrem Einfluss – wie auch zu ihrer Verantwortung – stehen. Tun sie das nicht, untergraben sie ihre Wirksamkeit.

- *Der Widerstand dagegen, die Dinge ihren Lauf nehmen zu lassen,* führt dazu, die (>) Inkubationsphase nicht abzuwarten. Wenn Probleme vorschnell gelöst werden oder gar beseitigt werden sollen, besteht die Gefahr des Überrollens. Gestaltungspotentiale werden nicht ausgeschöpft, wenn Willenskraft und Entschlossenheit nicht mit Vertrauen in die Entwicklungsfähigkeit verbunden sind. *„Der Prozess ist mein Partner."*

- *Das Widerstreben zu spielen* führt zu unnötiger „Ver-Ernstung". Die oft tief verwurzelte Überzeugung, spielerische Herangehensweise sei unseriös und nicht professionell, blockiert lebendige Energien. Wer betont, dass Arbeit auch Spaß machen muss, läuft immer noch Gefahr für kindisch, also „nicht erwachsen" gehalten zu werden.

Kreatives Coaching nutzt das spielerische Element in zweifacher Weise:

- zur Inszenierung von Erfahrungsräumen in analogen Übungen

- zur *Reinszenierung sozialer Wirklichkeiten,* um diese problemlösend zu beeinflussen.

4. System-Metaphern

Coaching als Gestaltungsbeitrag zu Arbeitssystemen richtet sich immer auf soziale Systeme. Auf die Einzelperson – z.B. die Führungskraft, die mit ihrem spezifischen Binnensystem in Arbeitssystemen (Team oder Betrieb) agiert, auf ein organisatorisches Teilsystem (Abteilung, Arbeitsgruppe), auf eine ganze Organisation, auf ein Projekt oder auf eine Ausbildungs- bzw. Trainingsgruppe.

Das (>) Systemhaus steht immer auch in einer Systemstadt, die sich wiederum in einem Systemland befindet, das auf eine bestimmte Weise regiert wird usw. Jedes soziale System ist einerseits Teil umfassenderer, größerer Systeme und beinhaltet andererseits – tendenziell unendlich viele – Untersysteme. Die Frage nach dem kleinsten unteilbaren Element ist für uns dabei von eher akademischem Interesse.

Jedenfalls ist das Individuum ebenso wenig die kleinste unteilbare soziale Einheit, wie das Atom die physikalische. Wir wissen seit längerem, dass jedes Atom – obwohl früher für den ultimativ kleinsten Baustein naturwissenschaftlicher Systeme gehalten – wiederum ein hochkomplexes energetisches System darstellt, dem kaum vorstellbare Kräfte (Kernenergie) innewohnen.

Ein vergleichbarer Irrtum wäre es, den einzelnen Menschen für die stabile Grundeinheit komplexer sozialer Systeme zu halten. Verschiedene Modelle, die relativ selbständige unterschiedliche Instanzen im „Binnensystem Person" klassifizieren, sind bekannt (z.b. Psychoanalyse, Transaktionsanalyse).

Wir gehen davon aus, dass es nicht drei oder vier festgelegte Teile eines individuellen Binnensystems gibt, sondern dass der Mensch prinzipiell als multiple Persönlichkeit – und dies nicht im krankhaften Sinne – zu begreifen ist. Je nach Lebenserfahrung, diversen Kontexten und aktuellen Einflüssen können sich immer wieder neue innere Systeme konstellieren. *Schulz von Thun* prägt dafür das Bild vom inneren Team, *Zinker* spricht von Multilaritäten und *de Roeck* fasst den Menschen als „Gesellschaft im kleinen" auf.

Da Systemtheorie sich oft sehr abstrakt, geradezu kybernetisch präsentiert, wählen wir eine komplexe Analogie für soziale Systeme – *die Stadt.* Damit wollen wir den Gegenstand auf den sich kreatives Coaching bezieht ebenso verbildlichen, wie die dem Gegenstand angemessenen Interventionen.

Wie funktioniert das System Stadt? Worauf beruht es? Welche Haltungen und Herangehensweisen fördern die Entwicklung dieses Systems? Was lehrt das den kreativen Coach, der eine nachhaltige, qualitativ hochwertige Beratungsdienstleistung anbieten will?

4.1. Die Stadt als Metapher

Die Stadt ist eine zentrale Metapher für unsere sozialen Systeme. Sie entsteht, wo sich die Wege der Menschen kreuzen, sie entsteht aus Handel und Wandel. Die Stadt beruht auf dem Bedürfnis nach Begegnung und den Erfordernissen von Kommunikation. Sie ist immer multifunktional, sie ist nur multiperspektivisch zu begreifen. Die Verwendung der reichhaltigen Analogien, die sie bietet, macht das Wesen sozialer Systeme anschaulich. An ihr lassen sich Auswirkungen und Zusammenhänge von beraterischen Interventionen in sozialen Systemen studieren.

Die Systemhäuser bilden das System Stadt

Die Stadt ist der Kontext. In ihr stehen die Systemhäuser. Die Stadt ist nebenbei auch Voraussetzung für die Existenz von Beratung. Ohne städtische Strukturen gäbe es keine Industrie, keine postindustrielle Gesellschaft. Es gäbe keine professionellen Organisationen, es gäbe keinen Supervisions- und Coachingbedarf.

Stadt und Zivilisation (lat.: civitas) sind untrennbar verbunden, im Aufstieg wie im Verfall. So sehr dass schon im Niedergang des Römischen Reiches „die Auflösung der gesellschaftlichen Strukturen ganz physisch am Zerfall des Stadtbildes erfahrbar wird"[43].

Die Stadt ist ein hochkomplexer sozialer Organismus mit einer materialisierten Grundlage, mit ihrer Infrastruktur, mit den Gebäuden, Straßen und Plätzen als baulicher Substanz. Diese materielle Grundlage kann als Kontext gelesen werden, in welchem soziale Interaktion stattfindet. Sie wird von den Aktionen und Interaktionen der Menschen geprägt und wirkt ihrerseits wesentlich auf die Handlungen der Einwohner zurück.

4.1.1. Dynamik und Beharrung

Es gibt eine *Grundpolarität* zwischen der innovativen Dynamik des sozialen und wirtschaftlichen Lebens in der Stadt und ihrer „physischen Gestalt". Diese Gestalt wirkt „tendenziell beharrend, sie glättet zeitlich ablaufende Veränderungen und vermittelt ganz entscheidend zwischen der Gegenwart und der Vergangenheit....Diese Eigenschaft, die zum Wesen der Stadt gehört, wirkt ihrer innovativen Dynamik entgegen."[44] Hier begegnen wir einer Grundpolarität, die auch das (>) Systemhaus prägt – die Herstellung der Balance von Stabilität und Flexibilität muss geleistet werden.

Mit dem Übergang von der griechischen offenen Stadt zur befestigten römischen Stadt kam es zu „klar definierte Grenzlinien, die es zu konsolidieren und verteidigen gilt". Später wurde der Umgang mit Ruinen zu einer Konstante der europäischen Kultur. Im Mittelalter war die Hauptfunktion der Stadt „Zufluchtsstätte" im undefinierten gefahrvollen Raum, in dem die (römischen) Ordnungsstrukturen verschwunden waren.

4.1.2. Die Stadt als Organismus

Eine Stadt verhält sich wie ein Organismus, sie behält auch bei ständigen Eingriffen ihren Charakter. „Deshalb fällt es so leicht, eine Stadt zu lieben. Ein Amsterdamer liebt seine Stadt. Gerade weil er das Alte so gut kennt, weiß er das Ringen des Alten mit dem Neuen zu schätzen."[45] Alte Häuser sind seltener als alte Städte. Das kommt, weil Städtebauer gelernt haben, organisches Wachstum, also systemische Selbstorganisation zu akzeptieren. Architekten hingegen legen schon im Entwurf den Lebenslauf eines Hauses fest. Die Form folgt seit dem Bauhaus der Funktion.

Kreatives Recycling

„Aber was ist, wenn die Funktion sich ändert? Alle baulichen Neuheiten sind nach fünfundzwanzig Jahren hoffnungslos veraltet."[46] Hier gibt es eine Parallele zu Trends in Beratungs- und Managementtheorien, die ja in der Regel noch viel kurzlebiger sind. Die Frage ist: Was hat Bestand? Was für Begriffe gilt (> kreatives Recycling), gilt auch für Gebäude: „Eine Wiederverwendung verlängert das Leben. Wenn eine Kirche nur als Supermarkt erhalten werden kann, muss sie eben zu einem Supermarkt werden, und ein Elektrizitätswerk wird zum Restaurant." Grundregel für den Coach: niemals alte Gebäude abreißen, und wenn sie noch so morsch sind. *Ein Coach ist kein Abbruchunternehmer.*

Restaurierung statt Abbruch

„Während ein Gebäude beim Renovieren so stark der neuen Zeit angepasst wird, dass alles Alte verschwindet, geht es beim Restaurieren darum, den Charakter eines Hauses zu erhalten."[47] Restaurierung als Wiederherstellung des ursprünglichen Zustands ist natürlich Illusion. So wie früher wird es nie wieder. Restaurierung ist ein Notbehelf. Sowenig ein normaler Mensch im Alter ein Holzbein braucht, sowenig braucht ein altes Gebäude restauriert zu werden – wenn es gut gepflegt ist." Daher ist die (>) Coaching-Funktion „Systempflege" so wichtig.

„Ein gut unterhaltenes Gebäude hat praktisch das ewige Leben. Vorausgesetzt, es sind Menschen da, die Freude daran haben. Und das ist nur dann gegeben, wenn sie es nach ihren Bedürfnissen verändern dürfen. Das Gebäude muss sich anpassen können. Davon kann es nur profitieren." Deshalb die Notwendigkeit der lernenden Organisation. Sie braucht Menschen, die Freude daran haben und sie mit ihren Bestrebungen beeinflussen.

Fleisch und Stein

Es gibt viele Beziehungen und Bezüge zwischen Kreativität, Stadt und Körper. Richard Sennett erläutert in diesem Beziehungsgeflecht plastisch den Begriff der „auto-poiesis", der ja in systemischen Theorien gerne, aber oft eher unreflektiert und sehr abstrakt verwendet wird.

Poiein bedeutet im Griechischen „machen" – poiesis ist der kreative Akt. In Athen ist das Ideal der poiesis die Stadt als Kunstwerk. „Denken ist Teil dieses kreativen Aktes, sowohl wissenschaftliches als auch politisches Denken; einige antike Schriftsteller nannten die demokratische Politik eine auto-poiesis, eine sich immer ändernde politische Selbsterschaffung."[48]

Es galt, die komplexen und oft instabilen Kräfte zu verstehen, die die Kultur der Stadt (polis) geschaffen hatten und die auch eine Gefahr für die Stadt darstellten. „Diese Kräfte konvergierten im menschlichen Körper, dem größten Kunstwerk der Stadt." Damit ist weder der Körper als Gruppierung sinnvoll zusammenwirkender Organe noch in der Form physischer Eigenarten gemeint. Er wird „in der Weise eines Wappens" verstanden, als heraldischer Körper. Hier gibt es einen signifikanten Bezug zur analogen Coaching-Arbeit mit den Wappenbildern. Und von der poiesis zur Poesie ist es auch nicht weit.

Die Poesie sozialer Systeme

Cees Noteboom beschreibt am Beispiel seiner Heimatstadt Amsterdam wunderbar poetisch die Komplexität eines sozialen Systems, in der sich physische Gestalt und gelebtes Leben untrennbar miteinander verbunden haben:

„Denn woraus besteht eine Stadt? Aus allem, was in ihr gesagt, geträumt, zerstört wurde, aus allem, was in ihr geschehen ist. Aus dem Gebauten, dem Verschwundenen, dem Geträumten, das nie verwirklicht wurde. Aus dem Lebenden und dem Toten. Aus den Holzhäusern, die abgerissen wurden oder verbrannten, den Palästen, die hier hätten stehen können, der Brücke über das Ij, die zwar gezeichnet wurde, aber nie gebaut. Aus den Häusern, die hier noch heute stehen, in denen Generationen ihre Erinnerungen zurückgelassen haben.

Aber sie ist viel mehr als das. Eine Stadt, das sind alle Worte, die dort je gesprochen wurden, ein unaufhörliches, nie Endendes Murmeln, Flüstern, Singen und Schreien, das durch die Jahrhunderte hier ertönte und wieder verwehte. Mag es auch noch so entschwunden sein, es hat doch einmal dazugehört, auch das, was sich nie mehr rekonstruieren lässt, ist ein Teil davon, einfach deshalb, weil es einst hier, an diesem Fleck, in einer Winternacht oder an einem Sommermorgen gerufen oder ausgesprochen wurde.

Dieses fortwährende Gespräch an den Grachten im lebenden Körper der Stadt, das alles macht die Stadt aus. Wer will, kann es hören. Es lebt fort in Archiven, Gedichten, in Straßennamen und Sprichwörtern, im Wortschatz und Tonfall der Sprache, genauso wie die Gesichter auf den Gemälden von Hals und Rembrandt in den Gesichtern fortleben, die wir heute sehen." [49]

Systemgeschichte

Hier zeigt sich wunderbar plastisch, wie ein soziales System seine Geschichte immer in sich trägt, wie die Geschichte allgegenwärtig in der Alltagswahrnehmung mitschwingt, wie sie als „geschichtete" Vergangenheit einen reichen Erfahrungsfundus bietet, der „Schicht für Schicht" erschlossen werden kann.

Das System Stadt spiegelt sich in seiner Geschichte

Außerdem begegnen wir hier in besonderer Weise den Dimensionen Ausdruck und Kommunikation. In verkörperter Gestalt und in verflüssigter Form. Wir begegnen einer redseligen Stadt, die sich unaufhörlich mitteilt (*Watzlawick*: „es ist unmöglich, nicht zu kommunizieren“) und die auf Kommunikation gebaut ist.

Dieser poetische Text liefert wichtige Sensibilisierungen und Aufmerksamkeitsrichtungen für die Wahrnehmung und für die Diagnose komplexer sozialer Systeme. Er gibt Anregungen dafür, wie wir Systeme lesen können. „Die Stadt ist ein Buch zum Lesen, der Spaziergänger der Leser. Er kann auf jeder beliebigen Seite beginnen, vor- und zurückgehen in Raum und Zeit.“ Ein guter Grundsatz für kreatives Coaching mit System – der Coach kann an jeder Stelle beginnen, vor- und zurückgehen in Raum und Zeit.

4.2. System-Entwicklung

Wir können die Analogie noch einen Schritt weiterführen. Wenn das Prinzip Stadt solchen Einfluss hat, können wir an „Beratung nach urbanen Prinzipien" denken. Es gibt starke Parallelen von Organisationen, Teams und „urbanen", also belebten Städten. So könnte beispielsweise die Stadt Amsterdam exemplarischer Brennpunkt, Beobachtungs-Laboratorium und Inspirationsquelle einer weiten beraterischen Perspektive sein.

Nach Häußermann sind es vor allem drei Dimensionen, die eine Stadt belebt und interessant machen, die „erlebnisreiche Szenen kennzeichnen": *Ungleichheit, Ungleichzeitigkeit und Ungleichwertigkeit.*

Ungleichheit meint dabei die Gleichzeitigkeit und Koexistenz verschiedener Lebensstile, Verhaltensweisen und Arten der Selbstpräsentation. Arbeitende-Flanierende, schnell-langsam, arm-reich, in sich Gekehrte-Agierende, Käufer-Verkäufer. Zusätzlich bereichernde Elemente sind verschiedene ethnische Gruppen, fremde Waren und exotische Musik. Besonders aufmerksamkeitsanregend ist die Koexistenz verschiedener Nutzungsarten, denn reine Wohngebiete, Verwaltungsviertel, Industriegebiete sind langweilig. Hinzu tritt die unverhoffte Präsenz des noch nie Geschehenen – der Wunsch nach Überraschung.

Polaritäten sind Energie

Die Überkreuzung der Wege von Menschen, die mit den unterschiedlichsten Zielen und Zwecken unterwegs sind, erzeugt unverhoffte Kombinationen und Szenarien. „Dazu gehört auch das Widerständige, das Ungeplante, das keinen privaten Ort hat und deshalb den öffentlichen Raum aufsucht."[50] Vom Coach ist Ambiguitätstoleranz gefordert, d.h. die Fähigkeit gleichzeitig vorhandene Ambivalenzpole auszuhalten.

Ungleichheit erzeugt auch Konflikte. Damit diese nicht zu unüberbrückbaren Gegensätzen werden, stellt sich immer die Frage nach der Integrationsperspektive, nach Maßnahmen, nach integrativ wirkendem Handeln, nach Moderation. Moderne Stadtplanung und Sozialplanung ist nicht ohne Konfliktmanagement, ohne adäquate Beratungsformen denkbar. Kreatives Coaching mit System beinhaltet die gedanklichen und praktischen Dimensionen, die „Beratung nach urbanen Prinzipien" erfordert.

Die Welt ist nicht, sie geschieht

Für nichtlineare Systeme ist ein Wechsel zwischen Ordnung und Chaos charakteristisch. Da soziale Systeme sich in der Entwicklungspolarität dieses Wechselspiels bewegen (>kreatives Chaos), ist die Wirkung von Coaching-Interventionen prinzipiell nicht vorhersehbar. Es gibt nur Wahrscheinlichkeiten.

„In sozialen Systemen können durch sehr kleine Veränderungen neue Organisationen bzw. Strukturen entstehen und/oder die bestehenden an neue Situationen angepasst werden... Für die zukünftige Gestaltung sozialer Systeme scheint es daher wichtig, größere Freiräume für unerwartete Entwicklungen zu berücksichtigen."[51]

Dies gilt für soziale Systeme auf der Mikro-, Meso- und der Makroebene. Für Teams, für Individuen, für Wohnviertel, für neue Betriebsmodelle, Beschäftigungsgesellschaften, für Städte, für Agenda-21-Prozesse (>Nachhaltigkeit), für Reorganisationen im Gesundheitssystem, für die Entwicklung neuer Bildungs- oder Hochschulstrukturen, für überstaatliche z.b. europäische Organisationen.

Zur Planbarkeit sozialer Prozesse

Planungs- und Gestaltungsprozesse in Wirtschaft, Sozialwesen, Stadtentwicklung, Hochschulen oder öffentlichem Sektor müssen daher immer so angelegt sein, dass sie Raum für Unvorhersehbares berücksichtigen, oder besser be-vor-sichtigen. Komplexe soziale Systeme verhalten sich prinzipiell dynamisch und nicht statisch, sie verhalten sich aus der Perspektive eines mechanistisch-linearen Verständnisses irrational und unvorhersagbar.

Das schließt nicht aus, dass z.b. bei Interventionen in Teams mit einer gewissen Wahrscheinlichkeit bestimmte Reaktionen erwartet werden können. Ein Individuum wird vermutlich voraussagbarer auf einen Impuls reagieren, als ein Team, dieses eher als eine Organisation, diese wiederum eher als die Gesellschaft.

Als einigermaßen sicher kann jedoch nur gelten, dass lernfreundliche Interventionen sich positiv auswirken. Zwar ist es nicht möglich, in einem System nicht zu lernen, doch es ist für den kreativen Coach durchaus möglich, die Qualität dieses Lernens konstruktiv zu beeinflussen.

„Es ist alles vergänglich"

Als kreative Anreicherung verwenden wir in Beratungs- und Seminarprozessen – mit freundlicher Genehmigung – oft den Song „deutsch, russisch, englisch" von *City*. Musik und Text veranschaulichen metaphorisch die Polaritäten und Relativitäten sozialer System-Entwicklung:

> „Es ist alles verständlich, die Welt ist unendlich,
> kein Sinn oder Plan: was aufhört fängt an.
> Was groß ist und klein war, ist alles nur scheinbar,
> ob drunter ob drüber, bald ist es hinüber.

> Es ist alles erklärlich, die Schwerkraft meint's ehrlich,
> was aufsteigt, fällt runter, es gibt keine Wunder,
> nur rollende Räder und rollende Steine,
> beschissen wird jeder, nur wissen will's keiner.

>> Es ist alles vergänglich, ob deutsch, russisch, englisch,
>> ob Krone ob Laub – wird alles zu Staub.

> Am Ende vom Leben war es das eben,
> nur mal auf die Schnelle durch Himmel und Hölle.
> Ob Lärm und Getue, am Ende ist Ruhe,
> wir beißen ins Gras, das war's dann, das war's.

>> Es ist alles vergänglich, ob deutsch, russisch, englisch,
>> ob Krone ob Laub – wird alles zu Staub.
>> Es ist alles vergänglich, ob deutsch, russisch, englisch,
>> es dreht sich die Welt, besteht und zerfällt.

> Und falls es dich tröstet, danach kommt die nächste,
> noch schöner, noch bunter – auch die geht mal unter."

(Quelle: CD „Rauchzeichen" von City, k&p music 1997)

5. Coaching-Lernen

Innovatives Lernen ist heute eine grundlegende organisatorische und gesellschaftliche Notwendigkeit. Es entscheidet über die Zukunftsfähigkeit sozialer Systeme. Lernen bedeutet dabei nicht in erster Linie die Aufnahme von immer mehr Informationen, sondern die Erweiterung von Fähigkeiten und Fertigkeiten, um die „Ergebnisse zu erzielen, die man im Leben wahrhaft anstrebt"[52].

Produktives Lernen ist auch die Herstellung einer gleichgewichtigen Verbindung von Plädieren und Erkunden. Es ist Auseinandersetzung mit den eigenen mentalen Modellen. Dazu bedarf es der Fähigkeit zur Offenheit und auch die muss wiederum gelernt werden. Es geht nicht um eine naive, grenzenlose Offenheit („Wer immer offen ist, kann nicht ganz dicht sein") sondern um die Balance von (>) partizipativer und reflektiver Offenheit.

Zukunftsfähiges Lernen ist in erster Linie Erwerb von Kompetenzen, nicht Aneignung von Wissen. Man muss lernen zu lernen und es bedarf unbedingt der Übung. Was ist Übung? „Heute steht die Disziplin des Team-Lernens meiner Ansicht nach vor einem großen Durchbruch, weil wir allmählich lernen ‚wie man übt'."[53] Nach *Senge* gibt es vor allem zwei wesentliche Übungsfelder: Die Einübung des (>) Dialogs im Unterschied zur (>) Diskussion und das Experimentieren in computergestützten Lernlabors und virtuellen Welten.

Wir sehen eine dritte, mindestens genauso wesentliche, Möglichkeit – die Übung von Interaktion im analogen Feld. Sie ergänzt die digitale Kommunikation und öffnet existentielle, direkte Erfahrungsräume. Die Übungen, die wir vorstellen, bilden daher einen praktischen, umsetzungsbezogenen Kern von Coaching mit System. Sie sind ein lange und vielfältig erprobter Weg, reflektive Offenheit zu erreichen, systemische Bezüge zu durchschauen und sich soziale Kompetenzen anzueignen. Sie generieren kreatives Praxislernen.

5.1. Das Erreichen von Zielen und Veränderungen

Oft haben Menschen tiefe Zweifel daran, ihre wahren Ziele verwirklichen zu können[54]. Diese Zweifel existieren selbst bei sehr erfolgreichen Menschen unterhalb der Ebene der bewussten Wahrnehmung. Sie gründen in der inneren Überzeugung der eigenen Machtlosigkeit („Ich schaffe es nicht wirklich") und der eigenen Wertlosigkeit („Ich habe es nicht wirklich verdient"). Die Metapher von den zwei Gummibändern verdeutlicht den strukturellen Konflikt im Binnensystem. Das Gummiband der kreativen Spannung zieht uns in Richtung Ziel, ein zweites Gummiband zieht uns in Richtung der negativen Grundannahme. Je näher wir dem Ziel kommen, desto stärker wird der Zug des zweiten Gummibandes. Innersystemische Kräfte wirken darauf hin, den Erfolg zu verhindern und wir „stellen uns selbst ein Bein".

Um diesen Systemkonflikt zu bewältigen gibt es drei übliche Strategien von begrenzter Wirksamkeit:

- Die – meist sukzessive – *Aufgabe der Vision*. Dadurch verringern sich zwar Spannung und Schmerz im Binnensystem, dafür entstehen Resignation und Energielosigkeit, schlimmstenfalls Zynismus.

- Die *Konfliktmanipulation* – die Erzeugung künstlicher Konflikte, das Grübeln über mögliche Misserfolge oder die Konzentration auf das Negative. Sie bewirkt permanente Aktivität, hat aber den Preis der Freudlosigkeit und ständigen Sorge. „Das Schlimme ist, dass viele Menschen süchtig nach der Konfliktmanipulation werden und die Überzeugung entwickeln, dass ein Zustand dauernder Angst und Anspannung das einzige ist, was zum Erfolg führt."[55]

- Das *Prinzip Willenskraft*, bei erfolgreichen Menschen weit verbreitet, funktioniert oft, hat aber auch – gerade von dem der es anwendet unerkannte – Schattenseiten. Wer nach dem Motto: „Viel Feind, viel Ehr" vorgeht, wendet viel Kraft zur Überwindung von Widerständen auf. Die Ökonomie der Mittel ist schlecht, er handelt ohne „Hebelkraft". Neben dem Preis völliger Erschöpfung und erheblicher privater Konsequenzen, bleibt zudem oft das Gefühl in wichtigen Lebensbereichen machtlos zu sein. „Irgendwie bewirkt die zähe Entschlossenheit und Zielorientierung, die bei der Arbeit so prächtig funktioniert, in der Familie genau das Gegenteil."[56]

Wie nun lässt sich dieser strukturelle Konflikt produktiv bewältigen? Fundamentale Überzeugungen, zumal unterhalb der Bewusstseinsebene, lassen sich selten kurzfristig ändern. Die wirkungsvollste Strategie ist Wahrhaftigkeit.

Wie heißt der Coach, der ohne Honorar arbeitet? Er heißt „Ehrlichkeit gegenüber sich selbst".

Bei *Senge* ist das die „Verpflichtung zur Wahrheit". Wichtig ist nicht, sich diverse How-To-Techniken anzueignen („Wie werde ich erfolgreich in zehn Lektionen") – es geht schlicht darum, „mehr vom Spielfeld zu sehen".

5.2. Vier Grundprinzipien von Coaching-Lernen

Entscheidend ist nicht die Behauptung ultimativer objektiver Wahrheiten, entscheidend ist, dass wir immer wieder aufs neue bereit sind, die Selbsttäuschungen und Beschränkungen zu durchbrechen, mit denen wir uns selbst an der Wahrnehmung der Realität hindern, und dass wir unsere Theorien über das Wesen der Dinge immer wieder kritisch hinterfragen. Genau hier setzt Coaching an.

Die Wahrnehmung des Ist-Zustands

Wichtiger als jede Technik ist die Grundfokussierung auf die Erschließung des Handlungspotentials des Klienten. Das erste Prinzip von Coaching-Lernen ist immer der möglichst unverstellte Blick auf die (>) Realität, auf die Wahrnehmung dessen, was ist. Dazu gehört:

- der Blick auf die strukturellen Konflikte, die dem eigenen Verhalten zugrunde liegen,

- der Blick auf die interaktionellen Strukturen, die uns gefangen halten, solange sie uns nicht bewusst sind,

- der Blick auf das System.

Die Akzeptanz des Ist-Zustands

Der zweite Prinzip ist die Akzeptanz der Realität, zu der neben den objektiven Fakten gerade die internen und externen Systemstrukturen und Verhaltensmuster zählen. Veränderungen in sozialen Systemen werden an unzähligen Stellen dadurch verhindert, dass die Akteure den Ist-Zustand übergehen. Dass der Status quo verbessert werden soll, scheint meistens klar – dass er unbefriedigend ist, verleitet dazu, nicht mehr genauer hinzusehen. Fast zwangsläufiges Ergebnis ist die gleichermaßen vorschnelle wie folgenlose Fixierung auf den Soll-Zustand. Die kollektive Verstrickung im „man müsste.." ist die beste Garantie gegen Veränderungen. Übertroffen wird sie nur noch vom „man müsste...aber es geht ja nicht".

Coaching ist das, was trotzdem geht

Das dritte Prinzip des Coaching-Lernens besteht darin, den „Ereignisstandpunkt" zu verlassen, sich von der Überzeugung zu lösen, dass die eigenen Probleme von außen verursacht wurden. Unbestritten ist, dass zahlreiche äußere Faktoren unser Handeln beeinflussen. Hinterfragt wird stets die vermeintliche Unabänderlichkeit von „Zwängen". Coaching fragt immer nach dem Spielraum. Coaching fragt immer nach dem, was trotzdem möglich ist.

Entscheidung

Das vierte Prinzip lautet „Entscheidung". Fundierte Entscheidungen können erst getroffen werden, wenn die vorherigen Schritte erfolgt sind. Die erweiterte Realitätswahrnehmung (z.b. „die Kollegin hat ja im Grunde die gleichen Probleme wie ich"), die Realitätsakzeptanz (z.b. „die Teammitglieder haben einfach unterschiedliche Prioritäten oder Arbeitsstile") und die Entdeckung der eigenen Handlungsalternativen („wie gehe ich damit um?"). Beim Coaching-Lernen geht es immer um Entscheidungen. Die zentralen Interventionen des Coach verlaufen nach folgendem Modell:

Der Kern von Coaching-Interventionen

„Sie stehen jetzt vor einer Entscheidung. Wenn Sie sich nicht entscheiden, ist das die Entscheidung für den Status quo. Das können Sie auch tun. Die möglichen Folgen sind jetzt klar. Es liegt in ihrer Verantwortung. Meine Aufgabe lag zunächst in der Verdeutlichung. Falls sie sich für Veränderungen entscheiden, unterstütze ich Sie dabei. Falls nicht, akzeptiere ich das auch. Wie ist Ihre Entscheidung?"

Veränderung verläuft paradox

Beim Coaching-Lernen erfolgen Veränderungen weder durch gutes Zureden noch durch Appelle und Belehrungen, sondern durch Anwendung der vier Prinzipien. Die „Verpflichtung zur Wahrheit" (Grundsatz Wahrhaftigkeit) entwickelt eine oft überraschende Wirksamkeit, da sie die kreative Spannung zwischen Ist- und Sollzustand, zwischen Realität und Vision erhöht. Wenn ich nüchtern anerkenne, dass mein Verhalten gewisse ungünstige Konsequenzen auf die Teamarbeit hat, werde ich mich selbst eher zu Veränderung verpflichtet fühlen, als wenn die Kollegen mir Vorhaltungen machen und ich mich rechtfertige.

Bezogen auf Veränderung und Intervention gilt die strategieleitende Grundannahme, dass durch die bewusste Akzeptanz der negativ bewerteten Pole, letztlich die als positiv angesehenen Persönlichkeits- bzw. Systemeigenschaften echter, realer und somit wirksamer werden können. Die Ausweitung der einen Seite der Polarität zieht automatisch die Ausweitung der anderen Seite nach sich.

Veränderung erfolgt durch Ausweiten der systemischen Wahrnehmung. Die Handlungsrelevanz dieses Vorgehens besteht in der Erzeugung wirksamer Entscheidungsfähigkeit: „Wir können erst dann aus vollem Herzen darin einwilligen, etwas zu tun, wenn wir die Wahl haben, ‚Nein‘ zu sagen.“[57] Auch ein Coaching-System profitiert vom Ans-Licht-Bringen bislang vernachlässigter Systemanteile, da die Perspektiverweiterung zu einem größeren Spektrum an Handlungsmöglichkeiten führt.

Systemveränderung und Wertschätzung

In professionellen Systemen ist ebenso wie in Binnensystemen eine Grundspannung vorhanden, die darauf beruht, dass das System sich grundsätzlich in einem „existentiellen Dilemma“, in einer Ambivalenz zwischen Veränderungswunsch und Integritätsbewahrung befindet. Um mit der Integrität des Systems in Kontakt treten zu können, braucht der Coach eine Grundhaltung des „Verstehens und der Achtung für die gegenwärtige Position des Systems“.

Problemtendenzen im System müssen akzeptiert und gebändigt werden

Diese wohlwollende Akzeptanz des real existierenden Systems – und nicht der Ziele, die der Coach für es festlegt – kann als Voraussetzung gelten, um überhaupt sinnvoll intervenieren zu können. Damit einher geht die Wertschätzung des Prozesses. Etwas Bedeutsames kann manchmal erst geschehen, wenn das System eine Reihe von Erfahrungen durchlaufen hat, um „sich selbst neu zu begreifen und sich mit seinem Verhalten in diese Richtung zu bewegen"58. Wesentlich dafür ist, dass dem System Energie in der gegebenen Situation zur Verfügung steht.

Gelingt es dem Coach nicht, die Energie im System zu entdecken und anzusprechen, ist es wahrscheinlich, dass nicht wirklich miteinander kommuniziert wird und letztlich wenig dabei herauskommt. Der Coach hat also die Aufgabe, einerseits für die Systemenergie aufmerksam zu sein, andererseits dem Beharrungsbestreben des Systems „freundliche Teilnahme" entgegenzubringen, statt sich durch fehlende Kooperationsbereitschaft frustrieren zu lassen.

5.3. Überrollt werden oder aktive Teilhabe?

Kurt Richter weist darauf hin, dass in unserer gegenwärtigen Kultur ein hohes Maß an Selbststeuerung erwartet wird, weil die traditionelle Außensteuerung durch Moral und Norm nicht mehr greift. Die rapide Auflösung von Konventionen fordert von den meisten Menschen, eigene Maßstäbe und Ausdrucksformen zu entwickeln. Viele sind mit dem daraus erwachsenden Zwang zum Selbstmanagement überfordert. Noch unüberschaubarer werden die die sozial-kulturellen Erfordernisse.

„Bei der Gestaltung der Beziehungen und ihres Zusammenlebens können Menschen nicht mehr einfach auf Vorbilder und bekannte Modelle zurückgreifen. Zusammenleben wird zu einem experimentellen Vorgang mit ungewissem Ausgang."[59]

Ist Coaching politisch?

Sicher nicht im Sinne des momentan herrschenden Verständnisses von (> Politik), dass zu Politikverdrossenheit und Apathie geführt hat. Wenn kreatives Coaching eine politische Dimension haben kann, dann nur in der Förderung von Teilhabe an organisatorischen Entwicklungs- und Entscheidungsprozessen. Da bei nachhaltiger Beratung alles darauf ausgerichtet ist, Menschen auf ihre Selbständigkeit im sozialen Kontext anzusprechen, ist eine so verstandene politische Dimension fast unvermeidlich.

Der soziale Makrobereich – Politik, Wirtschaft und Gesellschaft – wird von turbulenten Veränderungen mit wachsender Beschleunigung bestimmt. Je nach Erklärungsansatz befinden wir uns im Wechsel von der Industrie- zur Dienstleistungsgesellschaft, zur Wissensgesellschaft oder zur Informationsgesellschaft. Die elektronische Revolution hat gerade erst begonnen und treibt die Globalisierung unaufhaltsam voran. Die Auflösung der politisch-ideologischen Blöcke ist gerade in Deutschland noch lange nicht verarbeitet, der Wertewandel durch die 68er-Bewegung wirkt nach, das ökologische Umdenken ist ein mühsamer Prozess.

Die Furcht vor Wertezerfall und postmoderner Beliebigkeit geht um, hinzu kommt die gentechnische Revolution, die sogar das menschliche Wesen in den Bereich der Machbarkeit rückt. In der Arbeits- und Wirtschaftswelt gibt es fast nichts, was nicht in Bewegung ist. Feste Arbeitszeiten, dauerhafte Anstellungsverhältnisse, die Form der sozialen Sicherungssysteme, Wert und Beständigkeit von Ausbildungen – nichts wird so sein wie früher.

Diese veränderten Kontextbedingungen sind sowohl für Individuen als auch für organisatorische Systeme mit den gewohnten Strukturen und Verhaltensweisen immer weniger beherrschbar. Sozialwissenschaftlich gesehen scheint es sinnvoll, den Kontext unserer Arbeitssysteme nicht als Informations- sondern als Kommunikationsgesellschaft zu begreifen:

• Informationen sind schnell, Wahrheit braucht Zeit.

Diese Maxime des Bielefelder Computerkünstlers *padeluun* heißt im Coaching mit System leicht verändert:

• Informationen sind schnell, wahrhaftige Kommunikation und Interaktion brauchen Zeit.

Leben statt gelebt zu werden

Das Konzept der Modulationsgesellschaft von Hennig Schmidt-Semisch[60] trägt ebenfalls dazu bei, Zusammenhänge zu begreifen. Unser soziokultureller Kontext verlangt von Binnen- und Arbeitssystemen die Fähigkeit zur Selbstmodulation zwischen situativ sehr schnell wechselnden Anforderungssettings. Daher wird Flexibilität zu einer sozialen

65

Grundkompetenz, die im kreativen Coaching besonders berücksichtigt wird.

Auch wenn die Verantwortung für übergreifende Veränderungserfordernisse bei politischen Gremien sowie den gesellschaftlichen und ökonomischen Großinstitutionen liegt, lässt sich auf organisatorischer und zwischenmenschlicher Ebene Einiges bewegen. Zur Förderung partizipatorischer Tendenzen, zur Teilhabe an sozialen Prozessen auf allen Ebenen, zur „Reaktivierung des politischen Subjekts an der gesellschaftlichen Basis" kann nachhaltige Beratung einen Beitrag leisten.

Symbolische Interaktion, das Arbeiten mit Bildern und Szenen im analogen Raum ist hierbei besonders nützlich und wirksam. Nach Kurt Richter werden so „Aspekte der inneren und sozialen Wirklichkeit transformiert und damit kommunizierbar". Der rationale Diskurs erhält eine „sehr viel breitere Erfahrungsgrundlage und kann auf tiefere Einsichten aus den ansonsten sprachlosen Wirklichkeitsbereichen zurückgreifen"[61]. So kann der Haben-Modus begrenzt und der Sein-Modus (Erich Fromm) gestärkt werden.

Der Einfluss des Individuums

Kreatives Coaching ist eines von vielen Mitteln, die dem Prozess der Emanzipation sehr nützlich sein können. Emanzipation bedeutet hier, die Macht und die Beeinflussungsmöglichkeiten bei sich zu behalten und nicht an anonyme Institutionen abzugeben. „Emanzipation ist ein aktives Wort für Arbeit am Wohl der Menschen. Gleichzeitig auf persönlicher und gesellschaftlicher Ebene."[62] Coaching mit System achtet dabei vor allem auf die Arbeitsbeziehungs- und die Organisationsebene.

Es richtet das Augenmerk auf deren selbstregulierende Kräfte, lässt jedoch auch den anderen Pol nicht außer acht: den Gesamtzusammenhang, die Umgebung, die Umwelt, die Gesellschaft. Hier reicht es nicht, beim „Ich bin ich und du bist du" zu verharren. Es heißt auch für veränderungsbedürftige Arbeitssituationen: „Wenn du raus willst...dann geh hinein, d.h. durchlebe die Realität, die sich dir anbietet, so bewusst wie möglich. Wenn du aus deiner jetzigen Lage raus willst, mach dir diese jetzige Lage immer mehr zu eigen, indem du dir vergegenwärtigst, was du tust und was mit dir gemacht wird."[63]

So gesehen kann die Aneignung der Bewusstheit, die im kreativen Coaching geschieht, ein transferierbares Potential für die Beeinflussung übergreifender sozialer Zusammenhänge bieten. Und schließlich braucht gesellschaftliche Veränderung Menschen, die einen eigenen kritischen Orientierungspunkt behalten, die aus einer eigenen Autonomie heraus mit der sich ständig verändernden Welt um sie herum umgehen können.

Wieder gehören beide Pole dazu:

- Das Coaching-System wird durch Reflexion auf seine eigenen Wirkungs- und Einflusspotentiale aufmerksam gemacht *und*

- der Umgang mit den Kontextbedingungen, den organisatorischen, finanziellen, ideologischen oder hierarchischen Gegebenheiten wird thematisiert.

Ein mögliches Ergebnis kann dabei auch verbesserte Anpassung *(Coping)* sein.

6. Was muss ein Coach können?

6.1. Gute Coaches, schlechte Coaches

„Talent zum Coach hat jeder" lautet ein Buchtitel. Wir wissen nicht, ob das so stimmt. Sicherlich gibt es viele Menschen, die zum Coach geeignet sind. Aber wir wissen, dass Talent allein nicht reicht. Coaching-Kompetenz ist etwas, das man lernen kann und muss. Sie ist nichts Exklusives, kann allerdings auch nicht „en passant" erworben werden.

Was also muss ein Coach können? Auflistungen der Eigenschaften und Fähigkeiten, die ein guter Coach haben sollte gibt es massenhaft. *Rauen* gibt hierzu einen umfangreichen Überblick[64]. Weil Perfektionismus ein Merkmal ist, das den Coach tendenziell zu einem schlechten macht, benennen wir hier nur einige wesentliche Kriterien ohne Anspruch auf Vollständigkeit. Coaching-Kompetenz setzt sich zusammen aus

- Arbeit an sich selbst,

- Berufs- und Lebenserfahrung,

- professionalisierter Sozialkompetenz und

- ständiger Entwicklungs- und Auseinandersetzungsbereitschaft.

Gute Coaches	Schlechte Coaches
sind kontakt- und begegnungsfähig	haben ein technologisches Verhältnis zum Einsatz von Methoden
stellen sich rollenklar als echtes Gegenüber zur Verfügung	verschanzen sich hinter guruhaftem Expertentum oder windelweicher Beliebigkeit
eröffnen andere Sichtweisen und zeigt neue Wege auf	haben starre Konzepte und spulen ihre oder fremde Programme ab
sind zum offenen und respektvollen Dialog fähig	neigen zu Besserwisserei und Überheblichkeit
arbeiten kontinuierlich an der eigenen Entwicklung	sind manchmal „echt fertig", weil sie sich für fertig halten
sind neugierig und kreativ	denken insgeheim „das hab ich doch alles schon mal gehört"
haben Mut zu Risiko und Konfrontation	verwechseln „Fairplay" mit „Friedhöflichkeit"

6.2. Die Rollen des Coaches

Ein Coach ist kein Guru. Wenn er mit Systemen arbeitet, kann er weder alles wissen, noch alles mitbekommen. Selbst mit guter Ausbildung, viel Erfahrung und gutem Gespür kann er niemals mehr als nur Ausschnitte, der vorhandenen Komplexität wahrnehmen. Um dennoch sinnvoll und wirksam zu intervenieren, nutzt er die Weisheit des Systems.

Die Arbeit im (>) analogen Raum bietet dabei eine zusätzliche Qualität, die über die rein sprachliche (digitale) Weisheit hinausgeht. Situationen werden unmittelbar erfasst und das räumliche, „inszenierte" Setting gibt wesentliche Informationen zur Bewältigung von Problemen und Herausforderungen. Die – oft zunächst verborgene – Weisheit des Systems tritt dadurch zutage, dass ein (>) „wissendes Feld" entsteht. Die Akteure transportieren Energie und Informationen aus der Praxis ins Coaching-Setting. Der Coach muss diese lesen und lesbar machen können.

Wesentliche und typische Rollen eines Coaches sind dabei

- Spiegel für Person und System,
- Entwicklungshelfer statt Lehrer
- Sparringspartner
- Hofnarr.

„Der Coach ist Agent der Umwelt, vergleichbar dem Hofnarren früherer Tage, der den Mächtigen unangenehme Wahrheiten sagen darf und muss. Denn von einer bestimmten Ebene ab gibt es im Unternehmen kein Feedback mehr, sondern nur noch politisches Verhalten."[65]

Ein wirksamer Coach bewegt sich prinzipiell an der Systemgrenze, daher hat er immer die Rolle des Grenzgängers. Er muss in der Lage sein, sie fortwährend in beiden Richtungen zu überschreiten. Manchmal geht er in das zu coachende System, und gehört für eine begrenzte Zeit dazu. Dann geht er wieder – bildlich gesprochen – hinaus, um die Außensicht nicht zu verlieren. Daraus ergibt sich eine grundlegende (>) Polarität, in deren Spannungsfeld er agieren muss – die Polarität von Fremdheit und Zugehörigkeit.

6.3. Der Coach als Intervention

Funktionierende soziale Systeme verändern – idealtypisch gesehen – ihre Struktur ständig im Sinne von Zuwachs und Entwicklung. Nicht oder schlecht funktionierende Systeme sind auf *„Reserveinputs"* von außen angewiesen, da dieser Mechanismus versagt. Ein wesentlicher Schritt, sich neuen Input zu besorgen, kann darin bestehen, einen Berater bzw. Coach zu beauftragen. Er tritt ins System ein, um diesem zunächst zur Klärung zu verhelfen, also um den laufenden sozialen Prozess zu beeinflussen.

Dabei gibt es zwar keine Veränderungsgarantie, doch „wird in jedem Fall von dem Intervenierenden erwartet, sich in einer Weise zu verhalten,

die zu einer *Funktionsverbesserung* im System des Klienten beträgt...
Vermutlich dient schon die bloße Anwesenheit des Beraters dazu, die
Bewusstheit auf einige Aspekte des Systems zu erhöhen."[66] Der Coach
interveniert also schon durch seinen Eintritt ins System. Er ist dabei jedoch in einer Sonderrolle, die ihn per definitionem von den Mitgliedern
des Systems unterscheidet und es ist hochnotwendig, sich dessen bewusst
zu sein und zu bleiben.

Die Attraktivität des Coaches

Seine Attraktivität hängt in gewissem Grad von den bei ihm wahrgenom-
menen Fähigkeiten und Einstellungen ab, die im System nicht oder nicht
ausreichend zur Verfügung stehen. Er muss also etwas „Fremdes" repräsentieren. Auf der anderen Seite dürfen seine Werte, Methoden und Einstellungen nicht zu weit von denen des Klientensystems entfernt sein, da
er sonst zuviel Widerstand hervorrufen würde. Er muss sich also auch in
gewissem Sinne in die Kultur des Klientensystems integrieren können.

„Wenn geeignete Berater in einem gegebenen System irgendwo zwischen diese Extreme fallen, so können wir annehmen, dass es zu einer
konstanten gegenläufigen Dynamik kommt, bei der einerseits Kräfte ins
Spiel kommen, damit der Intervenierende ‚einer von uns' bleibt, und
andererseits das bestärkt wird, was verschieden ist.

Der kunstvolle Einsatz dieser Spannung, die durch Gleichheit und Andersartigkeit erzeugt wird, kann sich für den Berater vorteilhaft auswirken. Sie kann aber auch zu einer Hauptquelle für Schwierigkeiten und
Beratungsfehlschläge werden, wenn sie nicht geschickt gehandhabt wird.
Um aus dieser Spannung das Beste zu machen, muss ein erfolgreicher
Berater sich dieser fortwährend bewusst sein und nicht versuchen, sie
auszuschalten oder wegzuschieben".[67]

Formelhaft verkürzt lautet das *Grundmodell für qualitative Veränderung*: V (Veränderer) muss von S (System) akzeptiert werden – aufgrund von Ähnlichkeit mit Systemelementen passiert V die Systemgrenze und wird zu Systemteil. Nach Systemintegration wirken die
Ungleichheiten von V verändernd auf S ein, so dass es zu S1 wird.

Der Coach muss also vom System akzeptiert werden und es bedarf dazu
gewisser Ähnlichkeiten zwischen ihm als Veränderungssystem und dem
Zielsystem. *Bernler/Johnsson* bezeichnen dies als Isomorphie. Er muss

demzufolge zur Schaffung eines Arbeits- bzw. Lernbündnisses als Voraussetzung für Veränderungen zunächst

- *Isomorphiestrategien* anwenden, um dann auf der so geschaffenen Basis erfolgversprechend

- *Anisomorphiestrategien* einsetzen zu können.

Erstere können beispielsweise im Ausdruck des Teilens von Gefühlen, Werten und Kultur des Zielsystems bestehen, sollten aber immer nur „Ähnlichkeiten mit Realitätsbasis" ausdrücken also keine Anbiederungsversuche sein.

Als günstig können sich hier *Kulturkompetenz* des Coaches – z.B. eigene Kenntnisse und Erfahrungen im jeweiligen Praxisfeld – oder ein ähnliches Menschenbild erweisen. Je „isomorpher" der Coach ist, um so eher wird er akzeptiert. Umso geringer wird aber gleichzeitig seine Fähigkeit zur Systemveränderung. Diese ist nur auf der Grundlage der Anisomorphien/Ungleichheiten möglich, die er als neue Impulse ins System einbringt. Ungleichheitsstrategien beinhalten wesentlich, dass er durch den „abwechselnden Gebrauch unterschiedlicher Repräsentationssysteme" erweiterte Kommunikationsmöglichkeiten lehrt.

Es ergibt sich ein *unvermeidliches Paradoxon*: „Der Helfer muss zwischen Außen und Innen wechseln können, er muss darüber hinaus gleichzeitig innerhalb und außerhalb des Systems sein: Zugleich muss er maximale Gleichheit und Ungleichheit gegenüber dem Klienten- und Zielsystem aufweisen."[68] Analog zur paradoxen Theorie der Veränderung ist die paradoxe Rolle des Coaches Ausgangssituation seiner Interventionen.

Dabei ist der Coach gut beraten, wenn er den Klienten vermittelt, dass er

a) ihre Probleme versteht und dass es

b) in Ordnung (okay) ist, dass sie diese Probleme haben.

Manchmal ist es auch notwendig, Schuldgefühle abzubauen und ausdrücklich zu kommunizieren, dass nichts verurteilt wird („nichts Menschliches ist mir fremd").

Gleichheit und Ungleichheit

In jeder Coaching-Prozess besteht in irgendeiner Form die Grundannahme, dass der Coach qua Erfahrung, Wissensvorsprung, Rolle oder anderer Merkmale in der Lage ist dem System zu helfen und dass dieses aus eigener Kraft nicht in der Lage ist, die Situation klar genug zu erkennen um klug genug zu handeln. Das stellt ihn tendenziell komplementär über seine Klienten.

Jeder Akt der Intervention beinhaltet nahezu unvermeidlich eine Beifärbung von Vermessenheit und Anmaßung und es ist davon auszugehen, dass die Klienten sich in einer Ambivalenz zwischen den Polen „Bewunderung für die Andersartigkeit" und „Ablehnung der Überlegenheit/Anmaßung" befinden.

Der Coach muss sich darüber im klaren sein, „dass das Annehmen eines Beratungsauftrages die Bereitschaft bedeutet, die Herausforderungen zu akzeptieren, die solche Akte der Anmaßung mit sich bringen. Wie gut die *Integration von Autorität und Bescheidenheit* gelingt, wird für Erfolg oder Fehlschlag der Beziehung entscheidend sein."[69]

Intervention als Grenzveränderung – der marginale Coach

Als Coach arbeitet also stets an der Systemgrenze und muss sich dessen gewahr sein, dass es beim Akt der Beratung um das Überschreiten oder Verändern von Grenzen eines sozialen Systems geht. Wer berät oder interveniert, nimmt dadurch die Position eines *Grenzstörers* ein. Grenze kann begriffen werden als phänomenologischer Augenblick, als Linie, als Streifen, als Membran. *Grenze* ist ein *Konzept von Relationen*.

Die Unterstützung und Förderung von Systemveränderung als Grenzarbeit kann am besten durch jemanden geschehen kann, der selber in dieser Grenzfunktion steht, der also eine *Präsenz von Grenzhaftigkeit* darstellt. Durch einen Coach als marginale Person.

6.4. Die Haltung des Coaches

Da das wesentliche „Arbeitsinstrument" des Coaches in seiner marginalen Rolle die eigene Persönlichkeit ist, rückt die Frage nach seiner inneren Haltung ins Zentrum Welche Haltung nimmt er ein? Mit welcher Haltung arbeitet er? Welche Haltung vermittelt er, bringt er in den Prozess ein?

Traditionell wird zwischen „Beratung im Sitzen" und „Beratung im Stehen" unterschieden. Für Coaching mit System ist zusätzlich der Aspekt der Energie entscheidend: wie kann das Arbeitssystem – auch auf der sinnlich-körperlichen Ebene – in Bewegung kommen? Dabei hat sich der Coach zwischen den Polen „Handlungsorientierung" und „Achtsamkeit gegenüber kontraproduktiver Überaktivität" zu bewegen. Voreilige Interventionsschritte, wie z.b. übermäßige Erklärungen oder Hinweise, können auch der Sorge des Externen entstammen, seine eigene Rolle als Helfender und Wissender zu rechfertigen.

Wir halten in Coachingprozessen eine möglichst offene, situativ-flexible und selbst-kongruente Haltung für günstig. Das bedeutet zu versuchen, mit wachen Sinnen für möglichst viele Wahrnehmungsebenen empfänglich zu sein:

- Vor der Coaching-Einheit konzentriere ich mich auf das *Gewahrsein meiner Selbst*.

- Wenn ich mich dann in das Coaching-System hineinbegebe, lege ich den Hauptwahrnehmungsfokus auf den Empfang der Signale und *Botschaften des Systems*.

- Parallel dazu versuche ich möglichst, meine Selbstwahrnehmung „im Hintergrund" weiter laufenzulassen.

Insofern ist „geplante soziale Veränderung" oft nicht im Sinne einer Prozess-, Verlaufs- oder gar Ergebnisplanung zu verstehen. Die *Planmäßigkeit* besteht vorrangig darin, zu Beginn und während des Prozesses immer wieder eine *Haltung der „ungerichteten Bewusstheit"* einzunehmen.

Zwei Grundhaltungen

Nevis nennt diese Haltung auch die *„Methode Columbo"* und definiert sie polar zur *„Sherlock-Holmes-Methode"* der Erkenntnisgewinnung. „Man könnte sagen, dass sich Columbo wie ein Schwamm verhält, indem er in seine Umgebung eintaucht, alles aufsaugt und auf wichtige Hinweise wartet, die unweigerlich dabei sein werden... Holmes unterrichtet sich selbst, indem er seine Umgebung kontrolliert; Columbo erlaubt sich selbst, sich unterrichten zu lassen."[70]

Columbo gewinnt *Erkenntnis über Kontakt*, Holmes über Distanz. Columbos Methode ist phänomenologisch hier-und-jetzt-bezogen, Holmes Methode ist naturwissenschaftlich-analytisch. Zwar macht die „Columbo-Methode" oft einfach mehr Spaß, doch befindet sich der Coach hier zwischen zwei starken Methoden-Polaritäten, die zusammengehören und die ich letztlich auch beide anzuwenden sind. Daraus leitet sich die

Bereitstellung von Präsenz als grundsätzliche Interventionshaltung und als zentrale Methode im „Coaching mit System" ab.

6.5. Präsenz als Qualitätsmerkmal des Coaches

Präsenz ist ein Schlüsselbegriff. Er bedeutet zunächst schlicht „wirkliches Dasein" und Dableiben, Gegenüber-Sein. Er meint eine möglichst vollständige Anwesenheit im Hier-und-Jetzt. Als Kontakt- und Reibungsfläche zur Verfügung stehen.

Die eigene Wahrnehmung zur Verfügung stellen. Aufrichtigkeit die weder beschönigt noch schonungslos ist. Aufnahmefähigkeit und Handlungs- bzw. Hilfsbereitschaft – mit den Worten von Martin Buber: *„Von mir ausgehen, aber nicht auf mich abzielen."*

Die Haltung des Coaches ist ein Hauptbestandteil seines Angebots

Nevis entfaltet ein Konzept von *Präsenz als lebendiger Verkörperung von Wissen*. Der Berater soll seine Einstellungen, Werte und Haltungen nicht nur vertreten, sondern sie anregend und auslösend einsetzen. „Die Theorien und Praktiken, die für wesentlich gehalten werden, um in Menschen Veränderungen auszulösen, manifestieren sich durch die Präsenz des Beraters, werden durch sie symbolisiert oder sind in ihr impliziert."[71]

Bezogen auf die Absicht geplanter Veränderung durch Interventionen bedeutet dies ein Ausleben von Grundannahmen darüber, wie man einander beeinflusst und hilft.

Der Intervenierende vermittelt seine Kenntnisse und Erfahrungen über effektive Interventionen wesentlich in seiner individuellen Selbstpräsentation. Irgendeine Form von Präsenz wird unvermeidlich in jedes Beratungssetting eingebracht, ob bewusst wahrgenommen, ob variiert oder nicht. Doch eine gute und bewusst eingesetzte Integration von Wissen und Verhalten im Hier-und-Jetzt kann das Klientensystem am effektivsten beeinflussen.

Professionelle Formen von Präsenz

Präsenz dient dazu, das Klientensystem zu „berühren", denn ohne eine ausreichende Kontaktebene wird sich wahrscheinlich wenig Veränderungsenergie entwickeln. Präsenz lässt sich in vier Dimensionen untergliedern, aus denen sie ihre Wirksamkeit bezieht:

- *Stimmigkeit* – das Gefühl, als Coach am richtigen Platz zu sein, „intuitives Gespür für das Angemessene", gutes Timing – keine Perfektion aber überzeugendes, interessantes Verhalten.

- *Explizites gegenüber mysteriösem Verhalten* – ratio, kodifizierbares Wissen, Analyse, Diagnose und Logik versus Respekt und Aufmerksamkeit gegenüber Phantasien, Stimmungen und Gefühlen. Z.B. dem Kundensystem seine Verhaltensmuster auf nonverbalen Ausdrucksebenen zu spiegeln, ohne dies verbal-rational zu explizieren.

- *Narzisstische gegenüber kollektiver Identität* – Selbstpräsentation als einzigartige Person mit einer ganz eigenen Mischung von Wissen, Erfahrung, Fähigkeiten und Ausstrahlung versus Vertretung einer Richtung oder „Schule".

- *Klinischer gegenüber kontaktvollem Modus* – Die klinische Präsenzform ist verbunden mit Distanz, Ankauf von Expertenwissen, „harten

Daten", Diagnose- und Lösungsorientierung. „Da Organisationen gewöhnlich aufgabenorientiert sind, ...besteht oft ein starker Sog hin zum klinischen Modus."[72] Die kontaktvolle Präsenzform, bietet Begleitung an, macht keine Versprechungen hinsichtlich bestimmter Ergebnisse, sondern sucht Prozessvertrauen zu vermitteln.

Bei den drei letztgenannten Präsenzformen geht es jeweils um die „Fähigkeit eine ausgeprägte Haltung auf dem Kontinuum einzunehmen". *Nevis* unterstützt dabei in seiner Darstellung alle Haltungen und vermeidet es, eine der anderen vorzuziehen. Ein effektiver Coach sollte möglichst in der Lage sein, sich *von einer Präsenz zur anderen* zu bewegen.

Das allerdings wäre der nur selten erreichte Idealfall. Aber wahrscheinlich gilt auch, dass jede Präsenz, die vorführt welche Bedeutung es hat, sich des Prozessgeschehens bewusst zu sein, wichtigen Einfluss haben wird, „da viele Organisationen auf der Ebene der Bewusstheit größere Schwierigkeiten haben als an anderen Punkten"[73].

6.6. Grundlegendes Interventionsverhalten

Im Vergleich zu anderen Formen der Prozessberatung folgt daraus eine größere *Zugänglichkeit des Coaches,* gerade auch seines Denkens und Fühlens.

Durch möglichst wirkungsvollen Einsatz der eigenen Person, besonders der Attraktion, die sich aus der Andersartigkeit ergibt, wird die Interaktion mit dem Klienten als vorrangiges Mittel zur Erreichung einer besseren Funktionsweise der Organisation eingesetzt.

Statt primär analytisch, deutend und vordergründig lösungsbezogen zu arbeiten wird die Energie des Klientensystems auf seine Funktionsweise gerichtet. Bei diesem Ansatz ist es sehr wichtig, Respekt für die Eigenart des Systems zu zeigen, während man gleichzeitig intensiv daran arbeitet, sich in seiner eigenen Art darzustellen.

Alle Aktivitäten bzw. Interventionen haben damit zu tun, Bewusstheit für die Vorgänge im System zu entwickeln um von da aus mittels der verfügbaren Energie zu effektivem Handeln überzugehen. Das Arbeitssystem hat dann die Freiheit – und die Verpflichtung – Entscheidungen zu treffen. Diese können, müssen aber nicht zur *Änderung von Strukturen und Prozessen* der bisherigen Aufgabenerledigung des Systems führen.

Grundlegendes Interventionsverhalten, gliedert sich in fünf wesentliche methodische Leitlinien:

- *Bewusster Einsatz der eigenen Sinne*, um dann über selektiv mitgeteilte Beobachtungen Präsenz zu etablieren

- *Wachheit für das eigene Erleben*, dessen selektive Mitteilung ebenfalls der Etablierung der Präsenz des Beraters dient

- *Aufmerksamkeitsfokussierung auf die Energie im Klientensystem*, auf vorhandene oder auch fehlende Themen und Fragestellungen, für die das System Energie hat (gemeinsame Figuren). Entwicklung entsprechender Handlungen, die sich mit dieser Energie verbinden, damit etwas Wesentliches geschehen kann

- *Förderung klarer, bedeutsamer, intensivierter Kontakte* zwischen Mitgliedern des Klientensystems und auch zum Berater

- *Hilfestellung bei der Bewusstseinsförderung* im System über den Gesamtprozess mit dem Lernziel, die Abschlussfähigkeit von Unerledigtem zu fördern.

Die ersten beiden Aktivitäten – sich selbst und andere zu beobachten und sein Erleben selektiv mitzuteilen – sind die Eckpfeiler bewussten Coachings. Es sind diese Verhaltensweisen, die die anderen drei Aktivitäten ermöglichen. Um erstere gut ausführen zu können, muss der Coach zu einem fein geschliffenen Instrument der Beobachtung und Artikulation werden.

„Dies legt nahe, dass die Entwicklung des Selbst die einzig sinnvolle Möglichkeit ist, um ein erfolgreicher Berater zu werden."[74]

Essentielle Interventionsleitlinien für „Coaching mit System" sind daher: hohe Sensibilität, Reflexionsfähigkeit, Flexibilität und feine Wahrnehmung von Daten, Stimmungen, Emotionen und Atmosphären. Verbunden mit einer *exakten, differenzierten und originellen Artikulationsfähigkeit* gehören sie zu den Coaching-Grundkompetenzen.

7. Coaching und gestaltende Wissenschaft

Die Anwendungsbereiche und Zielgruppen von Coaching werden traditionell vorwiegend in betrieblichen und sozialen Handlungsfeldern gesehen. Coaching mit System als (>) Erweiterung traditioneller Beratungsansätze sieht darüber hinaus auch enge Berührungspunkte zum Bildungssektor.

Wenn Lernen bei der Wirksamkeit nachhaltiger Beratung eine so große Rolle spielt, was liegt dann näher, als Coaching auch auf Schule und Hochschule zu beziehen? Im Folgenden wird an einem konkreten Beispiel gezeigt, wie produktbezogene Bildungsqualität an der Hochschule von Coaching-Elementen profitieren kann.

7.1. Der Blick für das Wesentliche

Studenten forschen? Am Fachbereich Design? Sind das nicht die, die ständig zwischen kommerzieller Werbung und künstlerischem Anspruch umherirren? Das sind doch keine Wissenschaftler.

Aber Bielefelder Design-StudentInnen haben geforscht. An der Fachhochschule existieren über 400 „studienbegleitende Arbeiten" in Form origineller Buchprodukte. Sie demonstrieren auf beeindruckende Art, was StudentInnen an Einfallsreichtum, Reflexionsniveau und wissenschaftlicher Arbeitsdisziplin leisten können – wenn die Bedingungen stimmen.

Kontaktvolles Lernen und Lehren

Als ich die letzten 30 dieser Arbeiten in die Hände bekam, war ich erstaunt und begeistert. Neben dem ästhetischen war auch mein professionelles Interesse als Coach und Supervisor geweckt. Was – fragte ich mich – bewegte beispielsweise die Studentin *Janine Kulbrok* dazu, eine 210 Seiten umfassende interdisziplinäre Arbeit zur „Phänomenologie der Falten" zu erstellen? Dieser Arbeitsaufwand und dieses Qualitätsniveau nicht etwa für eine Diplomarbeit, sondern für einen Schein im Fach „Wissenschaftliche Grundlagen der Ästhetik"? Und das studienbegleitend?

Die Antwort liegt in den „Bedingungen", die stimmen müssen. Sie liegt in einem anwendungsbezogenen Wissenschaftsverständnis mit Herz und Verstand. Sie liegt in einem hochintelligenten und kontaktvollen Lehr- und Lernkonzept, dass kreative Freiräume geschickt ausnutzte. Die Antwort liegt auch in der Persönlichkeit der Beteiligten, in diesem Fall des Lehrenden *Roland Günter*.

7.2. Wissenschaft und Praxisbezug

Wissenschaft wird hier nicht getrennt von der Alltagspraxis, vom ganzen Menschen und seinem sozialen Bezug. Forschung wird verstanden als Herstellung von Wahrnehmungs- und Reflexionsfähigkeit, als Weckung der Neugier auf das „Anderssein des anderen". Als professioneller Coach und Supervisor arbeite ich ständig an der Vertiefung sozialer Bewusstheit in Arbeitssystemen, an der Verdeutlichung von Grenzen. Dazu gehört die sensible Balance zwischen Grenzrespektierung und Grenzüberschreitung. Genau in diesem Grenzbereich begegnete ich mit Roland Günter einem Menschen, dessen Lebensthema die Gestaltung von Komplexität und die Komplexität von Gestaltung ist.

Vor acht Jahren lernte ich ihn als Eigentümer einer Wohnung in Amsterdam kennen. Über die regelmäßigen Aufenthalte in dieser Stadt, die neben vielen anderen Qualitäten vor allem die der Inspiration besitzt, kamen wir uns näher. Zunächst im Austausch über die baulichen, sozialen und künstlerischen Aspekte der Stadt, später ergaben sich daraus professionelle Berührungspunkte. Er als Kunsthistoriker und Hochschullehrer, ich als Soziologe und freiberuflicher Supervisor (diese Rollenbegrifflichkeiten sind sich der Reduktion auf Teilaspekte bewusst) arbeiteten irgendwo in gleiche Richtungen.

Einer von Roland Günters Lieblingsbegriffen ist „Synergie" und so machten wir uns im freien Selbstversuch daran, diese Richtungsgleichheit zu erkunden und voneinander zu profitieren. Ich experimentierte in seinen (>) Design-Seminaren mit Methoden kreativen Coachings und prozessualer Supervision und entdeckte dabei bereichernde Parallelen im beraterischen und im künstlerischen Gestaltungsprozess. Unsere Kooperation verdichtete sich schließlich in einem innovativen Praxisprojekt zur touristischen Erschließung der Bochumer Industriekultur an der dortigen Ruhr-Universität[75].

Obwohl wir seit Jahren kooperierten, ging mir erst anlässlich seines Abschieds von der Bielefelder Hochschule die außerordentliche Qualität des dort von Roland Günter praktizierten Lehrkonzeptes auf, dessen zentrales Motto lautet: *sich nichts verbieten lassen*. Als jemand, der selber professionelle Praxisberatung immer mit Impulsen aus Theater, Kunst, Körpererfahrung und Sozialwissenschaft zu verknüpfen sucht, musste ich unbedingt mehr und Genaueres über diese Konzeption wissen.

Wir vereinbarten für den Tag seiner Verabschiedung ein Interview, in dem er mir ein Resümee seiner 28-jährigen Lehrtätigkeit gab, dessen Quintessenz ich im Folgenden mit der supervisorischen Perspektive des kreativen Coaching verknüpfe.

7.3. Forschungsfeld Alltag

Studenten forschen. Roland Günter zufolge sollten sie das an allen Design-Studiengängen tun und nicht nur in Bielefeld. Entscheidend dabei ist die Verschriftlichung, denn Wissenschaft ist rein mündlich nicht denkbar. Ausgangsgedanke war, auch in Bielefeld, die Kapazitäten von Hochschule auf die Region zu lenken, in der sie existiert und so die Verantwortung für die Erzeugung von Synergien zu übernehmen.

Dementsprechend war das Forschungsfeld der „studienbegleitenden Arbeiten" in der Anfangszeit auf Ostwestfalen-Lippe beschränkt. Ausnahmen gab es nur „wenn einer über sich selbst schrieb" und die Person so als temporärer Bestandteil dieser Region aufgefasst werden konnte. Hochschulgeschichte wurde dadurch konkret, dass Studenten sich selbst zum Thema machen konnten. Geschehen konnte dies in Form fundierter Selbstreflexion anhand der Frage: *Wie komme ich zu meinem eigenen Werk?*

Bei tagebuchartigen Aufzeichnungen wurden die AutorInnen aufgefordert, möglichst radikal zu sein und sich keine Barrieren zu setzen. Mit der Zeit wurde das Forschungsfeld erweitert um die Themen Licht, Reisebücher und Theater. Leitgedanke war es, dabei auf Forschungsphantasie in Themen, Methode und Darstellung zu setzen.

„In die Szene gehen" als Forschungsmethode

Da im Fach „Wissenschaftliche Grundlagen" keine Hauptfachhistoriker studieren, konnte manches überambitionierte Vorhaben, wie z.B. die Erforschung der Geschichte eines mittelalterlichen Herrensitzes nicht realisiert werden. Dann wurde das Thema „gedreht", so dass beispielsweise in diesem Fall der Gebrauchsgeschichte des Anwesens nachgegangen wurde.

Methodischer Grundsatz war es, aus den Komponenten „vernünftig ermitteln", „Interviews durchführen", „oral history" und „detektivischem Spürsinn" Wissenschaft zu machen. Handlungskriterien für Wissenschaftlichkeit waren die Aktivitäten „kritisch sehen", „systematisieren", „argumentieren", „nachweisen" und „vergleichen". Als Ergebnis wurde gefordert: *„Eine Darstellungsform, die nicht langweilt und am Schluss muss es auch noch ein bisschen gut aussehen."*

Den Coach und Supervisor erinnert dieses Vorgehen an den beraterischen Paradigmenwechsel von der Methode „Sherlock Holmes" zur Methode „Columbo". Die genial inszenierte Kunstfigur des Inspektor Columbo ermittelt im Kontakt, begibt sich *in die Szene* und gewinnt dadurch Erkenntnis, dass sie sich – professionell kontrolliert – immer wieder selbst zum Teil des „Forschungsfeldes" macht.

Auch methodisch gab es bei den „studienbegleitenden Arbeiten" bewusst zugelassene Ausnahmen. Die genannten Kriterien für Wissenschaftlichkeit traten in den Hintergrund, wenn der Zugangskanal „literarische Fähigkeit" erkennbar wurde. Ausgangsüberlegung hier: der Literat hat dem Wissenschaftler Einiges voraus. Er hat den Blick für Prozesse und ihm eignet die Lust auf Komplexität, die auch Atmosphären, Stimmungen und Gefühle einbezieht. Der Soziologe *Norbert Elias* prägte hierfür den Begriff der „Gefühlsgeschichte".

Durch die Ermöglichung des literarischen Zugangs kam es zu mancher Talententdeckung, zur Entstehung manchen „Wunderwerks". Außerdem nähert sich eine wirklich gute wissenschaftliche Arbeit immer einer gelungenen Inszenierung.

Was sollen die Leute können?

Die für die Methodenwahl entscheidende Frage lautet: Was sollen die Leute können? Die Antwort: Sie sollen ihr Leben lang tendenziell wissenschaftlich denken können. Nicht wissenschaftlich an sich, sondern im eingangs skizzierten lebensfördernden Sinne. Supervisorisch interessant ist hier die Parallele zur Entwicklungs- und Ressourcenorientierung. Vorrangig ist nicht, was Klienten und soziale Systeme „wissen" – entscheidend ist, was sie „können" und was sie „tun".

Die methodisch erste Ebene betrifft die Arbeit der Quellensicherung, womit – siehe „oral history", siehe auch Spurensuche anderer Art – keineswegs nur die geschriebenen gemeint sind. Dies beinhaltet neben der Sicherung vorhandener auch die Ermittlung weiterer Quellen. Die methodisch zweite Ebene behandelt die Frage „Wie verarbeite ich das?" Verbindliche Grundlage für die Aneignung und sukzessive Verfeinerung der Methoden war das von Roland Günter verfasste „Bildungsbuch einer Hochschule".

7.4. Betreuungs-Schritte

Jede der Arbeiten wird prinzipiell von sechs Betreuungsgesprächen begleitet. Die Betreuung folgt einem sechsschrittigen Theaterprinzip. Ausgelassene Schritte, die von den Studenten aus dem einen oder anderen Grund nicht wahrgenommen wurden, merkt man der Arbeit an. Voraussetzung für den Arbeitsbeginn war immer die Entwicklung einer Produktvorstellung, das Hinarbeiten auf ein Buch. Anfangs galt: Jedes Argument ist ein Kapitel, die tatsächliche Struktur und Reihenfolge werden zum Schluss festgelegt. Der Prozess verläuft vom Steinbruch zur Ausformulierung.

1. Schritt – Themenfindung

Die Überprüfung der elementaren Frage: „Trägt das Thema überhaupt?" Erst nach substantieller Verständigung in diesem Punkt gab es die Zustimmung des Professors. Viele Themen wurden abgelehnt, weil sie nicht „trugen".

2. Schritt – Brainstorming

Hier wurde größter Wert darauf gelegt, dass alles erlaubt ist und dass „in verrücktester Weise" fabuliert werden kann. Eben so wichtig war die Dokumentation der Ideensammlung: „Ich habe mit keinem Studenten gesprochen, der nicht mitnotiert." Der Professor gab meist knappe Einstiegsimpulse und reicherte das Brainstorming auch mit eigenen Ideen an. Er setzte auch die irgendwann erforderliche Zäsur und vermittelte dem Studenten das Gefühl dafür, „wann der nächste Schritt dran ist".

Supervisorische Parallele an dieser Stelle: nachhaltige Beratung lebt immer davon, sich nicht allein auf die rational-kognitive Ebene zu verlassen. Sie geht immer wieder ins analoge Feld und nutzt die Kraft der Assoziation, der Bildhaftigkeit, des Traums und der Phantasie.

3. Schritt – Grobinszenierung

In dieser Phase hieß es, den Text „ohne Rücksicht auf Fehler runterzurotzen". Im Theaterjargon erfolgt hier das „Hochkochen" des Materials. Daran anschließend folgt die zweistufige Kritikmethode. Zuerst – und das ist als Wertschätzung enorm wichtig – kommt die Rückmeldung darüber was gut ist. Danach erst die Erörterung dessen, was noch weiterentwickelt werden kann.

In dieser Phase bleibt es nicht bei der einfachen Benennung von Schwachpunkten, der Professor gibt vielmehr produktive Tipps und Anregungen. Supervisorisch begegnet mir hier die Auseinandersetzung „mit dem was ist" und der Übergang zum Coaching. Die Arbeit an zielgerichteter Kompetenzerweiterung, die Schwächen nicht ausmerzen will, sondern sie als Ressourcen sieht. Prinzip Fehlerfreundlichkeit.

4. Schritt – Feininszenierung

Nun geht es um die Frage: „Wie sitzt das denn so ineinander?" Wie ist die inhaltliche Konsistenz des Produktes „Text"? Wo ist Nachrecherche nötig? Ist eventuell ein Umbau des Textes erforderlich? Nun geschieht das Drehen und Wenden im Sprachbildungsprozess. Der schriftliche Text entspricht dem Holz des Tischlers – ohne sinnfälliges Material kein Gestaltungsprozess.

Hier finde ich den Gleichklang mit supervisorischen Prozessen sogar in der gewählten Analogie. Wir benutzen in prozessualer Supervision und kreativem Coaching oft den Begriff der „Millimeterarbeit", die erforderlich ist, um das Handwerkszeug so zu formen, dass der beraterische Handwerker damit so angemessen und wirkungsvoll wie möglich arbeitet.

5. Schritt – Nachrecherche

Hier ist es besonders wichtig, die Studenten davor zu schützen, nicht alles zu verwerfen und wieder von vorne anzufangen. Diese Phase verdeutlicht vielleicht noch mehr als die anderen die Unabdingbarkeit verbindlicher und qualitätsvoller Begleitung der Studenten. „Der Beratungsanteil der Profs muss ganz stark erhöht werden".

Der Professor ist hier – wie der Coach – in seiner produktiven Leitungsfunktion (Chef des Settings) gefragt, die sich als Gratwanderung zwischen Bremsen und Gas geben, zwischen abschneiden und radikalisieren erweist. Bei den Balanceakten, die an dieser Stelle – kurz vor dem Abschluss des Gestaltungsprozesses – zu vollführen sind, „kommt man rasch auf existentielle Ebenen, man muss mit einem künstlerischen Begriff von Radikalität auch wissenschaftlich operieren".

6. Schritt – Darstellung

Alle inhaltlichen Elemente werden jetzt ein letztes Mal überprüft und wenn nötig nochmals verändert. Das aus antiker und italienischer Tradition gewonnene Grundprinzip lautet: *Renaissance ist Klarheit.* Mich wirklich mitteilen heißt: ich muss es sowohl mir selbst als auch dem anderen „klar machen". An dieser Stelle zeigt sich eine essentielle Schnittmenge zum Arbeits- und Erkenntnisprozess im Coaching mit System. Wir verstehen es als „existentielle Klarlegungsarbeit im professionellen Kontext". Die Klärung von Arbeitsbeziehungen, von Konflikten, von systemisch wirksamen Einflüssen der sozialen Kontexte ist das Wesen von Coaching und Supervision.

Roland Günter sagt: „Ich muss mir die Frage stellen: Versteht der andere das überhaupt? Ich muss in der Lage sein, den Standpunkt zu wechseln und das muss trainiert werden." Auch hier bewegen wir uns in Kernbereichen von Supervision und kreativem Coaching.

Entwicklung und Training von Empathie, Multiperspektivität, das Hineinversetzen ins Gegenüber, in das Problem oder in das Symptom sowie die Beherrschung verschiedener (>) Coaching-Sprachen gehören zur professionellen Grundausstattung des Coaches. Das Rollenspiel als „Spiel mit Rollen", die Verlebendigung vergangener Praxisszenen und die darstellerischer Nutzung vielfältiger analoger Medien dienen dem Zweck, möglichst unmittelbare Verständlichkeit zu erzeugen.

Zur Phase der Darstellung gehört schließlich noch ein Erfahrungsinput der Professoren, der den Studenten vermittelt, „wie man mit Menschen umgeht und wie man nicht langweilig ist". Dazu gehören zwei zentrale Momente: a) das Erzählen von Geschichten und b) das Entdecken und

Freilegen der Inszenierungen und Dramaturgien innerhalb dieser Geschichten.

Auch hier begegnen mir zentrale Elemente nachhaltiger Beratung. Wenn Verhältnisse, Positionen und Beziehungen geklärt werden, bedarf es sowohl der sinnesgerechten als auch der gehirngerechten (also links- und rechtsseitigen) Kommunikation. Dazu verwenden wir Verbildlichung, Verkörperung und soziale Re-Inszenierungen, manchmal auch in dramatischer Form. Hier lautet der Grundsatz: „Die Szene lebt".

7.5. Soziale Wissenschaft und Nachhaltigkeit

Wissenschaft hat für Roland Günter immer mit sozialer Effizienz zu tun. „Ich stehe auf den Schultern anderer und ich mache es für andere, also muss ich mich und mein Tun kontrollierbar machen." Transparenz ist wichtig für die Wissenschaft, damit nicht wirklichkeitsferne Fachtermini die Inhalte oder auch die Inhaltslosigkeiten vernebeln. Transparenz ist wichtig für Supervision, damit die Klienten wirklich „gut beraten" sind und damit sie nicht rätseln müssen, ob sie es nun mit tatsächlichen oder vermeintlichen Experten zu tun haben. In beiden Fällen geht es darum, die Entstehung von Herrschaftswissen zu verhindern.

Das exemplarische Lehren und Lernen von Gestaltungsprozessen des Roland Günter wird abgerundet durch kommunikationsrelevante und ästhetische Details, wie Gesichtspunkte von Typographie und Layout sowie durch eine letzte Maxime: „Schafft eine lebendige, eine fröhliche Wissenschaft!" Auch hier treffen sich unsere Disziplinen noch einmal, denn wir sagen: „Supervision ohne Humor ist witzlos."

Das geschilderte Vorgehen klingt sinnvoll und attraktiv. Es hat viele ernsthaft Studierende wirklich berührt. Die über 400 „studienbegleitenden Arbeiten" belegen dies eindrücklich. Die Umsetzung dieses Lehr-Lern-Konzeptes war nicht frei von Widerständen, Anfeindungen und Kränkungen. Die Kontextbedingungen waren einerseits gewährend, andererseits oft demotivierend. Es bedurfte einer starken, überzeugten und überzeugenden Persönlichkeit, dennoch unbeirrt auf dem „guten Weg" zu bleiben.

Nachhaltigkeit

Roland Günter wurde dabei nicht zuletzt dadurch bestärkt, dass ihm die Transferierbarkeit seiner Methodik auf berufliche Kontexte immer wieder rückgemeldet wurde. „Ohne Ihre Schule hätte ich bestimmte Schwierigkeitsgrade in meinem Beruf nicht bewältigt." Studierende, die sich wirklich eingelassen haben – im kreativen Coaching nennen wir das „Commitment" – haben erfahren, dass es sich langfristig lohnt.

Wird es zur Erschließung der erwähnten Arbeiten kommen oder werden sie in den Regalen verstauben? Sie bieten in jedem Fall die Möglichkeit, sich mit einem gut dokumentierten zukunftsfähigen Lehr-Lern-Konzept auseinanderzusetzen. Die Arbeiten sind das Ergebnis kollektiver sozialer Kreativität, in ihnen liegt viel poetisches und praktisch nutzbares Material verborgen und sie geben eine Ahnung vom Potential das vermutlich auch an vielen anderen Hochschulen, bei Lehrenden und StudentInnen brachliegt.

Abschließend ist es nur konsequent, im analogen Erzählmodus konkret zu fragen: Wer will keine schlafenden Hunde wecken? Wer bevorzugt den Dornröschenschlaf? Und wer weckt den schlafenden Riesen? Wie nachhaltige Beratung dieses Potential fördern kann, wird weiter unten (> kreatives Coaching mit Design-Studenten) en detail beschrieben.

Teil II
Coaching als professionelle Begegnung

Heinrich Fallner

1. Systemankoppelungen

Coaching kann unterschiedliche Ankoppelungen an ein System haben und in unterschiedlich akzentuierten Settings durchgeführt werden. Ausgangs- und Bezugspunkt für den Coachingprozess sind die professionelle Rolle des Klienten und seine Kompetenzentfaltung im System (>Systemkompetenz). Besonders im Blickfeld ist dabei die Kompetenzentfaltung.

Die Zielsetzung der Begleitung kann sich dabei schwerpunktmäßig auf die Interaktion der MitarbeiterInnen im System (Kommunikation, Koordination, Kooperation) beziehen, oder sich auf die Leistung des (Teil-) Systems konzentrieren. Die Leistung eines Systems hängt von den verfügbaren Kompetenzen seiner MitarbeiterInnen ab.

In dieser Ausrichtung fokussiert Coaching die Beziehung zwischen MitarbeiterIn, KundIn und Produkt. Die ständige Verlebendigung dieses Beziehungs-Dreiecks ist ressourcenaktivierend, dient der Qualitäts-Entwicklung und erweitert die Leistungskapazität eines Systems.

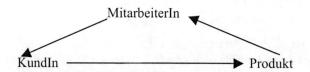

Die Vergegenwärtigung und Rückkoppelung in dieser Dreiecks-Zirkularität ist der Hebelpunkt für leistungsbezogenes Coaching zur Produkt- und (>) Kundenorientierung des Systems.

Die Interaktionen der MitarbeiterInnen auf den verschiedenen System-Ebenen und zwischen den Ebenen des Systems sind eine wesentliche Voraussetzung für Kundenorientierung und Produktqualität (> Systemhaus). Was einem System fehlt, das kann es nicht verkaufen.

1.1. Systemkompetenz

Die Kompetenz eines Systems entsteht aus der Vernetzung der Kompetenzen seiner MitarbeiterInnen.

Ressourcen/ Mittel	Interaktionen im System	Produkt- Qualität	Kundenzu- friedenheit	Brauchbar- keit

Das hier vorgestellte Coaching-Konzept ist systemfreundlich und systemflexibel. Es orientiert sich am Bedarf des Systems und fragt nicht: wie muss ein System beschaffen sein, damit Coaching möglich wird, sondern: welchen Bedarf (Herausforderungen und Symptome) zeigt und formuliert das System? Welcher „Andockpunkt" im System wird als geeignet diagnostiziert? Welcher Kontakt ist erforderlich und möglich, um auf diese Systemanforderung im Coaching eingehen zu können? So gesehen muss Coaching systemkompetent sein.

Ebenen im System

Coaching mit System richtet seine Aufmerksamkeit auf die Klarheit der Ebenen. Jedes Subsystem und das Gesamtsystem der Organisation bewegt sich und handelt auf 4 Ebenen:

- die ideologische Ebene (Leitbild)
- die strukturelle Ebene (Rolle)
- die funktional-pragmatische Ebene (Alltag)
- die Arbeits-Beziehungs-Ebene (Interaktion)

Jede Ebene ist eine Ressource. Jede Ebene kann auch eine schwierige, problematische und konfliktaufzeigende Etage im (>) System-Haus sein. Konflikte, die auf einer System-Etage ihre Nahrung bekommen, werden nicht selten auf einer anderen Ebene thematisiert. Dort ist allerdings eine Lösung nicht möglich, weil es eine andere Etage im System ist. Entstehungs- und Lösungs-Ort stimmen nicht überein.

Coaching legt die Ebenen der Lösungsbewegung klar und deckt Ebenen-Umleitungen auf, damit die Problemdynamik eine Richtung erhalten kann, die auch die Chance der Lösung in sich trägt.

2. Coaching-Formen und Kontrakte

In diesem Abschnitt werden die wesentlichen Formen, in denen Coaching mit System stattfindet, vorgestellt. Ein System kann nur sehen, was es sehen kann – ein System kann nicht sehen, was es nicht sehen kann. Auf dieser scheinbaren Banalität begründet sich, dass *externes Coaching* in der Regel ertragreicher ist, als internes (blinder Fleck). Dennoch gehen wir auch auf *internes Coaching* ein, da es – vor allem in Verbindung mit einem modernen Führungsverständnis – häufig praktiziert wird.

Der blinde Fleck kommt aus der Vergangenheit – Arbeitssysteme sind kein Spielzeug

Für *Trainings- und Kontroll-Coaching* entsteht ein zunehmender Bedarf, weil sowohl interne als auch externe Coaches eine Reflexion ihrer professionellen Tätigkeit benötigen. Für die (>) *Qualifizierung zum Coach* bedarf es einer systematischen Ausbildung.

Coaching braucht klare Kontrakte und Regelungen. Es gibt Kontrakt-Essentials, die für alle Formen gelten und es gibt Kontrakt-Besonderheiten, die für die unterschiedlichen Formen sinnvoll sind.

2.1. Externes Coaching

2.1.1. Coaching von Leitungsrollen

Jede Leitungskraft von der Leitungsspitze bis hin zur untersten Leitungsebene kann sich durch Coaching unterstützen. Ausgangs- und Bezugspunkt für diese Begleitung ist die Leitungsinteraktion. Anlass für ein Leitungscoaching ist häufig eine Konfliktsituation im System, die aus der Leitungsrolle heraus zu eine Klärung und Lösung entwickelt werden muss.

Neue, veränderte Herausforderungen, die mit bisherigen Leitungsstrategien nicht zu bewältigen sind, beinhalten einen sinnvollen und oft notwendigen Anlass für die Leitungskraft, sich in einen Coaching-Prozess zu begeben. Leitungscoaching entwickelt in enger Systembezogenheit Konfliktlösungsstrategien ebenso wie eine konsequente Betrachtung des Selbstmanagement bzw. der Selbststeuerung der Leitungskraft.

Im Leitungscoaching wird immer wieder die eigene Position – und Wirkung im System – fokussiert. Die Reflexionsrichtung besteht darin, klarzulegen: Wie wirkt die Leitungskraft in das System und was wird in der Situation dadurch bewirkt? Wie wirkt das System auf die Leitungskraft und was wird dadurch in der Rollenkraft beeinflusst, ermöglicht oder verhindert?

Aus dieser Klarlegung heraus ergibt sich die vorrangige Entscheidung: wird zunächst systemdiagnostisch gearbeitet oder wird der Bewältigungshaushalt der Leitungsfachkraft in den Blick genommen? Oft ist es gerade beides, was situativ korrespondiert, doch im Coaching mit System ist die Festlegung auf den Anfangsfokus eine erste Klarheit für die Arbeitsrichtung.

Das eine System ist der Kontext vom anderen System. Kontexte haben immer Wirkung und sind somit ein beeinflussendes System. Wird das eine schwerpunktmäßig reflektiert und trainiert, so wird das andere auf jeden Fall auch konzentriert und punktuell in der Coaching-Sitzung betrachtet.

Es ist ein alter Grundsatz in vielen tradierten Heilmethoden, dass man die andere Seite immer mitbehandeln sollte. Im Coaching bekommt die andere Seite in diesem Sinne eine Portion Aufmerksamkeit, wenngleich sie auch hier und jetzt nicht vertieft wird.

Die Leitungskraft muss in ihrer Leitungsrolle handeln. Es ist nicht möglich, im System nicht zu handeln, jedes Verhalten ist Intervention im

System. Im Coaching ist es folgerichtig, dass der Reflexionsprozess auf der Handlungsebene der Leitungskraft mündet, damit veränderte oder bestätigte Einsichten in der Wirklichkeit des Systems realisiert werden können.

Die Systemwirklichkeit für die Leitungsrolle (Rückkoppelungskompetenz, Wechselwirksamkeit) ist die Leitungs-Diagnose, die Hypothesenbildung, die Leitungsintervention und die Überprüfung der Wirkung (> integriertes Coaching).

2.1.2. Coaching für Subsysteme – Andockpunkt: Team

Arbeitsgruppen in Organisationen, die interaktional auf einander angewiesen sind um für das Gesamtsystem eine Leistung, bzw. ein Produkt zu erbringen, sind ein Subsystem mit Grenzen. Sie unterliegen einer Grundpolarität auf welche Coaching besondere Aufmerksamkeit richtet. Die Stabilität des Teams ist ebenso wichtig wie seine Flexibilität. Diese Grundpolarität muss das System in gleichgewichtige Verbindung bringen und halten. Dies ist erforderlich, um Entwicklung und Wachstum zu gewährleisten.

Coaching bezieht sich darauf und auf die Funktion, die das Team im Zusammenhang mit anderen Subsystemen im Gesamtsystem erfüllt. Eine Organisation hat in der Regel eine Gesamtleistung (Auftrag, Produkt) zu erbringen, die sich aus Teilen, Unterprodukten und Zulieferungen aus ihren Subsystemen zusammensetzt. Dabei ist es bedeutsam, wie die Grenzen innerhalb des Systems beschaffen sind und wie die Grenzqualitäten entwickelt und realisiert werden (> Systemhaus).

Subsysteme bzw. Teams sind geeignete Andockstellen für Coaching von außen. Ein Team zeigt in seinen Ressourcen und Störanfälligkeiten sich selbst und gleichzeitig immer auch Aspekte aus der Dynamik des Gesamtsystems („Symptome sind Fenster zu Systemen"). Erfolgreiches Coaching stabilisiert das Team und dieses wirkt mit seiner Klarheit auch wiederum auf die Organisation.

Coaching mit System kann sehr abenteuerlich sein

Ein gut arbeitendes Team, mit wenig Reibungsverlust und Störanfälligkeit, ist ein stabiler Faktor im Gesamtsystem. Ein zufriedenes Team – damit ist kein selbstgefälliges Team gemeint – hat Ressourcen, auch mit zeitweiliger Kundenunzufriedenheit umzugehen. Es wird diese nicht als Störung verarbeiten, sondern als zirkuläre Ruckkoppelung zur Entfaltung und Weiterentwicklung werten, aufnehmen und nutzen.

Coaching ist gerade auch im Kontakt mit Subsystemen systemfreundlich und flexibel in der Gestaltung von Zeit, Rhythmus und Umfang der Begleitung: Was ist erforderlich? Gibt es neue veränderte Herausforderungen? Was ist notwendig? Gibt es bereits Not im System, die es zunächst zu wenden gilt, damit die Arbeitsfähigkeit wieder hergestellt werden kann? Gibt es Zielperspektiven, die in der Realität des Teams, seiner Möglichkeiten gegründet und geerdet werden sollten?

Nicht Coaching von außen setzt die Bedingungen, sondern wie sind die Bedingungen derzeit im System und wie kann durch Coaching begleitet und trainiert werden?

Der Coach ist Chef des Settings, nicht Chef des Systems.

2.1.3. Coaching für Stabsfunktionen

Fachkräfte in Stabsabteilungen mit besonderen Funktionen für das Gesamtsystem haben einerseits einen großen Einfluss auf die Entwicklung des speziellen Produktes des Systems. Wenn das System erfolgreich ist, dann meist aufgrund ihres fachlichen Inputs. Andererseits haben sie keine interaktionale Einbindung auf den Ebenen des Systems, sie sind nicht mit systemdirektivem Einfluss ausgestattet.

Im Coaching-Prozess können MitarbeiterInnen ihre Möglichkeiten und Grenzen als Subsystem so klären, dass sie sich als Systemressource verstehen. Die System-Ressource kann nur System-Ressource sein, wenn sie sich nicht im Alltagsprozess des Gesamtsystems verschleißt.

Aufmerksamkeit ist jedoch da erforderlich, wo das Gesamtsystem Themen und Probleme über ein Stabsystem um- bzw. ableitet. Diese Umleitung des Systems führt das Stabs-Subsystem in eine einwegige Abhängigkeit und liefert es aus. Durch Coaching können diese Anfälligkeiten und Systemphänomene diagnostiziert und für das Gesamtsystem in einen konstruktiven Prozess zurückgeleitet werden.

2.1.4. Coaching für Projektmanagement

Vergleichbar mit Stabsfunktionen in Systemen sind auch Projekte, die sich entwicklungsfördernd im System auswirken sollen. Um Unterschied zu Stab sind Projekte ein Subsystem als Schnittmenge aus dem Gesamtsystem. Im Projekt gibt es eine dynamische Komplexität aus interaktionaler Einbindung mit systemdirektiven Einflüssen und einer neuen, veränderten Herausforderung zu einem Entwicklungs-Gegenstand oder Thema des Gesamt-Systems (> Bewältigung von Komplexität). Coaching bietet gute Möglichkeiten für das Projektmanagement, diese Komplexität zu nutzen und sich nicht an ihr zu verschleißen

2.2. Der Coaching-Kontrakt

Da im Coaching mit System die externe Variante als Hauptform angesehen wird, beschreiben wir zunächst den idealtypischen Verlauf eines Kontraktprozesses – Kontrakte sind vertrackte Kontakte.

Die häufigste Form der Anfrage ist das Telefonat. Dieser Erstkontakt beinhaltet für den Coach schon erste diagnostische Spuren. Das Thema für einen Coachingprozess liegt oft schon in der Ouvertüre: ich brauche dringend Unterstützung/wir möchten uns begleiten lassen/bei uns läuft einiges schief wir haben neue Ideen und...

Die ersten Sätze drücken auch oft aus, in welcher verdeckten Rolle der Coach – neben seiner professionellen Beratungsrolle – auch wirksam werden soll: Unterstützer, Prozess-Begleiter, Orientierungshelfer, Ideen-Manager. Diese ersten Eindrücke sollte sich der Coach merken und sie auf die ‚diagnostische Halde' legen. Im späteren Prozessverlauf kann dieses diagnostische Material zur Hypothesenbildung wertvoll sein.

Innerhalb der Bedingungen, die durch den Andockpunkt vom System gegeben sind, setzt Coaching die Bedingungen, wie im Coachingprozess gearbeitet werden soll. Das zu coachende System ist zuständig für die Grundbedingungen, für die Themen und die Inhalte. Coaching ist zuständig für die Methoden der Begleitung und des Trainings.

Nach dem Erstkontakt erfolgt eine erster Termin, zu dem sich Coach und der Klient bzw. das zu coachende System gegenüber sind. Dieses Erstgespräch dient der Beziehungsanknüpfung, stimmt die Chemie in diesem Kontakt? Ein grundlegendes Gefühl aller Beteiligten, dass diese Arbeitsbeziehung gelingen kann, ist eine gute Basis für einen erfolgreichen Coachingprozess. Ein weiterer Schwerpunkt im Erstgespräch bildet die Konzeptanknüpfung.

Kontrolle ist gut – Vertrauen ist besser

Der Coach lässt erkennen und verdeutlicht, mit welchen Methoden er im Coaching arbeitet. Er gibt Einblick in seine Ausstattung und er braucht die Zustimmung, die Erlaubnis des Klienten bzw. des zu coachenden

Systems. Er kann nicht ohne seine Ausstattung und nicht ohne grundlegendes Einverständnis durch seine Gegenüber arbeiten.

Der Coach ist im Kontaktprozess bereits „Chef des Settings", er muss wissen, an welcher Stelle des Kontraktprozesses sich das beginnende Coaching-System befindet und ab wann es an der Zeit ist, die Entscheidung zum Kontrakt zu treffen. Für den Kontrakt braucht er die Klarheit für sich, was für ihn verhandelbar ist und was für ihn nicht verhandelbar ist, sondern unabdingbar für einen erfolgreichen Coachingprozess. Diese Klarheit ermöglicht es, auf den Bedarf und die Erfordernisse des zu coachenden Systems einzugehen und diese im Coachingsystem mit seinen professionellen Bedingungen abzugleichen.

Der Coach dockt an das zu coachende System an, „versinkt" jedoch nicht darin, sondern bildet mit dem angedockten System das Coaching-System: Nach dem Erstgespräch kann es eine „Verdauungs- und Nachwirkungsphase" geben. Sie sollte nicht zu lange andauern und sollte nicht unterlassen werden: mindesten fünfzehn Minuten – höchstens sieben Tage. Der Kontrakt wird geschlossen, wenn sich das zu coachende System und der Coach füreinander entschieden haben. Der Kontrakt beinhaltet die Verbindlichkeiten des Coaching-Systems für den Coaching-Prozess. Er sollte in prägnanter Kürze in schriftlicher Form abgefasst sein. Dabei sollten folgende Aufmerksamkeits-Richtungen ihren Platz finden:

1. Der Coaching-Prozess, die Ziele des Coaching. Für den Coach gibt es an dieser Stelle noch die Aufmerksamkeit für die verdeckten Aufträge und Erwartungen, die gehören jedoch in den Selbstkontrakt des Coach.

2. Die Arbeitsbeziehung in den Rollen Coach und Klient bzw. zu coachendes System, Verschwiegenheit, Auswertung mit anderen Systembeteiligten (z.B. Team).

3. Die Konzeptebene, Arbeitsansätze, Methoden und Settings.

4. Die Organisationsebene, Zeitumfang des Coaching-Prozesses und der Sitzungen, Flexibilität des Umfangs, Regelungen zur Beendigung, Ort oder Orte des Coaching.

5. Die Geschäftsebene, Honorar, Zahlungsmodalität, Abrechungsgrundlage bezüglich Zeit und Material.

Coaching kann über einen kurzen, mittleren und längeren Zeitraum vereinbart werden. Der Coaching-Kontrakt beinhaltet auf jeden Fall einen

Kuppelungs-Passus in der Art, dass aus Vereinbarungen über einen kurzen Zeitraum ein mittlerer oder längerer Zeitraum entwickelt werden kann. Ebenso führen längere Zeitraumvereinbarungen nicht zu Abbrüchen, sondern zum Abschluss, wenn die Bedarfsorientierung erfüllt oder ein anderer Bedarf durch den Coaching-Prozess sichtbar wird.

Auch der Umfang der jeweiligen Coaching-Sitzung orientiert sich am Bedarf und an den Bedingungen, die aus dem System heraus möglich sind. Für eine Einzel-Coaching-Sitzung ist eine Zeitflexibilität zwischen 20 und 90 Minuten möglich. Der Coach stellt sein Konzept darauf ein.

2.2. Integriertes Coaching

Der Coaching-Ansatz, bzw. Elemente daraus, können mit Leitungs- und Führungskonzepten kombiniert werden. Damit ist eine Qualitätsverbesserung in der Führung von Organisationen verbunden.

Die – durch Coaching erweiterte – soziale Führungskompetenz beinhaltet eine neue Dimension in der Personalentwicklung. Linear-hierarchische Leitungsansätze werden verändert durch zirkulär-systemische Sichtweisen und Handlungsweisen.

Die „Einheit für Veränderung ist Interaktion" *(G. Bateson)* bedeutet auch hier den Zugang zu einer hohen Beteiligung der MitarbeiterInnen an der Entwicklung der Organisation. Beteiligung fördert das Bewusstsein für Mit-Zuständigkeit und ist die Basis für vergegenwärtige Verantwortlichkeit.

MitarbeiterInnen sind dann nicht nur Empfänger von Leitungsinterventionen, sondern auch Sender zur Leitungsposition. Es entsteht eine vergegenwärtigte Rückkoppelungs-Kultur. Diese in das Leitungskalkül einbezogene Wechselwirkung ist ein Qualitätssprung hinsichtlich der Produktqualität und der Aufmerksamkeit in Richtung Kundenzufriedenheit. Vom Beteiligtsein (passiv) zur Beteiligung (aktiv)!

Es ist davon auszugehen, dass sich durch Coaching-Anteile die Leitungsarbeit in Richtung der lernenden Organisation verändert. LeiterInnen, die in ihr Konzept Coaching-Elemente einbeziehen, bzw. Coaching mit Führung kombinieren, sollten sich außerhalb ihres Systems coachen lassen (> Kontroll-Coaching).

Kontraktbesonderheiten

Für den Kontrakt im internen Coaching ist zu beachten, dass zunächst die arbeitsrechtlichen Rahmenbedingungen gelten. Besonders wichtig ist, dass Leitung, die Coaching-Elemente in ihr Führungskonzept integriert, dies nicht „heimlich" tut. Auch hier muss deutlich markiert werden, dass solche Elemente angewendet werden und Entwicklungsräume eröffnen sollen.

3. Das System-Haus

Das Bild des System-Hauses soll die Komplexität einer Organisation systemorientiert veranschaulichen und eine Orientierung für die Begleitung durch Coaching geben.

3.1. Was ein System leisten muss

Wer mit komplexen Systemen zu tun hat, wie ein Coach, eine LeiterIn oder eine SupervisorIn, braucht eine gute Orientierung. Komplexität wird oft auf zwei eher ungünstige Arten bewältigt: als Reduktion durch Abspaltung oder als Verstrickung.

- Man kann Komplexität abspalten um sie so zu reduzieren – dadurch wird ein Teil des Systems ausgeblendet und in seiner Wirksamkeit für das Ganze nicht mehr einschätzbar.

- Man kann in der Komplexität versinken, jedes Packende nehmen, wieder loslassen und sich im System verlieren. Aus einer erforderlichen Vernetzung der System-Teile wird dann eine Verstrickung, die zu Passivität mit viel Handlung führt, „das System agiert den Rollenträger".

Beide System-Bewältigungen „ignorieren" die Kraft eines Systems, *die aus der Summe der unterschiedlichen Teile, Ebenen und Spannungsfelder in den vorhandenen (>) System-Polaritäten entsteht.*

Demgegenüber bietet das Modell „System-Haus" eine *Reduktion der System-Komplexität durch systematische Differenzierung.* Dadurch bekommt der Coach eine System-Landkarte, die ihm hilft, sich in der Architektur und Dynamik des Systems zu Recht zu finden. Sie bietet eine sichere Orientierung für prozessuale Wahrnehmung, Diagnostik und Intervention mit System-Rollen, System-Abteilungen und dem System-Ganzen.

Die Architektur des Systems ist in diesem Modell erkennbar im Aufbau eines Hauses vom Keller über *die* Etagen bis zum Dach. Die Dynamik des Systems *ist* in diesem Modell in den beiden Außenwänden und Grundmauern, in der Polarität von Stabilität und Flexibilität *symbolisiert*.

Ein System muss Stabilität *und* Flexibilität gewährleisten: das ist die Grund-Polarität für ein System als Entwicklungs-Raum, Leistungs-Aggregat und berufliche Beheimatung. In der Balance der Pole in dieser Grundpolarität liegt die Chance zur Entwicklung von Systemen und der Entwicklung der zugehörigen Individuen (Corporate Identity).

Wird in einem System die Stabilität übergewichtig und ist dies durch normale Gegenbewegung seitens der Flexibilität nicht in Balance zu bringen, so wird sich im Pol der Flexibilität ein Ausgleichsgewicht dagegen entwickeln. Lebende Systeme sind bestrebt, ihre Homöostase, also ihr Gleichgewicht ersatzweise wieder herzustellen. In Familiensystemen haben wir es dann mit dem IP – dem identifizierten Patienten – zu tun. Er „meldet", dass im Beziehungssystem der Familie etwas nicht stimmt, das „Gleichgewicht aus den Angeln geraten ist". Nicht vergegenwärtigt, übernimmt der IP die Zuständigkeit für die Wiederherstellung der Balance und signalisiert seine Not durch ein Symptom (Symptomträger) wie dringend notwendig die Wiederherstellung der Balance ist und dass er es allein nicht schafft.

Das Symptom ist die Legitimation zur Anforderung von Hilfe für das Gesamt-System. Veränderung, Not-Lösung und weitere Entwicklung für das System kann es nur geben, wenn alle Systembeteiligten ihre System-Zuständigkeit entdecken und diese auch aktiv und innovativ in das System wieder einbringen.

Ein berufliches System ist einem Familiensystem vergleichbar. Es gibt einen Aufbau von Generationen, eine Hierarchisierung von Rollen, die sich komplementär und symmetrisch in Beziehung befinden. In der Dynamik der Arbeitsbeziehungen ereignen sich vergleichbare Phänomene, Probleme und Konflikte wie in familiären Zusammenhängen. Das berufliche System muss, ebenso wie das familiäre, Entwicklung, Leistung und Qualität ermöglichen, wenn es nicht nur genug an sich selbst haben will, sondern in Kommunikation, Kooperation und Konkurrenz mit anderen Systemen agieren und leben will.

„Luftdicht" abgegrenzte Systeme isolieren sich, erstarren nach innen. Nicht abgegrenzte, profillose Systeme verflüssigen sich zwischen anderen Systemen, werden als System-Partner reibungs- und bedeutungslos.

Erst eine Ausgewogenheit der Grenz-Qualitäten, sowohl nach innen gerichtet (Hierarchie, Ebenen, diagonale Verbindungen), als auch nach außen gerichtet, ermöglichen den erforderlichen „Luftzug" und Energie-Austausch für sicheren System-Kontakt.

3.2. Grenzqualitäten

- Starre, abgedichtete Grenzen (wo sind sie erforderlich?) geben Orientierung und Sicherheit. Ihre Problemtendenz bei Nichtangemessenheit liegt in der Erstarrung mit dem Risiko der Isolation oder des Gebrochenwerdens.

- Durchlässige Grenzen (wo sind sie erforderlich?) ermöglichen intensiven Kontakt, Zeugung von Ideen, Perspektiven und Wachstum. Bei Nichtangemessenheit liegt die Problemtendenz in der übermäßigen Aufnahme von außen und damit der Überfremdung. Es kommt zu Identitäts- und Profilverlust des Systems.

- Flexible, anpassungsfähige Grenzen (wo sind sie erforderlich?) ermöglichen situative und phasenweise Anpassung und Kooperation für gemeinsame Ziele von unterschiedlichen Systemen. Bei Nichtangemessenheit liegt die Problemtendenz in der Ambivalenz von Eigenem und Fremdem (Fähnchen im Wind) und damit in der Aufgabe eines eigenen System-Standortes.

Die MitarbeiterInnen in beruflichen Systemen bringen ihre System-Erfahrungen mit Polaritäten und Grenzen in Systemen in das derzeitige Berufssystem ein. Manches ist ihnen gegenwärtig und kann in Verbindung gebracht werden. Manches kann mit dem Kopf erinnert werden, manches ruht aber auch im Leibarchiv.

Wenn in Berufs-Systemen und Arbeits-Beziehungen etwas in Bewegung kommt, geben Kopf *und* Leib Erinnerungen frei. Diese werden für die professionellen Rollenträger im System dann zu Ansatzpunkten, in ihrem Bewältigungshaushalt etwas zu verändern, also andere „Verkabelungen" vorzunehmen, wenn bisherige Muster für die Herausforderungen fehlen oder nicht ausreichen.

Der Coach muss sich in diesen Verbindungen von frühen Systemen und derzeitigen Berufssystemen auskennen. Unabdingbar ist, dass er bei sich selbst mit diesen Zusammenhängen und Verbindungen beginnt, damit er in der Abgrenzung seines Systemhauses (> Grenz-Qualitäten) das zu beratende Systemhaus *mit* (>) Coaching-Kompetenz betreten kann.

3.3. Das Erdgeschoss der Arbeits-Beziehungen

... stellt eine Basis für jedes System dar. Auf dieser Ebene haben wir es mit Menschen zu tun, die in ihren beruflichen Rollen handeln. In ihren beruflichen Interaktionen erleben sie sich, begegnen anderen und zwischen ihnen entfalten sich Kontakt- und Beziehungsmuster. Die Ziele der Einrichtung verbinden sich mit den je persönlichen Auffassungen, Werthaltungen, Normen und Perspektiven der einzelnen oder wirken in der Zusammenarbeit mit den anderen Menschen in diesem System.

- Wie werden die eigenen Grundeinstellungen zu den Zielen, Produkten und Leitbildern des Systems in Verbindung gehalten?

- Gibt es ein hohes Maß an Übereinstimmung und Schnittmenge oder werden Diskrepanzen zu Belastungen und Konflikten?

- Wie ist das Klima des Zusammenwirkens, was spiegelt es vom Gesamtsystem oder von einer bestimmten Etage im System?

- Jeder einzelne ,muss damit fertig werden'. Wie ist auf dieser Ebene die Balance zwischen Flexibilität und Stabilität im individuellen und im beziehungsmäßigen Zusammenhang?

- Welche Seite ist übergewichtig, welche Ausgleichsgewichte bilden sich ersatzweise für fehlende Balance? Ausfälle der MitarbeiterInnen durch Krankheit können beispielsweise ein solches Symptom sein.

Auf dieser Ebene wirken auch die Systeme hinein, aus denen die MitarbeiterInnen kommen. Die Kontexte können nicht (immer) an der Haustür zurückgelassen werden. Hier zeigt sich besonders, wie die einzelnen bewältigen und wie sie die Anforderungen und deren Erfüllung und Nicht-Erfüllung verdauen. Die Quellen und Muster zur Bewältigung, die in früheren biografischen und beruflichen Systemen erlernt wurden, sind auf jeden Fall auf der individuellen und psycho-sozialen Arbeitsbeziehungsebene wirksam.

3.4. Der Vorratskeller

Auch das System selber hat im ‚Laufe des Lebens' Bewältigungs- und Verdauungsmuster entwickelt. Die Systemkultur hat hier den Vorratskeller für Wege, Weichen und Pfade zum Umgang mit Stabilität und Flexibilität, mit Selbständigkeit, Anpassung und Vorreiterei. Ist es eine Kultur der

1. Beschwichtigung und Bagatellisierung

2. Anklage und Verteidigung

3. Rationalisierung und Rechtfertigung

4. Ablenkung und Diffusität

5. Ausgewogenheit und Vernetzung

Virginia Satir hat fünf entsprechende Kommunikationshaltungen in Beziehungen und den zugrundeliegenden Lebens-Leitsätzen und Bewältigungsmustern beschrieben. Fritz Riemann hat vier Grundängste und deren Bewältigung in Beziehungen und Lebenssystemen markiert. Beide Ansätze sind auf das Grundwesen von sozialen Systemen übersetzbar und liefern damit eine gute Landkarte für den Coach, um sich im Gelände der Diagnostik und Intervention im Systemzusammenhang zu orientieren.

Der Coach muss sich auf dieser Ebene auskennen, um in den darüberliegenden Etagen Manches zu verstehen, was dort von der Balance oder Nicht-Balance aus sich selbst heraus nicht zu entdecken ist.

3.5. Das Treppenhaus

Nun wird sich zeigen, ob der Coach eine ‚Treppenhauskompetenz' hat. Kann er mit seinen Wahrnehmungen und Resonanzen aus dem Erdgeschoß in die Etage der Alltagspragmatik aufsteigen, ohne sich auf seine Diagnose der Arbeitsbeziehungen festzulegen, sondern diese als Hintergrund auf seiner „diagnostischen Halde" zunächst ruhen zu lassen?

- Wie ist die Ausgewogenheit zwischen Stabilität und Flexibilität auf der Ebene der Alltagspragmatik?

- Was zeigt sich auf dieser Ebene von der zugrundeliegenden Arbeitsbeziehungsebene und was zeigt sich von der darüberliegenden strukturellen Etage?

- Wie ist der Alltagsablauf eines ganz normalen Systems-Alltags in den unterschiedlichen Subsystemen und auf den hierarchischen Stufen der Einrichtung?

Besonderes Augenmerk gilt der Mitarbeiterschaft zwischen Beziehungs-Ebene und Alltagspragmatik.

- Wo haben Konflikte ihre Quelle, ist es Über- oder Unterforderung im Alltag – oder ist es die Bewältigung einzelner dieser Anforderungen in den Arbeitsbeziehungen?

- Gehören die Konflikte zur Bearbeitung auf die Beziehungsebene oder bedarf es Veränderungen in den Regelungen des Alltagsverlaufs im System?

Wenn es auf der Alltags-Regelungs-Ebene liegt, dann ist zu schauen, wie ist in diesem System auf dieser Ebene die Balance zwischen Stabilität und Flexibilität? Was ist eventuell übergewichtig und wie wird ein Ausgleichsgewicht zur Kompensation gebildet?

Ein Beispiel – Urlaubszeiten

Die Regelung der Urlaubszeiten ist rigide und starr – aus welchem Grund auch immer. Es ist wahrnehmbar, dass die Kontinuität der Leistung abfällt und an den Produkten häufig Mängel in der Endkontrolle sichtbar werden und dieses Phänomen tritt immer zwischen der Urlaubsplanung des Betriebes bis nach Ablauf der Urlaubszeit auf. Oder das Beispiel andersherum: die Regelung der Urlaubszeiten ist locker, unverbindlich und durch Spontaneität gekennzeichnet.

Auf der „Etage der Beziehungs-Ebene" wird ein Anstieg von individuellen Konflikten in der beruflichen Interaktion sichtbar, die in überzogener, nicht angemessener Weise agiert werden. Hier liegt es einerseits an der Nichtausgewogenheit zwischen Flexibilität und Stabilität auf der Etage der Alltagspragmatik und andererseits rutscht die Bewältigung dieses Problems auf das darunterliegende Erdgeschoß der Arbeitsbeziehungen. Hier ist die Etagengrenze zu durchlässig, nicht starr genug um das Problem auf der Ursprungsebene zu halten, damit es mit den angemessenen Mitteln der Regelung behoben werden kann.

Dies bedeutet einen erheblichen Energieverschleiß ohne Nutzen, sondern zum Schaden der Einrichtung.

Erdgeschoss „Beziehung" und Etage der Alltagspragmatik und -problematik sind häufig der Anlass und der Einstieg für Supervision. Doch auch Coaching wird zur Unterstützung auf diesen Ebenen angefordert. Jedoch ist es erfahrungsgemäß so, dass Coaching seine Anforderung durch das strukturelle Stockwerk erfährt. Dieses Stockwerk ist quasi zuständig, wirksam und verantwortlich für die Statik und Architektur des Systems. Grundregeln und übergeordnete Ablaufplanungen haben hier ihren Sitz.

Coaching ist ein Beratungskonzept, welches nah an der Rolle der MitarbeiterInnen ansetzt und rollen-haut-nah interveniert. Es ist deshalb für den Coach wichtig, dass er die Verbindung zwischen Stabilität und Flexibilität auf dieser Etage gut kennt und von dieser Etage aus seine Treppenhaus-Kompetenz nach unten und nach oben entwickelt.

Dies setzt voraus, dass der Coach in seiner Qualifizierung alle Etagen zu diagnostizieren gelernt hat, um auf der strukturellen, rollenorientierten Etage seine Interventionen ansetzen zu können.

Der Weg nach oben im System-Haus führt zum ideologischen Stockwerk des Systems. Ein System kommt nicht aus dem luftleeren Raum. Es hat, ebenso wie Menschen eine Biografie haben, eine System-Biografie. Es wurde gezeugt, entwickelt und wuchs in das Leben der gesellschaftlichen System-Landschaft hinein. Die System-Biografie ist sehr entscheidend für das, was ein System sehen und erblicken kann. Es hat auch seine System-Fesseln aus seiner Geschichte heraus, wie auch seine Ressourcen und Potentiale. Manches System ist nicht-sehend geworden durch Enttäuschungen oder durch die ständige Schau auf den eigenen System-Nabel.

In der Leitbild-Entwicklung und -Fortschreibung ist einiges der Geschichte des Systems mit sich und im Kontakt zu anderen Systemen wahrnehmbar und diagnostizierbar.

3.6. Der Dachboden – die Rumpelecke

Wie festgefahren oder wie aufgelöst in der System-Identität ist das System derzeit, wenn es um Selbst-Darstellung nach außen und nach innen geht? Dazu kann ein Blick auf den Dachboden in die „Rumpelecke" sehr hilfreich sein. Welche Gemälde schauen uns da an, Gründer und Nach-fahren, Familie und Betrieb, Grundsteinlegungen und System-Taufen. Sind diese System-Bilder abgelegt und wirken (dennoch) weiter? Sind diese Bilder Zeugen einer geheimen Ideologie oder Zeugen von Ideologie-Brüchen?

Es ist auch gut möglich, dass die Rumpelecke nur aus leeren Bilder-rahmen besteht, weil die System-Bilder weitergepflegt wurden und in neueren Rahmen ihren Platz auf der ideologischen Etage im System fan-den. Würdigung und Wertschätzung der Vergangenheit, Stabilität und Flexibilität in Balance für die Gegenwart und Perspektiven des Systems für die Zukunft, könnte die Leitbildentwicklung und Leitbild-Dynamik in einem solchen System bewirken.

Die Etagen können zunächst in ihrer Polaritätendynamik zwischen Stabilität und Flexibilität betrachtet werden (> Polaritäten). Ebenso wichtig ist die Prägnanz der Etagen in sich. Wie geschlossen, offen oder an-passungsfähig sind die Grenzen zwischen den Ebenen (> Grenz-Qualitäten)? Der umfassende (dia-gnostische) Blick (> Diagnose = hindurch-erkennen) ermöglicht systembezogene Hypothesen und Interventionen.

Der Coach sollte sich auf die Zirkularität, die wechselseitige Bedingt-heit der Ebenen, im System ausrichten. Welche Ebenen sind in Kontakt, welche werden von welcher „übersprungen", welche Ebene ist nicht „aus-gebaut" und welche ist „überfrachtet"? Diese und noch ganz andere Fra-gen und Aufmerksamkeits-Richtungen werden auf dem Hintergrund des System-Hauses als Orientierung möglich.

3.7. Beratungs-Stockwerke

Am System-Haus lässt sich verdeutlichen, wie die verschiedenen Bera-tungs-Ansätze an der Organisations-Entwicklung beteiligt sind, bzw. be-teilt werden können und welches die jeweilige „Einstiegs-Etage" zum System und der Schwerpunkt der Beratung ist.

Organisationsentwicklung

- *Organisationsberatung*: Einstieg und Schwerpunkt sind die ideologi-sche Etage und das strukturelle Stockwerk, die Aufmerksamkeit und vor allem das Handeln verjüngt sich nach unten (top-down).

- *Coaching*: Einstieg und Schwerpunkt sind das strukturelle Stockwerk im Kontakt zur Alltagspragmatik über die Rolle des Coaches im System.

- *Supervision*: Einstieg und Schwerpunkt sind die Ebene der Alltagspragmatik und/oder das Beziehungs-Erdgeschoß, die Handlung der Supervision verjüngt sich noch oben (bottom-up).

Ausgehend davon, dass alle Ansätze zu jeder Ebene eine Vorstellung, ein System-Gefühl und eine Verbindungsklarheit haben, sind sie doch mit ihren Rollen und Instrumentarien auf unterschiedlichen Ebenen handlungsrelevant.

4. Der Coach in der Begegnung

Im kontraktierten Begegnungsraum des Coaching werden Klient und Coach Gegenüber. Es begegnen sich zwei Menschen, mit ihrem Gewordensein, ihren Selbstkonzepten und ihren beruflichen Rollen. Sie kommen nicht aus einem ,luftleeren Raum', sondern sie sind in Beziehungs-Systemen geworden, haben einiges aus Systemen in sich aufgenommen und befinden sich auch in der jetzigen Begegnung innerhalb eines beruflichen Systems.

Für den zu coachenden Klienten ist bedeutsam, wie der Coach in seiner Frage, seinem Anliegen wirksam wird. Das setzt voraus, dass der Coach auch erkennt, was das Gegenüber hier und heute behandeln will. Dieser Erkenntnisvorgang (Coach) ist ebenso wie der Einbringungsvorgang (Klient) im Begegnungsraum des Coaching nicht unbeeinflusst, sondern immer auch „eingefärbt" mit den eigenen Rollenerfahrungen (Rollenachse) und Systemeinwirkungen (Systemachse).

Ob und in wie weit Projektionen und Involvierungen in den Begegnungsraum einfließen, lässt sich über innere Resonanzen – wenn sie wahrgenommen werden – erschließen. Oft lohnt sich ein Blick in den Rückspiegel. Was holt mich als Coach, was holt mich als Klient gerade wieder ein? Was ist beigemengt aus früheren Erfahrungen? Was überrollt oder überholt mich gerade in dieser Begegnungssituation, mit diesem Thema, dieser Herausforderung oder diesem Problem (> Identifikationsthermometer).

4.1. Kernfragen professioneller Begegnung

- Auf welchen Fundamenten steht mein Coaching-Konzept?
- Aus welchen Quellen wird es gespeist?

- *Systeme*, die meine Geschichte ausmachen

  meine Funktion in Systemen

  Funktionen der Systeme in mir

  Was organisiert sich in mir – wird System?

- *Haltungen*, die mich geprägt haben und in mir fortwirken

  meine (inneren) Einstellungen verkörpern sich über die Haltung im (professionellen) Beziehungsraum

  Haltung ist Grenze/Schnittmenge zwischen Innen und Außen

- *Rollen*, die ich durchlebt habe, die ich eingenommen habe oder einnehmen musste und *Rollen*, die ich nicht einnehmen durfte, die ich nicht kennengelernt habe

  - Wachstums-/Entwicklungs-Rollen

  - Funktions-/Leistungs-Rollen

Kernaufträge

Im Beratungskontakt werden Kernaufträge (unbewusst) reaktiviert

- Manches erinnert mein Kopf-Gedächtnis
- Einiges erinnert mein Leib-Gedächtnis
- Vieles bekommt durch Bewegung wieder Aktivierung zur Vergegenwärtigung und ich bekomme Zugang zu meinem Bewältigungshaushalt
- Mein Bewältigungshaushalt ist die Basis für mein professionelles Handeln als Coach

Die beiderseitige Klarlegung der Beimengungen befreit den Begegnungsraum von unnötigen Altlasten und macht ihn frei für das, was es jetzt zu bewältigen gilt. Mal macht es der Coach nur für sich – innerlich – mal macht er es auch offen und auf jeden Fall lässt er sein Gegenüber in den Rückspiegel schauen, wenn es eine Irritation im professionellen Begegnungsraum mit dem eingebrachten Thema gibt.

106

Zu Beginn der Arbeitsbeziehung – manchmal bereits im Kontraktgespräch – erscheint ein Austausch über die Selbstkonzepte auf der Rollen- und Systemachse gut und sinnvoll: Woher kommen wir? Was macht uns aus? Welches sind unsere biografischen und berufsmäßigen Zugänge in diesem Begegnungsraum und Coachingprozess?

Der Coach muss diese Einfluss-Achsen für sich auf jeden Fall betrachten und reflektieren, damit unzulässige Verknüpfungen auf der Rollen- und Systemachse mit dem Klienten möglichst vermieden werden können. Dazu braucht er auch Informationen über den Rollen- und Systemweg des Gegenübers. Wenn bereits ein guten Kontakt vorhanden ist, kann es auch in einer beidseitigen offenen Art mitgeteilt und angeschaut werden.

Dadurch zeigt sich auch, dass Coaching kein therapeutisches Setting ist, sondern ein Prozess mit gleichwertiger Zuständigkeit und Verantwortung von Coach und Klient. Dabei ist und bleibt der Coach natürlich „Chef des Beratungssettings" und wird nicht Chef für das System, in dem der Klient arbeitet. Für sein Handeln in seinem System übernimmt der Klient volle Zuständigkeit und Verantwortung.

In unserer Coachingausbildung trainieren die Coaches ein offenes Begegnungsetting auf analoge Weise. Die Skizze (Coachingkonzept) wird im Raum mit Seilen, Decken und anderen Gegenständen ausgelegt, so dass sie von zwei Menschen begehbar wird. Sie begegnen sich sowohl auf der Rollen- als auch auf der Systemachse. Sie achten auf ihre Resonanzen im Binnensystem Person und teilen sich, soweit es gegenwärtig ist, mit, welcher Rollenhaushalt sich in den Systemen, die sie durchlebt haben, entwickelt hat. Dabei wird immer wieder in den Rückspiegel geschaut, um zu erkennen, wie sich das Erlebte im Selbstkonzept zusammengefügt hat.

4.2. Prozessuales Vorgehen und verantwortliche Handhabung

In der professionellen Zusammenarbeit von Coach und Klient ist dieser Austausch in einer frühen Phase der Arbeitsbeziehungs-Entwicklung für beide die Chance zur Sensibilisierung und zum rechtzeitigen Erkennen von unnötigen Systemverwicklungen im Begegnungsraum. Die Arbeitsbeziehung wird so zu einer von Altlasten befreiten professionellen Beziehung, die zielorientiert, situativ und kontextsensibel wirksam werden kann.

Die tiefende Wirkung der bewusst machenden „Hebung" von Erfahrungen und der analogen Hinführung zur Eigenreflexion – immer bezogen auf die Wirkungen in Beziehungs- und Arbeitssystemen – gebietet einen kompetenten und verantwortlichen Umgang des Coaches. Schließlich konfrontiert er Menschen sowohl mit der Klarlegung dessen, was ist und was geht, als auch mit dem, was nicht mehr geht und anderer Strategien bedarf.

Wir gehen davon aus, dass der professionelle Coach eine Ausbildung mit psycho-sozialen Kompetenzen haben und sich laufend in Diagnostik und Intervention von Coaching-Prozessen trainieren sollte.

Coaching ist zielorientiert, lösungsorientiert, situativ hinsichtlich des eingebrachten Materials und – nah an der Berufsrolle des Klienten – handlungsunterstützend. Es verbindet, bezogen auf die kontraktierte Zielorientierung, die Betrachtung biografischer und berufsbiografischer Ereignisse (Arbeit mit und an „biografischen Schleifen"). Coaching ist innovativ und interaktiv, es ist ein prozessuales Vorgehen mit dem zu coachenden System.

Für analoge Beratungsansätze sind Kontakt- und Erfahrungsräume erforderlich, die das Erleben in den Vordergrund stellen. Berichte sind immer mittelbar, Gezeigtes ist unmittelbar. Die Verbindung von vermittelndem Bericht und unmittelbarem Ausdruck ist essentiell für Coaching mit System.

Über das Körper-, Beziehung- und Situationserleben werden innere Einstellungen, Verkörperungen in Haltungen und Rollen, Blockierungen und Ressourcen zur Erreichung von Zielen in Systemen verlebendigt und unmittelbar anschaulich.

Wir sind in Systemen geworden was wir sind. Wir haben Bewältigungsstrategien und Lebensmuster entwickelt und in uns geschichtet. Durch Settings, die auf direkte, analoge und ganzheitliche Aktivierung angelegt sind, werden in uns auch Muster spürbar, die unserer bisherigen Wahrnehmung nicht zugänglich waren. In diesem Verlebendigungs- und Vergegenwärtigungs-Vorgang liegt eine große Chance zur Klarlegung unserer Möglichkeiten und Grenzen. Für unsere Kompetenzentfaltung, für Erfolgs- und Misserfolgstendenzen in Leben und Beruf.

4.3. Methodisches

In unserem Konzept sind auch niederschwellige Einstiege zu finden. Viele Erfahrungsräume und Experimente gehen jedoch auf die Komplexität der beruflichen Wirklichkeit ein und sind, in der Anforderung sich wirklich einzulassen (> Commitment) als höherschwellig anzusehen. Die meisten Übungen sind nicht dazu geeignet, sie unvorbereitet oder zwischen Tür und Angel anzuwenden.

Auf diesem Hintergrund ergeben sich die klaren Konstellationen in der Vorgehensweise: Einzelarbeit/Arbeit in Dyaden (A/B) /Arbeit in Triaden (A/B/C) und das strukturierte Ankoppeln an das jeweilige Gesamtsystem mit konsequenten Fragestellungen und Aufmerksamkeitsrichtungen. Sie gewährleisten die erforderliche Sicherheit bei der Hebung, Aufbereitung, Verdauung und Perspektiventwicklung von persönlichem Material in der beruflichen Rolle.

Dieser Coaching-Ansatz ist nicht schwerfällig, *Tiefe muss nicht schwer sein.* Er ist flexibel im Kontakt zu Systemen und ihrem Bedarf, der von leitenden und mitwirkenden Rolleninhabern artikuliert wird. Allerdings braucht es für Coaching mit System

- eine gute Handwerklichkeit im Blick auf die Anwendungs-Technik,

- eine Herzlichkeit für die menschlichen Ungereimtheiten und Verwicklungen in Systemen und

- einen klaren Kopf für die erforderliche Vernetzung realer Möglichkeiten mit Perspektiven und Visionen

- eine gute Sensibilität und Einschätzungsfähigkeit für das, was der Klient *jetzt* leisten kann, worin er überfordert ist und was er an „Aufbau-Nahrung" braucht, um gesetzte Ziele zu realisieren.

Teil III
Eine Qualifizierung zum Coach

Michael Pohl / Heinrich Fallner

1. Coaching will gelernt sein

Wir haben eingangs die Merkmale guter Coaches skizziert (>„Was muss ein Coach können?") und dort eher summarisch ihre Qualitäten aufgelistet. Die Weiterentwicklung des Konzepts Coaching mit System hat in den zehn Jahren seit der Erstauflage dieses Buches zur Etablierung eines prägnanten Qualifizierungsmodell „Coaching mit System" geführt. Das Modell beinhaltet ein „Curriculum mit Prozessvorbehalt" sowie eine dreistufige Ausbildungsstruktur. In Kooperation mit anderen Weiterbildungsträgern finden seither regelmäßige Ausbildungskurse statt. Das Konzept wächst stetig und lebendig, besonders durch die Partizipation der TeilnehmerInnen und wird durch die methodischen Variationen, die sie in Kolloquiumspräsentationen vorstellen, bereichert. Jeder Kurs führte zu enormen Lerngewinnen auch und gerade bei der Kursleitung.

Eine ausführliche Beschreibung der intersdisziplinären theoretischen Grundlagen des Verständnisses von Coachinglernen findet sich bei Pohl/Braun[76]. An dieser Stelle beschränken wir uns auf eine knappe Zusammenfassung der Grundlinien des Lernkonzeptes:

Coachinglernen ist begleitete Selbstorganisation und umfasst in unserem Verständnis Wissenserweiterung, Kompetenzentfaltung und die Entwicklung einer polyzentristischen Denkstruktur[77]. Coachinglernen in der Ausbildung beinhaltet drei Lernebenen:

- *Wissenslernen* – neben einer möglichst breiten Allgemeinbildung sollte der Coach über psychologische und kommunikative Grundkenntnisse verfügen sowie Grundzüge der wichtigsten Beratungsansätze kennen. Im Lernbereich Wissen geht es beim Coachinglernen in erster Linie um die Erweiterung von Zusammenhangs- und Veränderungswissen.

- *Kompetenzlernen* – Wissen und Denken bleiben relativ unwirksam, wenn sie nicht durch Können ergänzt werden. Können heißt, über Kompetenzen verfügen. Demnach findet professionelle Entwicklung auf vier Ebenen statt: als personale Kompetenz (Einstellung), als interaktionale Beziehungskompetenz, als strukturelle Kompetenz und als methodisch-instrumentelle Anwendungskompetenz. Kompetent sein bedeutet, handlungsfähig zu sein. Es bedeutet, in konkreten Praxissituationen über die angemessenen Handlungsoptionen zu verfügen.

- *Haltungslernen* – Neben einem positiven Menschenbild und einer humanistischen Grundhaltung sollte der Coach vor allem über Präsenz- und Kontaktfähigkeit verfügen. Das umfasst den Selbstkontakt, Kontakt zum Gegenüber, den Kontakt zum Thema und den Kontakt zur Atmosphäre. Im Lernbereich Haltung geht es beim Coachinglernen vor allem um das Training der Selbstreflexionsfähigkeit und um die Aneignung polyzentristischen Denkens. Dabei spielen der Umgang mit Emotionen und der Bezug auf den Körper eine sehr wichtige Rolle.

Coachinglernen umfasst also Wissenserweiterung, Kompetenzentfaltung und die Entwicklung einer polyzentristischen Denkstruktur[78]. Coachinglernen ist

- eine *Form* sozialen Lernens (bewusstes Beratungs- und Leitungslernen im sozialsystemischen Kontext),
- das Lernen *im* Coachingprozess
- das Lernen *von* Coaching, z.B. in einer Coachingausbildung.

Einer solchen Ausbildung stellen sich die o.g. Grundfragen: Was soll ein Coach wissen? Was soll ein Coach können? Was und wie soll ein Coach lernen?

Nun gibt es Gurus, Weise und Naturbegabungen, wir Normalsterblichen müssen uns jedoch unsere Coachingqualifikation erarbeiten und erhalten. Die dazu erforderlichen Tätigkeiten sind vor allem Lernen und Üben. Dazu braucht es ein Setting als Rahmen, der a) genügend Raum, b) genügend Herausforderung und c) systematisches Feedback durch entsprechend qualifizierte Personen gewährleistet. Dies bietet eine Coachingausbildung, wenn sie eine solide und flexible Basis für das weitere eigene Lernen legt.

Eine Coachingqualifikation im engeren Sinne befähigt zur professionellen Beratung bei der Erreichung von Zielen, der Bearbeitung von Problemen und der Sicherung von Qualität. Vieles davon ist transferierbar auf Arbeitsbeziehungen und Beziehungsarbeit im weiteren Sinne. Ein erweitertes Coachingverständnis geht davon aus, dass Coaching nicht nur Mittel, sondern auch eine „Philosophie", eine spezielle Herangehensweise an Interaktionen ist, die bestimmte Grundhaltungen erfordert. Deshalb sprechen wir auch von *Coachinglernen* und von *Coachingkultur*.

2. Coachinglernen und Emanzipation

Emanzipation ist ein Prozess des Gewinns von Selbstbestimmung. Immanuel Kant definiert Emanzipation als Auszug aus der selbstverschuldeten Unmündigkeit. Wir gehen davon aus, dass viele Perspektiv- und Handlungseinschränkungen, mit denen Menschen ins Coaching kommen, auch „selbstverschuldet" sind. Neben der Veränderung von äußeren Umständen kann oft der Blick auf die eigenen Anteile an der gegebenen Situation weiterhelfen.

Damit Menschen und Organisationen sich in diesem Sinne emanzipieren können, zielt *Coaching mit System* darauf ab, auch verschüttete Wahrnehmungs- und Gefühlsbereiche wieder zu erschließen. Um das Potenzial dieser Bereiche für die Bewältigung aktueller beruflicher Herausforderungen zu nutzen und es mit professionellen Handlungskompetenzen zu vernetzen, werden analoge Methoden eingesetzt. Symbolische Interaktion und die Arbeit mit kreativen Medien unterstützen die Integration des links- und des rechtshemisphärischen Denkens der beiden Gehirnhälften.

Arbeitsgrundlage in der Qualifizierung sind Situationen aus der Praxis der TeilnehmerInnen. Neben der gewohnten verbalen Sprache (Dialog und Diskurs) werden auch körperlich-bewegliche Erfahrungsräume und bildlich-symbolische Interventionen genutzt, um wirksame Veränderungen im jeweiligen Arbeitsfeld zu erreichen. Die Qualifizierung beinhaltet ein humanwissenschaftlich fundiertes Interventionstraining, das auch die Erweiterung der Selbstkenntnis umfasst.

Die Antwort auf die berechtigte Frage „Was habe ich denn von der Ausbildung?" lässt sich neben dem persönlichen, dem fachlich-methodischen und dem Vernetzungsgewinn auf ein zentrales Ziel fokussieren: Ich werde sicherer im Umgang mit komplexen, unübersichtlichen Situationen und in der Gestaltung von Veränderungsprozessen.

3. Qualifizierungsgrundsätze

Am Bielefelder Institut für Supervision und Praxisentwicklung in sozialen Handlungsfeldern (ISP) wurde von den Autoren in den letzten acht Jahren ein Modell entwickelt und erprobt, das im Folgenden vorgestellt werden soll. Ausbildungsmodell und Curriculum wurden nicht am grünen Tisch entworfen, sondern speisen sich aus vielfältigen Quellen. Sie bauen auf lange praktizierten Qualifizierungsansätzen, Beratungstheorien und Seminarerfahrungen auf[79] und kombinieren das daraus jeweils Brauchbare mit eigenen Ideen zu einem neuen Profil. Wissenschaftlich ausgedrückt wenden wir damit die Methode des „offensiven Eklektizismus" nach Heinz Kersting bzw. der „sammelnden Wissenstätigkeit" an. Pragmatisch ausgedrückt folgen wir damit dem eingangs postulierten Prinzip „der Coach stiehlt, wo er kann".[80]

Wenn Coaching sich als humanwissenschaftlich fundiertes Beratungsangebot definiert, dann muss das Konsequenzen insbesondere für die Form der Wissensaneignung und des Lernens in einer Coachingausbildung haben. „Wissenschaft ist nicht, in einem Hörsaal zu sitzen und einen klugen Vortrag zu hören, sondern Fragen zu stellen. Doch damit beginnt es erst. Antworten zu konsumieren reicht nicht aus. Die Studierenden müssen lernen, ihren Fragen selber nachzugehen, selber nach Antworten zu suchen und gefundene Antworten zu überprüfen." Diese Definition von Volker Briese führt direkt zu einem Satz von Theodor W. Adorno, der als ein Motto für unsere Ausbildung gelten kann: „Zum Mitdenken anregen, keine Rezepte formulieren."

3.1. Lernen ist wichtiger als Lehren

Wenn ein Trainer am Flipchart steht und frontal Fragen beantwortet, dann ist das nicht die adäquate Form, in der Coaching gelernt wird. Solche instruktiven Sequenzen kommen in der Praxis immer wieder vor, da es bei SeminarteilnehmerInnen meistens ein tiefverwurzeltes tradiertes Bedürfnis nach „Input" gibt und dieses sich oft gut mit den Präsentationsbedürfnissen der „Lehrenden" ergänzt. Solche Kurselemente können manchmal sinnvoll sein, dürfen aber nicht den Blick auf die wesentlichen Merkmale des Coachinglernens verstellen.

Lehrende Elemente seitens der Kursleitung erhalten also eine geringe Gewichtung. Dadurch wird die Fähigkeit, prozessual und kontextsensitiv zu handeln, gefördert. Das Ertragen kognitiver Unsicherheit, die „Fähigkeit, offene Fragen auszuhalten, Zweifel zuzulassen, sich den Vermutungscharakter seines Wissens einzugestehen"[81] gilt als ein wesentliches Merkmal, dass die Haltung eines guten Coachs prägt. Der Umgang mit offenen Fragen und Problemen wird dementsprechend möglichst zirkulär (Modell b) und nicht linear/frontal (Modell a) gehandhabt.

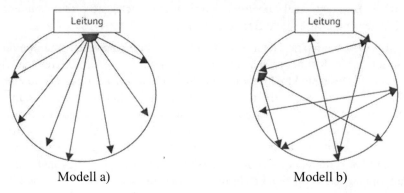

Modell a)   Modell b)

Neben dem Lernen von Know-how und Praxiserfahrung der Kursleitung wird das Profitieren von Wissen und Erfahrungsschatz der anderen TeilnehmerInnen hoch geschätzt. Das Aufeinandertreffen von Menschen mit hohen Kompetenzen aus unterschiedlichsten Arbeitsfeldern wird bewusst genutzt, um Synergien zu erzeugen und soziales Kapital zu bilden. Aus dem Kurs heraus entstehen professionelle Kontakte, die die eigene Praxis bereichern. „Voneinander Lernen" wird zum bewusst genutzten Strukturprinzip.

3.2. Kursleitung als Qualitätssicherung

Das Leitungskonzept der Qualifizierung besteht in einer sonst eher unüblichen Kombination personeller Ressourcen, die nach langjähriger Erprobung in zahlreichen Kursen jedoch sehr wirksam ist. In der einen Hand liegt die methodische Leitung, in der anderen Hand liegen Kursbegleitung und Evaluation. Durch diese Arbeitsteilung lässt sich intensive Arbeit im Kurs mit systematisch-reflektierter Weiterentwicklung verbinden. Qualitätssicherung bedeutet in diesem Konzept „work in progress" und versteht sich als offen für neue Einflüsse. Analog zur „lernenden Organisation" braucht es eine „lernende Kursleitung".

Die spezifische Kombination von Erfahrungen, die sich am ISP in der Kursleitung verbinden, umfasst u.a. mehrere Jahrzehnte Praxis in Einzel-, Team- und Gruppenberatung, die Leitung sehr vieler mehrjähriger Ausbildungsdurchgänge (Supervision, Familienberatung, Kommunikationsberatung, Coaching), die Durchführung größerer Organisationsentwicklungsprojekte, wissenschaftliche Begleitung und Evaluation mehrerer großer Bildungs- und OE-Projekte sowie zahlreiche Veröffentlichungen (Bücher und Beiträge) zu Beratungsthemen.

Im Unterschied zu vielen anderen Qualifikationsmodellen sind in aller Regel beide Kursleiter als Team anwesend und repräsentieren dabei jeweils schwerpunktmäßig die obengenannten Zuständigkeitsbereiche. Das Kooperationsprinzip der geteilten Zuständigkeit bei gemeinsamer Verantwortung wird als exemplarisch für ein funktionierendes Leitungsverständnis angesehen. Denn in vielen – besonders häufig in sozialen – Arbeitsfeldern hält sich hartnäckig die Illusion von gemeinsamer Leitung ohne klar verabredete Zuständigkeitsbereiche. Auch wenn es manchmal unpopulär ist, zeigt die Erfahrung: Gerade in Leitungsteams muss klar sein, wer bei welcher Entscheidung das letzte Wort hat. Dieses Kooperationsprinzip soll zum Transfer anregen und bietet sich den Teilnehmern als Aufmerksamkeitsrichtung für Fälle aus der eigenen Coachingpraxis an.

3.3. Auf das Vorzeichen kommt es an

Inhalte werden von Vorzeichen bestimmt. Das gilt für Gruppenprozesse allgemein und in besonderem Maße für Lernsettings. In einer grundlegenden Übung fordern wir die Teilnehmenden zu Beginn des Arbeitsprozesses auf, sich im Kreis zusammenzustellen und mit einer Kommunikationsgeste die Antwort auf die Frage „*Wie* bin ich heute hier?" auszudrücken. Offene Handflächen, verschränkte Arme oder andere Gesten ergeben ein anschauliches Gesamtbild. Für die Beteiligten an Coachingprozessen ist es immer wichtig, sich zunächst die Vorzeichenfrage zu stellen, bevor sinnvoll an Themen und Inhalten gearbeitet werden kann.

Ob ich offen oder verschlossen, abwesend, ärgerlich oder interessiert bin, beeinflusst meine Art der Wissensaufnahme und die Qualität der Interaktion. Mathematisch ausgedrückt ist plus zehn etwas ganz anderes als minus zehn. Daraus leitet sich der Grundsatz ab: Auf das Vorzeichen kommt es an. Zugespitzt gesagt, sind die Vorzeichenfaktoren wichtiger als die Lerninhalte. Wenn der Rahmen stimmt, wenn er möglichkeitserweiternd, anregend, wertschätzend und entwicklungsorientiert gestaltet wird, kann darauf vertraut werden, dass bei jedem Einzelnen Maße produktive Lernkonstruktionen stattfinden.

Eine Atmosphäre, in der jeder Fehler als Lernchance begriffen wird, ist eine Atmosphäre, in der man sich „mehr traut". Wenn „richtig" und „falsch" weitgehend ausgeblendet werden, wird mehr experimentiert. Wenn die Atmosphäre angstbesetzt und bewertend ist, kommt es auch bei den besten Lerninhalten zu Blockaden und Missverständnissen. Wenn die Atmosphäre dagegen kreativitätsfördernd gestaltet wird, führen auch improvisierte Inputs zu allgemeinem Lerngewinn.

Überhöhter Effizienzanspruch reduziert letztlich die Wirksamkeit. Die Ökonomisierung aller Lebensbereiche ist eine Fehlentwicklung, die zu Qualitätsverlust führt. Gerade Coaching muss darauf achten, nicht einem vordergründigen Effizienzdenken aufzusitzen. Coaching macht Angebote und fragt immer individuell und situationsbezogen: Was davon ist brauchbar? Coaching fragt nicht: Wie kann ich ein Problem so schnell und energiesparend wie möglich lösen? Coaching ist kein Management und Coaching ist kein Controlling. Coaching fragt: Wie kann ich eine gute Lösung finden, die den Beteiligten und dem Problem angemessen ist? Welcher Aufwand ist erforderlich und bin ich bereit, ihn zu leisten? Coaching fragt nach Entscheidungen, nach Werteabwägungen und setzt nicht das Primat der Ökonomie als gegeben voraus.

3.4. Die Relativität der Methodik

Ein übergreifendes Lernziel ist das Erkennen der Relativität von Handwerkszeug gegenüber Standing, Haltung, Strategie und Prozessvertrauen. Zu Beginn einer Coachingausbildung ist bei den Teilnehmern meist ein großes Sicherheitsbedürfnis zu beobachten, formuliert als Wunsch, „etwas an die Hand zu bekommen". Nach und nach lernen sie, mit methodischer Relativität zu operieren, d.h. zu variieren, Pläne zu ändern und situativ neu zu entscheiden. „Da machst du einen Plan und denkst du bist ein großes Licht. Dann machst du einen zweiten Plan und gehen tun beide nicht."[82]

Methoden bieten auch im *Coaching mit System* ein notwendiges Gerüst für den Prozess. Die Erweiterung von Methodenkompetenz ist ein we-

117

sentliches Lernziel in der Qualifizierung zum Coach. Wir haben zahlreiche analog-kreative Coaching-Methoden sowohl systematisch als auch in ihrer praktischen Anwendung beschrieben.[83] Methode bedeutet vom griechischen und lateinischen Wortursprung her „1. auf einem Regelsystem aufbauendes Verfahren, das zur Erlangung von (wissenschaftlichen) Erkenntnissen oder praktischen Ergebnissen dient. 2. planmäßiges Vorgehen." Coaching-Methoden folgen Regelsystemen und helfen bei der Erlangung von Erkenntnissen ebenso wie bei der Erzielung von praktischen Ergebnissen. Planung ist nach unserer Erfahrung hierbei nur sinnvoll, wenn sie mit der Bereitschaft verbunden ist, den Plan jederzeit zu ändern. Wir betrachten jede Methode als „Konservendose", die jeweils situativ anzureichern, zu verfeinern und zu würzen ist.

4. Das Curriculum

Voraussetzung für einen sinnvollen Umgang mit dem Curriculum ist das Verständnis relativer Planbarkeit. Es gibt keinen Kursinhalt, der unabänderlich an einem bestimmten Kurstag stattfindet. Die Elemente werden immer neu kombiniert, abhängig von Zusammensetzung, Dynamik und Kontexten des jeweiligen Lern-Lehrsystems. Änderungen sind also nicht nur vorbehalten, sondern im Prozessverlauf unvermeidlich. Die unten aufgeführten Inhalte sind als Kernthemen zu begreifen, die je nach Kurs durch weitere brauchbare Theorie- und Methodenelemente ergänzt werden.

„Ich möchte mich davon frei machen, zu wissen, was richtig ist. Es gibt aus meiner Sicht keine Experten, kein vorgegebenes Curriculum, das zukunftsfähig ist. Ich denke, das ist ein zentrales Problem der Lehrenden. Denn Übermittlung, bei der der Lehrer als Übermittler funktioniert, führt die Lernenden dazu, den Inhalt mechanisch zu übernehmen... Und das ist als Einstellung gegenüber den ungeheuren Zukunftsproblemen tragisch. Wie sollen sich dadurch die nötige Kreativität und eine dialogische Haltung entwickeln?"[84]

Wir teilen diese Ansicht von Paulo Freire und sprechen daher vom Curriculum mit Prozessvorbehalt, das im konkreten Kurs nie in idealtypischer Form umgesetzt, sondern immer situativ und bedarfsorientiert angepasst wird. Dementsprechend wird vor jedem Kursabschnitt ein „Fahrplan" erstellt. Dann findet der reale interaktive Weiterbildungsprozess statt, der schließlich in einem „Praktischen Curriculum" dokumentiert wird.

4.1. Inhalte und Themen

Der Coach – Haltung und Konzept
Vergegenwärtigte Rückkoppelung als Grundprinzip/Die Haltung des Coach/Selbstkontakt als Ausgangspunkt für den Prozess/Der konzeptionelle Start/Meine Coachinglandkarte

Konzeptionelle Grundlagen
Prozessverständnis/Anlässe, Gegenstand, Themen von Coaching/Der systemische Blick/Grundlagen einer integrativen systemischen Theorie/ Grenzqualitäten/Phänomenologische Herangehensweisen/Gestalt

Vom Kontakt zum Kontrakt
Die Arbeit an der Coachingbeziehung/Coaching als Begegnungsraum/ Wie gestalte ich Arbeitsbeziehungen?/Chancen und Fallen im professionellen Kontakt/Die Arbeit in der Coachingbeziehung/Herausforderungen im Bewältigungshaushalt/Auftragsklärung/Kontraktmodelle

Rollenentfaltung
Die Rolle des Coach/Leitungs- und Beratungsrollen/Rollendefinitionen und -konflikte/„Wir sind keine Rollenhülsen"

Systemdiagnose und Hypothesenbildung
Die umfassende systemische Sicht/Das Systemhaus/„Treppenhauskompetenz"/Polaritäten/nicht geschlossene Gestalten

Besondere Situationen
Coaching-Settings/Internes und externes Coaching/Konflikte/Krisen/ Störstellenanalyse/Konflikt- und Krisenmanagement

Das eigene Profil als Coach
Der Entwicklungsstand des eigenen Coachingkonzepts/Perspektiven der Kompetenzentfaltung/Präsentation und Feedback/Kolloquium

Evaluation von Coachingprozessen / Auswertungsmethoden

Als permanenter Prozess während der gesamten Ausbildung...
Selbstkenntniserweiterung und Musterreflexion „Ich bin die Grundintervention"/Rückspiegelarbeit/Feedback

Fortlaufendes Diagnose- und Interventionstraining

4.2. Methodische Elemente

Ein mehrtägiger Seminarblock von *Coaching mit System* beinhaltet methodisch-konzeptionell sieben wesentliche Bestandteile. Diese Grundelemente kommen manchmal in Reinform vor. Meistens werden sie situativ und bedarfsgerecht kombiniert.

- Einstiege/Joiningübungen und Einstimmungen zur inneren Haltung
- Die Vorstellung anwendungsbezogener Modelle („Landkarten")
- Übungen zu den Modellen/Landkarten, zur Selbstkenntnis oder zur Interaktion
- Diagnose- und Interventionstraining anhand von Praxisfällen
- Feedback/Selbstkenntniserweiterung im Plenum
- Körper- und Bewegungserfahrung/Symbolische Interaktion/Kontakt zur Energie
- Theoretische Hintergründe/Konzeptvorträge, Fragerunden, Expertendialoge

5. Lernziele

In der Grund- und Aufbaustufe dieses Qualifizierungsmodells gibt es übergreifende Hauptlernziele, die im Folgenden beschrieben werden. Individuell abgestimmte Feinlernziele werden situativ und dialogisch entwickelt. In der Qualifizierung zum Mastercoach[85] werden diese weiter vertieft und trainiert, hinzu kommen zusätzliche mastercoachspezifische Lernziele.

5.1. Die Erweiterung von Zusammenhangs- und Veränderungswissen

Es geht um Erkenntnisse über Zusammenhänge in professionellen Kontexten von

- Intraaktionen in der eigenen Person
- Interaktionen zwischen eigenem Handeln bzw. eigenen Haltungen und anderen Akteuren

- Interaktionen zwischen Dritten

- Interaktionen zwischen der eigenen Person und spezifischen Systemen

- Interaktionen zwischen anderen Akteuren und spezifischen Systemen

- Interaktionen zwischen Systemen

sowie darüber, welche Bedingungen und Konstellationen Veränderung möglich machen. Dabei sind durchaus auch Aha-Erlebnisse beabsichtigt. In diesem Lernzielbereich geht es darum, für ein vertiefteres Verständnis bereits Bekanntes – sei es ansatzweise, hinreichend oder auch gut Bekanntes – zu erlangen und es in neue oder erweiterte Zusammenhänge zu stellen.

5.2. Die Erweiterung der eigenen Kompetenzbereiche

Hier geht es um die in Heinrich Fallners Modell „Kompetenz-Entfaltungsfenster"[86] genannten Bereiche bzw. um die Systematik der Subjekt-, Rollen-, Methoden-, System-, Veränderungs-, und sozialen Kompetenz. Es wird vorausgesetzt, dass bei allen TeilnehmerInnen

a) in jedem der Bereiche ein gewisses Kompetenzlevel vorhanden ist und dass

b) dieses Level ausgebaut bzw. erweitert werden kann und soll.

Dies betonen wir besonders, da in der Qualifizierung kein basaler Aufbau sozialer Kompetenz angeboten wird. Teilnahmebedingung ist eine hinreichende Erfahrung in leitender oder beratender Tätigkeit. Grundlegende kommunikative Fähigkeiten, wie Aktives Zuhören, das Senden von Ich-Botschaften oder ein Mindestlevel an Selbstreflexion werden vorausgesetzt. Wir sind zudem der Ansicht, dass einerseits immer schon integrationsfähige Kompetenzen vorhanden sind und dass andererseits vorhandene Kompetenzen fast immer erweiterungswürdig und -fähig sind.

5.3. Die Erweiterung der Ungewissheitstoleranz

Ein zentrales Lernziel ist das Ertragen kognitiver Unsicherheit, das „Nichtwissen, was auf mich zukommt und das Damit-Umgehen-Können", die Bereitschaft, sich auf fließende Strukturen einzulassen. Ziel ist das Trainieren dieser Haltungskomponenten in einem Setting, das einen relativ strukturierten Raum und eine lernfördernde Atmosphäre bietet, aber nicht zu strukturiert sein darf, da dann genau dieses Lernen nicht ermöglicht würde.

Dieses Lernziel ist von so großer Bedeutung, weil es realitätsgerecht ist. Der Alltag der meisten Organisationen, Leitungsrollen und Projekte ist von wachsender Ungewissheit bestimmt, da sich ständig wesentliche Parameter ändern (das ist einfach so, auch wenn es wie eine Phrase klingt). Planung im klassischen Sinne wird immer unrealistischer. Die Akteure in den Organisationen sind gezwungen, sich entsprechende Kompetenzen und Haltungen anzueignen. Diese sind mit Begrifflichkeiten wie „gemeinsame Suchbewegung" oder „vom Navigieren beim Driften" recht zutreffend bezeichnet. Berater und Coaches können hier nicht die verlorengegangenen Sicherheiten kompensieren und sollten dies auch gar nicht erst versuchen. Sie müssen in der Lage sein, sich auf unsicherem Boden zu bewegen und diese Fähigkeit dem jeweiligen System zur Verfügung zu stellen, damit die Akteure daran Veränderungsbewältigung lernen können.

Diesem wesentlichen Lernziel ist implizit, dass es keinen Zeitpunkt gibt, an dem es als „erreicht" definiert werden kann. Es ist ein permanentes Lernziel, da lineare Denkstrukturen, die von illusionären Gewissheiten ausgehen, tief in uns verwurzelt sind. Das psychologische Bedürfnis nach Gewissheit und Orientierung ist verständlich und legitim. Ihm muss jedoch auf eine neue Art Rechnung getragen werden. Und zwar nicht durch die Suche nach Regeln und Verfahren, die „richtig sind", sondern durch den kontinuierlichen dialogischen Kontakt in Stützsystemen.

5.4. Erweiterung der Fähigkeit zur Eigensynthese

Diese Fähigkeit ergibt sich logisch aus dem Vorherigen. Angesichts der objektiv vorhandenen und zunehmenden Ungewissheitsfaktoren handelt es sich um eine entscheidende Kernkompetenz von BeraterInnen. Der konstruktivistische Ansatz erhält so eine neue Qualität. Der Coach muss ständig bereit sein, Wahrnehmungsfolien und -perspektiven zu wechseln, sowie Zusammenhänge und Annahmen über Zusammenhänge zu (re-) konstruieren. Und er muss das mit flexibler Präsenz kommunizieren. In der Qualifizierung wird deshalb besonderer Wert auf das Training von

Zusammenhangsherstellung gelegt. Die TeilnehmerInnen sind fortlaufend damit konfrontiert, das Erlebte, Wahrgenommene und Gelernte mit ihrem individuellen Erfahrungshintergrund zu verbinden und das Ganze zu einem eigenen Coaching-Konzept zu integrieren.

5.5. Konstruktivistische Perspektiverweiterung

Ziel ist auch, Lernen als das Erstellen eigener Wirklichkeitskonstruktionen bzw. die Einfügung neuer Informationen in die bestehenden eigenen Konstruktionen zu begreifen. Aus dieser Sicht ist auch ein klassisches Lehren nicht mehr möglich. Wenn ich etwas vermitteln will, kann ich nie sicher sein, dass es so ankommt, wie ich es beabsichtige. Es ist leicht gesagt, aber immer wieder kaum zu glauben: „Was ich gesagt habe, weiß ich erst, wenn ich die Antwort darauf gehört habe", sagt der Kybernetiker Norbert Wiener. Wenn ich als Lehrender oder Berater frage „Haben Sie das verstanden?" oder „Wissen Sie, was ich meine?", gibt mir eine positive Antwort keine Information. Ich erfahre nur, ob das Gegenüber meint, etwas verstanden zu haben und das kann etwas ganz Anderes sein. Lehren ist aus konstruktivistischer Sicht nur als Schaffung von möglichkeitserweiternden Lernräumen und als Prozessbegleitung realisierbar. Dies gilt nicht beim Vermitteln objektivierbarer Kenntnisse und Fertigkeiten im Umgang mit Arbeitsmitteln (z.B. Autofahren, Zehn-Finger-Tippen, etc.), aber es gilt in der Arbeit mit Menschen, insbesondere in Beratung und Führung.

Die vorgestellte Coachingausbildung ist also ein Qualifizierungsmodell, das auf der Vernetzung mehrerer Lernprinzipien beruht: dem *konstruktivistischen Lernen*, dem prozessualen Lernen („wenn es mal wieder etwas länger dauert"), dem *sozialen Lernen als dialogisches Lernen* (Rückkoppelung, Lernen an der Grenze zwischen der eigenen Person und dem Gegenüber) und dem *kreativ-medialen Lernen* (symbolische Interaktion, kreative Medien).[87] Insgesamt wird Aufgeschlossenheit gegenüber dem zunächst Fremdem, im Sinne von Diversity gefördert.[88]

6. Qualitätssicherung

Eine Qualifizierung zum Coach, in der Coachinglernen im geschilderten Sinne stattfinden kann, braucht beides: Flussbett und Fluss. Das Flussbett bietet eine angemessene Struktur, die den Rahmen für die Umsetzung der Lernziele und die professionelle Entwicklung der Coaches bietet. Und sie braucht genügend Raum für die Entfaltung kreativer Potenziale, für Individualität und Originalität. Die Verbindung beider Elemente ist aus unserer Sicht unverzichtbar.

6.1. Standards statt Normierung

Nachvollziehbare Qualitätsstandards sind sehr wichtig. Sie gewährleisten ein Mindestlevel an Kompetenz, sie bieten ein gewisses Maß an Vergleichbarkeit und sie dienen der Orientierung für die Coaches und für die Abnehmer ihrer Dienstleistung. Es ist sinnvoll, formale und inhaltliche Standards zu definieren und diese im Diskurs weiterzuentwickeln. Bei der Diskussion um Coachingstandards darf jedoch nie vergessen werden, dass das wichtigste Handwerkszeug des Coaches die eigene Person ist. „Ich bin die Grundintervention". Die gute Mischung aus Arbeit an sich selbst, Berufs- und Lebenserfahrung und methodisch professionalisierter Sozialkompetenz, entscheidet über die Qualität eines Coaches. Und die lässt sich formal nur begrenzt erfassen.

In aktuellen Diskussionen über Qualitätsmerkmale von Coaching wird dies oft übersehen. Aus der Klage darüber, dass sich jeder Coach nennen darf, resultieren oft überzogene Forderungen nach Vereinheitlichung, deren extremste Variante zurzeit die Idee des „geDINten Coach" ist[89]. An anderen Stellen wird versucht, „Coachingwirkungsforschung" mit dem Ziel zu etablieren, exorbitant zeit- und geldaufwändige Verfahren zu implementieren, nach deren Durchlauf Coaches dann zertifiziert arbeiten dürfen. Solche Vorhaben sind daraufhin zu befragen, inwieweit hier partikulare Verbandsinteressen an Monopolisierung und Marktsicherung eine Rolle spielen.

6.2. Kompetenzpflege

Wir halten die gegenwärtigen Standards der Deutschen Gesellschaft für Coaching (DGfC)[90] für einen guten Mittelweg. Wenn sie nicht als Exklusivinstrument, sondern als Beitrag zur Entwicklung und Klärung von Coachprofilen verstanden werden, erfüllen sie ihren Zweck. Am Bielefelder ISP ist ein Qualifizierungsmodell entstanden, das einerseits mit diesen Standards korrespondiert, sich andererseits aber auch als offen für sinnvolle dialogische Weiterentwicklung versteht. Der systemische Grundsatz „nichts ist unbeeinflusst" gilt schließlich überall.

Die in der folgenden Grafik dargestellte Ausbildungsstruktur ist ein Grundmodell, dass bei verschiedenen Trägern in unterschiedlichen organisatorischen Varianten durchgeführt wird[91], die summa summarum auf die Erfüllung der genannten formalen Standards hinauslaufen. Wohlgemerkt der formalen Standards, die nicht mit den erforderlichen inhaltlichen und ethischen verwechselt werden dürfen.

Voraussetzungen für die Teilnahme an der Qualifizierung sind ausreichende Berufserfahrung und die Bereitschaft zur grundlegenden Auseinandersetzung mit der eigenen Person und den beruflichen Rollen. Unerlässlich ist auch eigene aktuelle Leitungs- oder Beratungstätigkeit, um das im Kurs gelernte parallel praktisch anzuwenden.

Gemäß dem Prinzip des lebenslangen Lernens gehen wir davon aus, dass ein Coach nie „fertig" ist. Nach Abschluss der Ausbildung wird die Bereitschaft zur Kompetenzpflege erwartet. Dazu gehört die fortlaufende Anwendung der erworbenen Fähigkeiten und Kenntnisse ebenso wie die regelmäßige Teilnahme an Weiterbildungen und vor allem Coach-The-Coach-Settings. Wer sich nicht coachen lässt, sollte nicht coachen. Hier bietet sich eine Kombination von kollegialen (Peer-Coaching) und komplementären Settings (Kontrollcoaching) an. Zum Qualifizierungsmodell des ISP gehören daher Kontrollcoachingtage, die mehrmals im Jahr angeboten werden.

Coaching mit System

Qualifizierung zum Coach DGfC / Mastercoach DGfC / Lehrcoach DGfC

Grundstufe		
8 Kurstage (4 x 2 Tage) plus 4 Trainingstage Kollegiales Coaching	**Fokus: Coaching von Einzelpersonen** Coaching-Anlässe, -kontrakte und –ziele, persönliche Stärken, Blockaden und Visionen, Ansätze eines Coach-Profils	**Teilnahmevoraussetzungen:** Erfahrung und aktuelle Praxis in Leitung oder Beratung, Bereitschaft zur grundlegenden Auseinandersetzung mit der eigenen Person **Praxisanteil:** Reflektierte Dokumentation von Coachings aus den kollegialen Gruppen
Bescheinigung „Grundstufe Coach"		

Aufbaustufe		
10 Kurstage (5 x 2 Tage) plus 4 Trainingstage Kollegiales Coaching 10 Einheiten Lehrcoaching	**Fokus: Coaching von Subsystemen (z.B. Teams)** Struktur und Dynamik sozialer Systeme verstehen, Interventionstechniken, Rollenentwicklung, Kolloquium mit Präsentation des eigenen Coaching-Konzepts	**Teilnahmevoraussetzung:** Abschluß der Grundstufe oder vergleichbare Zusatzqualifikation **Praxisanteil:** Durchführung und begleitetete Reflexion von 15 eigenen Coachingeinheiten
Zertifikat „Qualifizierung zum Coach (DGfC)"		

Vertiefungsstufe
Es gibt zwei alternative Vertiefungsmöglichkeiten
Qualifizierung zum Mastercoach DGfC **Qualifizierung zum Lehrcoach DGfC** Näheres siehe www.coaching-dgfc.de

Der Qualifizierungsprozess nach Heinrich Fallner:

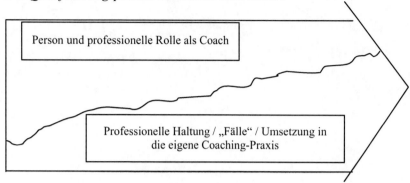

Im Verlauf des Qualifizierungsprozesses verändern sich die inhaltlichen Schwerpunkte. Während zu Beginn Person und Rolle des Coaches im Vordergrund stehen, findet nach und nach eine Verlagerung auf die Praxisreflexion statt.

Auch für die Qualitätsicherung von Coaching gilt das Gleiche wie für die Coachingcurricula und das praktische Coaching selbst. Sie sollte auf die Balance zwischen Standardisierung und Individualität, zwischen Flussbett und Fluss ausgelegt sein. Ein gutes Beispiel für hohes fachliches Niveau ohne fach- und sachfremde Normierungstendenzen ist das Qualitätsentwicklungsmodell der Deutschen Gesellschaft für Supervision (DGSv), bei dessen Konzipierung „Partizipation, Freiwilligkeit, Eigenverantwortung, Innovationsinteresse und Neugier ... verbandliches Handeln geleitet"[92] haben. In diesem Modell wurden sechs alternative Verfahren beraterischer QE erprobt.

Auch die geschilderten Standards sind nicht als endgültige zu begreifen. Sie sind und bleiben beeinflusst. Durch die Entwicklung der Praxisfelder, durch die Mitglieder, durch Impulse von außen, durch den professionellen Dialog, möglicherweise durch den Abgleich mit EFQM- und EU-Kriterien und durch andere Faktoren des Wandels.

Teil IV
Coachingkultur und Coachingzukunft

Michael Pohl

1. Coachingkultur und Partizipation

Der Coachinggedanke hat sich, wie eingangs erwähnt, inzwischen sektorenübergreifend verankert. Neben privatwirtschaftlichen Unternehmen haben auch viele öffentliche, private und zivilgesellschaftlich orientierte Institutionen externe Prozessberatung für sich etabliert. Gleichzeitig fallen beim Thema Coaching auch zwei Entwicklungslinien ins Auge, die kritisch zu betrachten sind:

- Die Tendenz, allerlei Beratungs-, Weiterbildungs- und Trainingsangeboten einfach das Label „Coaching" zu verpassen, ohne dass diese wirklich vom Coachinggedanken durchdrungen oder von Coachingpraxis geprägt sind. Viele Anbieter versprechen sich davon kurzfristige Marktvorteile. Dies ist inhaltlich und vom Verfahren her fragwürdig und wird in der Fachliteratur denn auch mit verlässlicher Permanenz moniert.

- Die Gegentendenz besteht in der Gründung immer neuer Berufsverbände, die sich die Qualitätssicherung von Coaching auf die Fahnen schreiben und in aller Regel darüber klagen, dass jeder sich Coach nennen dürfe, ohne dass seine Qualität geprüft sei. Diese Verbände entwerfen komplizierte Regelwerke, bauen hohe Zugangshürden auf und verlangen, last but not least, hohe finanzielle Obuli. Die so postulierten Qualitätskriterien werden oft entweder am grünen Tisch oder auf medienwirksamen Kongressen beschlossen und gipfeln im Extremfall in der ernsthaften Forderung nach dem „geDINten" Coach.

Aus unserer Sicht ist es sinnvoller, diese Entwicklungen zu verstehen und zu analysieren, statt darüber zu lamentieren, denn beide Phänomene gehören zu den unvermeidlichen Begleiterscheinungen, wenn eine neue Profession entsteht. Dies gilt besonders dann, wenn sich gesamtgesellschaftlich eine neue Art des Umgangs mit professionellen sozialen Interaktionen herausbildet. Wir sprechen in diesem Zusammenhang von Coachinglernen[93] als neuem Ansatz in der Erwachsenenbildung, der sich parallel zu einer entstehenden Coachingkultur in vielen Organisationen etabliert.

Die Entwicklung des Ansatzes „Coaching mit System" setzte von Anfang an auf Nachhaltigkeit. Das bedeutet zunächst, die sozialwissenschaftlichen Wurzeln beraterischer Vorgehensweisen nicht zu verleugnen. Das bedeutet auch, die Theorie nachhaltiger Beratung in und an der Praxis stetig weiter zu entwickeln und sich nicht von kurzatmigen Trends beeindrucken zu lassen. Die Erfahrungen der letzten acht Jahre, die Rückmeldungen sehr vieler TeilnehmerInnen an unseren Seminaren und Workshops und nicht zuletzt die Resonanz auf dieses Buch haben uns bestätigt und ermutigen uns, in mehrfacher Richtung weiterzuarbeiten. Es gilt

1. den Coachinggedanken theoretisch weiterzuentwickeln und zu vernetzen (Vom Zeichen zum System)

2. die Coachingpraxis in der alltäglichen Beratung von Person und Organisation auszubauen (Die Zukunft von Coaching) und

3. den Aufbau einer lebendigen Ausbildung fortzuführen (Qualifizierungsmodell Coaching mit System).

2. Vom Zeichen zum System

Coaching mit System ist keine isolierte Veranstaltung. Coaching ist keine Spezialmethode, kein kodiertes Regelwerk und kein exklusives Wissen. Wir haben beschrieben, dass es vielfältig beeinflusst ist und in Wechselwirkung mit anderen Handlungs- und Kommunikationsfeldern steht[94]. Coaching ist sinnvollerweise oft Bestandteil von Organisationsentwicklung, es wird zunehmend in der Personalentwicklung genutzt und es wird mehr und mehr als unverzichtbarer Teil von ganzheitlichen Qualitätssicherungssystemen gesehen.

Eine weitere Vernetzung ergibt sich zwischen Coaching, Wissenserweiterung und Bildungsprozessen. Während wir vor vier Jahren noch formulierten: „Technische Systeme brauchen Wartung – soziale Systeme brauchen Pflege" und damit auf den qualitativen Unterschied beider Systemtypen verweisen wollten, zeichnen sich mittlerweile Schnittmengen ab. Der intelligente Umgang mit Organisationen als sozialen Systemen und mit technologiebasierten Systemen wie EDV-Netzwerken und insbesondere dem Internet erfordert offensichtlich ähnliche Schlüsselqualifikationen. Pohl/Braun beschreiben unter dem Motto „Vom Zeichen zum System" en detail, wie coachingbasierte und internetbasierte Weiterbildungszugänge sich ergänzen können[95].

Sowohl beim Coachinglernen als auch beim Internetlernen (Exploring) sind systemische Sichtweisen, die Fähigkeit zustands- *und* prozessorientierten Denkens sowie bestimmte Grundhaltungen gefordert. Eine dieser Haltungen besteht im Abschied vom linearen Denken und in der Akzeptanz des Grundsatzes, dass es für jedes Problem weit mehr als eine Lösung gibt. Darüber hinaus werden Teilnehmerorientierung, lebensgeschichtliches Lernen und Situationsbezogenheit zu entscheidenden Faktoren, die den Lernerfolg bestimmen. Sowohl gegenüber technischen als auch gegenüber sozialen Systemen gilt, dass zeitgemäßes Lernen nur als selbstgesteuerter Aneignungsprozess sinnvoll ist.

Ideengeschichtlich lassen sich Bezüge zwischen archaischer Zeichensprache und moderner Kommunikation herstellen, von deren Kenntnis jeder Coach profitierten kann. So gibt z.B. das Schicksal der Rongo-Rongo-Sprache auf den Osterinseln Aufschluss darüber, was geschieht, wenn Wissen elitär gehandhabt wird und Bedeutungszusammenhänge der demokratischen Partizipation unzugänglich sind. Von Rongo-Rongo existieren nur noch knapp 30 Tafeln, die weder von den Nachfahren der Ureinwohner noch von modernen Kryptologen entschlüsselt werden können.

Was kann der Coach daraus lernen? Weil die einzelnen Zeichen nur als reine Informationsträger überliefert wurden und der Kontext verlorenging, starb eine Kultur. Egal wie hochkomplex unsere heutigen Kommunikationssysteme sind, auch sie beruhen letzten Endes auf Informationseinheiten – auf Zeichen und Symbolen. Die Überlebensfähigkeit von Systemen – sei es Organisation, Familie oder Gesellschaft – beruht auch auf der individuellen Fähigkeit, Zeichen in Bedeutungszusammenhänge zu setzen. Die wesentliche Intention des Coach bei seiner beratenden Aktivität im sozialen System hat immer darauf zu liegen, selbstgesteuerte Aneignungsprozesse zu fördern. Der Coach lehrt nicht, er lenkt die Aufmerksamkeit auf den zentralen Zusammenhang von Zeichen und System.

3. Die Zukunft von Coaching

Darüber, wie sich die Bedeutung von und der Bedarf an Coaching in den nächsten Jahrzehnten entwickeln werden, gibt es sowohl interessengeleitete Hoffnungen als auch begründete Prognosen. Im Folgenden werden zunächst die wesentlichen Gedanken einer umfassenden organisationssoziologischen Analyse[96] zusammengefasst. Danach wird die erweiterte Perspektive eines modulationsgesellschaftlichen Ansatzes betrachtet. In einem dritten Schritt werden die Untersuchungen und Hoffnungen von Akteuren auf dem Trainings- und Beratungsmarkt beleuchtet, um schließlich zu humanwissenschaftlich geleiteten Schlussfolgerungen über die Zukunft des Coaching zu gelangen.

3.1. Coaching als notwendige Qualifizierung von Führungskräften

Prognosen über die Bedeutung von Coaching in den nächsten zwei bis drei Jahrzehnten beruhen auf der voraussichtlichen Entwicklung von Organisationen und den damit verbundenen Anforderungen an Führungskräfte. Schreyögg hat die Ausformungen des sozialen Wandels für die drei Sektoren Wirtschaft, Verwaltung und soziale Dienstleistungssysteme wie Kliniken und Schulen untersucht.

In der Wirtschaft wird demnach der „organisatorische Kapitalismus" vom „flexiblen Kapitalismus" abgelöst. Das aktuelle Wirtschaftssystem erfordere heute nur noch schwach organisierte Systeme, die nach Richard Sennett durch drei Merkmale charakterisiert sind: durch Re-engeneering, durch Flexibilisierung aller Arbeitsprozesse und durch Dezentralisierung.

Während öffentliche Verwaltungssysteme mit ihren ausgefeilten bürokratischen Mustern zu Beginn des 20. Jahrhunderts noch als Modell für die Gestaltung von Unternehmen galten, sei es heute umgekehrt: Verwaltungssysteme werden nach ökonomischen Kriterien umgestaltet, die durch drei Aspekte charakterisiert sind: durch Reduktion der „bürokratischen Sozialisation" der Organisationsmitglieder, durch das „New Public Management" und durch neue Formen der Personalarbeit.

Soziale Dienstleistungssysteme definiert Schreyögg als Organisationen, deren Ziel darin besteht, Menschen zu verändern. Der Wandel, dem diese Systeme unterliegen sei vorrangig durch drei Aspekte charakterisiert: „Durch eine generelle Ökonomisierung des Sozialen, durch neue Formen des Qualitätsmanagements und durch das ‚Sozialmanagement' als neue Aufgabe." [97]

Veränderungen in Organisationen lösen bei Mitarbeiterinnen und Mitarbeitern häufig Widerstand („Resistance to Change") aus. Die heute in der Arbeitswelt verlangte Flexibilität mobilisiert ein hohes Maß an Angst: Angst, den Arbeitsplatz zu verlieren, Angst, die Beziehung zu den Kollegen einzubüßen, Angst vor neuen Technologien, Angst sie nicht beherrschen zu können und vieles mehr. Führungskräfte haben dafür zu sorgen, dass die Mitarbeiter trotz dieser Ängste das Neue realisieren, gleichzeitig sind sie laufend mit ihren eigenen Ängsten vor all dem Neuen konfrontiert.

„So haben sie nicht nur eine Vielzahl von Innovationen zu realisieren und ihre dabei auftretende Angst zu verarbeiten, sie müssen sogar noch ihre Mitarbeiter und Mitarbeiterinnen animieren, es ihnen gleich zu tun, eben auch das Neue zu integrieren und erfolgreich zu handeln. Auf diesem Weg sind Führungskräfte neben einem enormen Maß an Komplexität laufend mit der Anforderung konfrontiert, das eigene psychische Befinden zu stabilisieren. Dabei gelangen sie in intellektueller wie in emotionaler Hinsicht oft an ihre Grenzen."[98]

Viele Aufgaben lassen sich nur noch mittels interdisziplinärer Kooperation im Team lösen und dies erhöht die Wahrscheinlichkeit konflikthafter Prozesse. Führungskräfte stehen also immer öfter vor der Aufgabe, die fachlichen Auseinandersetzungen so zu gestalten, dass diese konstruktiv und nicht unproduktiv eskalierend ausgetragen werden. Vielen fehlt dazu die Qualifikation. Zudem müssen auch Führungskräfte sich im Zeitalter des „flexiblen Kapitalismus" von vielen tradierten Vorstellungen verabschieden, beispielsweise von der Vorstellung, dass sie durch Dienstjahre an Autorität und womöglich an Einkommen gewinnen. Hinzu kommen Ängste vor Leistungsverlust, Ängste vor gesundheitlichen Schwächen und insgesamt Ängste vor dem Altern.

Für Schreyögg folgt aus den beschriebenen Phänomenen schon heute ein erhöhter Bedarf an Personalentwicklung bei Führungskräften, der in den nächsten Jahrzehnten zweifellos noch zunehmen werde. „Er lässt sich in fachlicher, in psychologischer und in einer kombinierten Form konstatieren.

- Wir beobachten heute bei vielen Führungskräften aus technischen oder pädagogischen Berufen einen erhöhten Bedarf nach Managementkompetenzen...

- Neben der fachlichen Fortentwicklung als Manager oder Managerin „gönnen" sich heute viele Führungskräfte auch eine psychische Regeneration, indem sie Meditationsveranstaltungen, Selbsterfahrungsseminare oder sogar psychotherapeutische Situationen aufsuchen.

- Und von vielen Führungskräften wird heute schon Coaching in Anspruch genommen, das ihnen fachliche und persönliche Unterstützung bietet. Innovative Firmen bieten ihren Führungskräften schon von sich aus Coaching an, etwa bei der Übernahme neuer Führungspositionen, bei Fusionen von Abteilungen oder unabhängig von einem spezifischen Anlass als thematisch offene, generelle Maßnahme der Personalentwicklung."[99]

Coaching wird dieser Analyse zufolge einen besonderen Stellenwert erhalten, weil es Fachliches und Persönliches integriert, weil es genau die Themen aufgreift, die für eine Führungskraft aktuell relevant sind, und weil es ausreichend viel Intimität garantiert und so angstreduzierend wirkt.

Die Entwicklung geht offensichtlich dahin, dass Coaching häufiger angeboten und genutzt werden wird, und zwar sowohl vermehrt organisationsintern durch Coachingspezialisten in Personalentwicklungsabteilungen als auch extern von entsprechend qualifizierten Beratern. Außerdem ist abzusehen, dass Coaching zunehmend in Seminare oder Trainings integriert wird und dass es mehr als heute in spezialisierten Formen, etwa als „Timecoaching" oder „Beziehungscoaching" stattfinden wird.

Bei den Darlegungen Schreyöggs ist zu beachten, dass sie auf den klassischen Führungskräftebereich fokussieren und damit beispielsweise helfende, künstlerische, politische und allgemein beraterische Funktionen tendenziell ausblendet. Dennoch erscheint die Prognose sehr schlüssig, insbesondere das Resümee, das sie für die Coaches zieht:

„Unter den Coaches wird sich die Szenerie wahrscheinlich stärker differenzieren, in diejenigen, die auf eine sozialwissenschaftliche Fundierung Wert legen und in diejenigen, die auf der Basis einer schmalen Vorbildung einige mundige ‚Sprüche klopfen'. Das wird dazu führen, dass man Coaching durch Berufsverbände zu überformen sucht."[100]

3.2. Coaching als Modulationshilfe

Planen war gestern, Navigieren ist heute. Dem Soziologen Henning Schmidt-Semisch zufolge leben wir nicht nur in einer Wissens- sondern auch in einer Modulationsgesellschaft. Demnach sind vor allem zwei zentrale Fähigkeiten erforderlich, um sich in einer postmodernen Welt korrodierender Werte und sich weitgehend auflösender Sicherheiten und Gewissheiten zurechtzufinden – Mobilität und Flexibilität, und zwar in einem nicht nur sozial oder geographisch gemeinten Sinne. „Die Betonung liegt keineswegs ausschließlich auf dem Aspekt der messbaren Bewegung als solcher, sondern vielmehr auf den Techniken jener Mobilitäts- und Flexibilitätsaspekte, die zunehmend in das Individuum hineinverlegt werden und für deren Effektivität und Gelingen das Individuum allein die Verantwortung trägt."[101]

Das Individuum muss die Befähigung erwerben, seine Bewusstseins- und Befindlichkeitszustände flexibel zu handhaben. Das Festhalten an Prinzipien wird durch Differenzierungen und Pluralität ersetzt, die vom Einzelnen die permanente Bewältigung von Übergängen – also Modulation – erfordern. „Zeichnet sich der geübte Musiker dadurch aus, dass er Musikstücke bewusst, problemlos und für den Zuhörer nahezu unmerklich von einer Tonart in eine andere transponieren kann, so gereicht es den Individuen gegenwärtiger und zukünftiger Gesellschaften zum Vorteil, wenn sie sich schnell und problemlos von einer Bewusstseins- und Befindlichkeitskategorie in eine andere hinein- bzw. herübermodulieren können."[102]

Die Anforderung, immer komplexere Rollenrepertoires managen zu müssen und die stets wachsende Geschwindigkeit, mit der wir Übergänge zwischen Situationen, Gruppen und Orten bewältigen müssen, haben den Bedarf nach einer Vielzahl von Hilfsmitteln hervorgebracht. Vor diesem Hintergrund liegt es nahe, dass stimmungs- und bewusstseinsbeeinflussende Substanzen aller Art vielen Menschen als „psychosoziales Gleitmittel" unverzichtbar erscheinen. Psychoaktive Substanzen sind gefragt wie nie zuvor, weil sie uns scheinbar helfen „klarzukommen". Dass sie oft eher zur Vernebelung führen, ändert dabei nichts an ihrer relativen Wirksamkeit.

Individuell und gesellschaftlich günstiger als der Konsum solcher Substanzen ist die Entwicklung anderer Modulationsformen, die wirklich einen klaren Kopf fördern. Eine differenzierte und griffige Konkretisierung der modulativen Anforderungen an den Einzelnen, aus der sich Folgerungen für die Bedeutung des Coaching in der aktuellen gesellschaftlichen Situation formulieren lassen, bieten Hössl/Spitzbart:

Der Bedarf an berufs- oder tätigkeitsbezogener Beratung steigt, weil

- „sich das Rad immer schneller dreht". Arbeitsschritte müssen schneller erfolgen. Aufgaben und die Umwelt, in der sie erledigt werden sollen, sind nicht nur dynamischer, sondern auch komplexer geworden. Dies erschwert Entscheidungen.

- berufliche Biographien durch häufigere Wechsel von Tätigkeiten gekennzeichnet sind. Der berufliche Lebensweg ist vielfach bunter. Dies verursacht aber auch Orientierungsprobleme.

- der Leistungs- und Erfolgsdruck zunimmt. Dies kann durchaus in einem globalen Kontext gesehen werden. Manager fühlen sich diesem Druck mitunter nicht mehr gewachsen, bekommen zu wenig Feedback, fühlen sich einsam.

- die gestiegenen Belastungen erhebliche Gesundheitsrisiken in sich bergen. Das Bewusstsein etwas für die Gesundheit, für die körperliche und seelische Balance zu tun, ist gestiegen.

- die Hemmschwelle professionelle Hilfe bei einem Berater zu suchen, gesunken ist. Diese Hemmschwelle wird auch durch den Begriff des „Coach" gesenkt, der ja aus dem Bereich des Sports kommt.

- immer mehr Menschen genug haben von Motivationstrainings diverser „Gurus" und das Wort „Motivation" schon nicht mehr hören können. Sie setzen sich explizit oder unterschwellig mit der Frage nach dem „Wozu?" auseinander. Um es kurz und prägnant zu formulieren: Sie suchen nach dem Sinn, nicht nur ihrer Tätigkeit, sondern ihres Daseins an sich.

3.3. Coaching als Hoffnungsträger

Einen weiteren Indikator für zukünftige Entwicklung bieten Studien aus der wirtschaftsorientierten Weiterbildungsszene[103]. Sowohl bei den befragten Unternehmen als auch seitens der Trainer steht Coaching an der Spitze bei den zukünftig wichtigsten Weiterbildungsthemen. Der Autor einer großen Studie verweist aber auch auf problematische Aspekte dieses Booms und mahnt aufgrund geschäftlich motivierter Verzerrungen zur Relativierung:

„Mit Seminaren und Trainings allein wird es Trainern zukünftig immer weniger gelingen, sich wirtschaftlich über Wasser zu halten. Coaching verspricht da umso mehr, ein lukratives Geschäftsfeld zu werden. Schon jetzt bezeichnet sich jeder zweite Managementtrainer als Coach oder offeriert Coaching als Dienstleistung. Unternehmen wiederum zweifeln zunehmend an der Wirksamkeit des klassischen seminaristischen Weiterbildungsansatzes und suchen nach alternativen und effektiveren Formen der Mitarbeiterqualifizierung. Wie alle Trendthemen dürfte Coaching daher zu einem guten Stück von einer immens hohen Erwartungshaltung getrieben sein, auf die zwangsläufig eine deutliche Ernüchterung folgt.“[104]

Diese Ernüchterung wird es bei all jenen geben, die sich vorher berauschen ließen. Bei denen, die einen klaren Kopf behalten und sich an realistischen gesellschaftlichen Entwicklungen statt an Trendphantomen orientieren, wird der Kater ausbleiben. Ein humanwissenschaftlich fundierter Coachingansatz weiß um die Investitionen an Persönlichkeit, Zeit, Auseinandersetzungs- und Kontaktbereitschaft, die in Coachingqualität zu erbringen sind. Mit Coaching lässt sich gutes Geld verdienen und das ist in Ordnung, wenn die Gegenleistung stimmt. Wenn Coaching in erster Linie als Geschäftsfeld gesehen wird, ist Vorsicht geboten.

Typisch dafür ist der Versuch eines großen Verbandes, seine Mitglieder mit dem Kongressmotto samt Website „www.Gipfeltreffen-der-Gewinner.de“ zu euphorisieren. Da gerade in schwierigen Zeiten fast jeder auch einmal auf die Verliererseite geraten kann, führt die Idealisierung des Siegertums oft zu Frustration und Depression.

Coaching mit System ist nicht vom Paradigma des Sieges geleitet. Es denkt nicht vorrangig kompetitiv, sondern achtet auch die „Beautiful Losers“[105]. Top-Level-Coaching klingt immer gut, Qualität beinhaltet aber auch Sozialverträglichkeit. Gute Beratung hat ihren Wert, muss aber auch eine Low-Budget-Flexibilität aufweisen. Die über 400 Coaches, die bislang nach den Grundsätzen von Coaching mit System qualifiziert wurden, arbeiten in allen gesellschaftlichen Sektoren: Wirtschaft, Verwaltung, Sozialwesen, Kirche, Kunst und Wissenschaft.

Ein erweitertes Coachingverständnis geht davon aus, dass Coaching nicht nur Mittel, sondern auch eine „Philosophie“, eine spezielle Herangehensweise an Interaktionen ist, die bestimmte Grundhaltungen erfordert. Deshalb sprechen wir auch von *Coachinglernen* und von *Coachingkultur*.

Gute Perspektiven für nachhaltige Prozessberatung sind also aus organisationssoziologischer, aus betriebswirtschaftlicher und aus umfassend humanwissenschaftlicher Sicht gegeben. Coaching und Coaches werden gebraucht. Soziale Systeme aller Art werden sie häufiger in Anspruch nehmen. Nur eins sollte dabei nicht vergessen werden: Der Coachinggedanke ist zu wichtig, um ihn den Lobbyisten und Verkäufern zu überlassen.

4. Auf der Suche nach Coachingqualität

Woran misst sich Qualität im Coaching und wie lässt sie sich nachweisen? Wann ist ein Coach und seine Qualifikation „anerkannt"? Der Marktkenner und Coaching-Experte Klaus Eidenschink setzt sich in einer scharfsinnigen Analyse mit Verbands- und Anbieterinteressen auseinander. Resümierend wendet er sich gegen deren vielfältige und letztlich wenig hilfreiche „Definitionsklimmzüge" und fokussiert auf das Wesentliche. Er plädiert dafür, Coaching als Begriff für „systematisch unterstützte Veränderungsprozesse von Individuen und Gruppen im beruflichen Kontext zu verwenden. Die grundlegende Kompetenz die ein Coach folglich braucht ist, ein differenziertes Verständnis vom Wesen menschlicher Veränderung zu haben. Die berufliche Zunft hat sich bislang nicht auf ein gemeinsames Verständnis einigen können. Das erschwert für die Dienstleistungsnehmer die Orientierung.

Einer der wenigen Punkte, die unumstritten sind, ist, dass niemand anderen Menschen kompetent helfen kann, ohne sich über lange Jahre intensiv mit der eigenen Persönlichkeit auseinandergesetzt zu haben. Daher sollten sich alle, die sich Hilfe bei einem Coach holen wollen, nach dessen eigenem Veränderungsprozess erkundigen. Welche speziellen Feldkompetenzen ein Coach darüber hinaus haben sollte (Wirtschafts- oder branchenbezogenes Wissen, systemische Analysefähigkeiten, Erfahrung mit Führung, Verkaufen, etc.) ist ebenfalls umstritten. In einer solchen Situation bleibt folglich das trial-and-error-Vorgehen ein angebrachtes Verfahren." [106]

Das mag Manchem nicht genügen, aber es ist realitätsgerecht. Auch wir vertreten den Standpunkt, dass die Abnehmer bzw. die Klienten ein gutes Gespür dafür haben, was sie brauchen und vertrauen deshalb darauf, dass sich in der Praxis Qualität letztlich durchsetzt. Staatliche Reglementierungen, z.B. in Form von „Lebensbewältigungshilfegesetzen", wie sie mancherorts gefordert werden, bergen die Gefahr des Lobbyismus. Sie laufen aller Erfahrung nach oft darauf hinaus, dass die Verbände mit den besten „connections" sich ihre Pfründe sichern.

Einen anderen Professionalisierungsweg als viele eher wirtschaftlich orientierte Verbände geht – soweit bis jetzt erkennbar – die Deutsche Gesellschaft für Coaching DGfC e.V. in Berlin, die sich die Förderung der beruflichen Bildung und Weiterbildung auf dem Gebiet des Coachings zum Ziel gesetzt hat. Darüber hinaus ist es laut Satzung „ein Anliegen des Vereins, das Berufsfeld des Coachs zu definieren und im Hinblick auf aktuelle und künftige Erfordernisse weiterzuentwickeln".[107] Die DGfC hat einen Entwurf nachvollziehbarer Standards für Coaching-Ausbildung vorgelegt, ist gemeinnützig tätig und versteht sich als dialogischer Impulsgeber.

Auch andere Verbände arbeiten mit plausiblen Qualitätskriterien. Wer allerdings versuchen will, sich hier einen Gesamtüberblick zu verschaffen, sollte schon aus Zeitgründen lieber erwägen, sich auf das eigene Urteilsvermögen zu verlassen. Denn auch hier ist Eidenschink nur zuzustimmen: „Im Bereich der psychologischen Veränderungspraxis gibt es derzeit keine allgemeingültige Qualitätssicherung. Auch Ersatzformen wie Renommee, Referenzen, Publizität oder Mund-zu-Mund-Propaganda helfen hier nur bedingt. Jeder muss, darf und soll selbst herausfinden, welche Art der Hilfe gut tut. Die Gefahr, dass er sich irrt, über das, was für ihn gut ist, lässt sich nicht aus der Welt schaffen. Auch hier gilt: No risk, no fun. Daher gerät oft schon die Suche nach Hilfe zu einem Mittel, zu einer vertieften Orientierung am eigenen Innenleben zu finden und sich von externen Wahrheitsbürgern zu emanzipieren."[108]

Teil V
Coaching-Kontexte

Michael Pohl / Heinrich Fallner

Analoge und digitale Kommunikation

Menschliche Kommunikation lässt sich nach *Paul Watzlawick* auf zwei Grundebenen begreifen, auf der analogen, bildlichen und der digitalen, sprachlichen Ebene. Digitale Kommunikation folgt bestimmten Interpunktionen, ist sehr differenziert und logisch, oft aber wenig konkret. Analoge Kommunikation ist sinnfällig und intuitiv begreifbar, dafür oft weniger eindeutig. Wenn ich fünf Finger zeige, werde ich überall auf der Welt verstanden. Wenn ich das deutsche Wort „fünf" in Japan benutze, ist das schon ganz anders. Wenn ich dagegen im Gespräch auf die Uhr schaue, weiß mein Gegenüber erst durch digitale Erklärung, ob ich ungeduldig bin, oder ob ich mich vergewissere, noch genug Zeit zu haben.

Analoge Kommunikation erfordert (>) Szenisches Verstehen, digitale Kommunikation geschieht in (>) Dialog und (>) Diskussion. Weder die analoge, noch die digitale Ebene ist der anderen übergeordnet. Sie stehen, je nach situativer Fokussierung in einem zirkulären Hierarchieverhältnis zueinander. Günstig für den Coach ist es, sich auf beiden Ebenen sicher bewegen zu können. Ein bewährtes Arbeitsprinzip lautet: *die Szene analog verstehen und digital reflektieren.*

Der analoge Raum als „wissendes Feld"

Ein Coach ist kein Guru. Wenn er mit Systemen arbeitet, kann er weder alles wissen, noch alles mitbekommen. Selbst mit guter Ausbildung, viel Erfahrung und gutem Gespür kann er niemals mehr als nur Ausschnitte der vorhandenen Komplexität wahrnehmen. Um dennoch sinnvoll und wirksam zu intervenieren, nutzt er die Weisheit des Systems.

Die Arbeit im (>) analogen Raum bietet dabei eine zusätzliche Qualität, die über die rein sprachliche (digitale) Weisheit hinausgeht. Situationen werden unmittelbar erfasst und das räumliche, „inszenierte" Setting gibt wesentliche Informationen zur Bewältigung von Problemen und Herausforderungen.

Das Phänomen des „wissenden Feldes" wird in manchen Formen der Theaterarbeit (z.b. bei *Boal*, im *method acting*) und der kreativen Psychotherapie (Psychodrama, Gestaltinszenierungen) genutzt, manchmal ohne es so zu benennen. Auch die in den letzten Jahren zunehmend populär gewordenen Familienaufstellungen nach Bert Hellinger beziehen einen Großteil ihrer Wirksamkeit daraus, „dass Stellvertreter Zugang zu einem Wissen gewinnen, das die Personen haben, deren Plätze sie einnehmen"[109].

Analoge Übungen

Wenn wir im Coaching mit System professionelle Praxissituationen in analogen Übungen reinszenieren, (z.b. „Organisation ohne Worte", „Team ohne Worte", „Wir haben keine Ahnung"), wird das Prinzip des „wissenden Feldes" bewusst genutzt. Bei achtsamer Anwendung ist es fast jederzeit und überall möglich, die Alltagspraxis so „nachzuspielen", dass reale und anwendbare Ergebnisse erzeugt werden.

Im passenden Setting werden „wildfremde Menschen, zu einem Kanal für die Wahrheit des betreffende Systems"[110].

Im Coaching mit System werden beispielsweise Teamkonstellation rollenspielartig reinszeniert (>Live-Berichte „Coaching und Banking" oder „Outplacement I") bzw. die zukünftige Entwicklungsperspektive einer Zusammenarbeit inszeniert (>Live-Bericht „Alte Wege, neue Wege") und es kommt zu aussagefähigen Ergebnissen.

Ästhetik

„Schönheit ist eine zentrale Dimension von (>) Nachhaltigkeit, ein unverzichtbarer und viel zu wenig beachteter Aspekt von Zukunftsfähigkeit."[111] Das meint nicht Perfektion im Sinne von Unduldsamkeit gegenüber dem Unvollkommenen. Schönheit kann viele Gesichter haben, z.B. auch das „rechte Maßes des Unterlassens, des Weniger oder des Fremden".

Wir nicht vom Brot, nicht vom Geld und auch nicht von der Bestätigung allein. „Auch Schönheit ist ein Lebens-Mittel, ohne das wir sinnlich-emotional unterernährt bleiben. Deshalb muss das Schöne Eingang in den Alltag finden, indem es sich mit dem Nützlichen verbindet." Auch der Coaching-Prozess benötigt Ästhetik. Die Beteiligten können in Veränderungsprozessen, im Erkennen der eigenen Kraft und im Entdecken von Selbstorganisationsfähigkeit Schönheit erleben.

Arbeitssysteme, ungünstige

Drei Leitungs- und Organisationsmodelle mit begrenzten Erfolgsaussichten:

1. Das Modell „Sklavengaleere" – heutzutage in manchen Sportarten noch erfolgreich:

2. Das Modell „So viele Leitungsposten wie möglich" – Erfolgsfaktor eher begrenzt:

3. Das Modell „Leitung ist überflüssig" – alle geben das Ruder aus der Hand

Beratungs-Architektur

„Architekt" bezeichnet im Griechischen den Baumeister, der Räume aller Art gestaltet und plant. In den analogen Coaching-Übungen und Settings werden soziale Räume (Beziehungsräume) und Strukturen für Prozesse geschaffen. Die Gestaltung fester Rahmenbedingungen – z.b. die Trennung sprachlicher und nichtsprachlicher Phasen oder die Triadenstruktur – schafft Freiräume. Insofern entstehen im Coaching mit System Architekturen und der Coach kann als Architekt im (>) Systemhaus verstanden werden.

„So, wie Architekten Räume planen und dadurch Rahmen schaffen, in denen sich Unterschiedliches ereignen kann, so entwerfen wir als Berater soziale, zeitliche, räumliche und inhaltliche Gestaltungselemente und Fixpunkte, die Prozesse vorstrukturieren. In diesem Sinne sind Architekturen Interventionen. Aber wie alle Interventionen können sie auch völlig Unvorhergesehenes bewirken."[112]

Bewältigung von Komplexität

Komplexität kann mit drei Grundstrategien „bewältigt" werden (> Systemhaus):

- wir können sie abspalten oder zerspalten („das ist doch gar nicht so")

- wir können in ihr versinken („bei uns war das schon immer so, aber wir kommen damit zurecht")

- wir können sie auch differenzieren und portionieren. Dann kann Standpunktklarheit über die Realisierungsmöglichkeiten und -grenzen der eigenen Rollenentwicklung in Systemen entstehen.

Chaos, kreatives

Auch wenn die Vorteile von Systemveränderungen, z.B. der Implementation von Teamarbeit groß sind, weisen erfahrene Organisationsberater auf eine realistische Einschätzung der Nebenwirkungen hin, zu der auch Chaostoleranz gehört. „Menschen mit kreativen Berufen wie Schriftsteller, Maler oder Wissenschaftler wissen, dass der Übergang von einem Paradigma in ein anderes immer eine Zeitlang ein gewisses Chaos beinhaltet. Den alten Weg zu verlassen, egal, ob dieser alte Weg eine Organisationsstruktur oder einen künstlerischen Stil darstellt, erfordert zunächst die Beseitigung des gegenwärtigen Systems. Der kreative Mensch weiß, dass nur aus dem Chaos etwas Neues entstehen kann." Er hat die Fähigkeit, „eine Periode des Chaos zu tolerieren, während eine neue ‚Gestalt' wächst".[113]

City

Wohl kaum eine andere deutsche Rockgruppe hat sich so an (>) Grenzen bewegt wie City. In der ehemaligen DDR zwischen den extremen (>) Polaritäten von Illegalität und Ruhm, im jetzigen Deutschland innerhalb der Ost-West-Polarität. Wahrscheinlich beziehen ihre Songs daraus die Poesie, Prägnanz und Energie, die uns dazu veranlasst, insbesondere die CD „Rauchzeichen" (1997) immer wieder in unseren Coaching-Seminaren zu verwenden.

Coaching-Ausbildung

Die Fähigkeit qualifiziert und verantwortlich coachen zu können (> Coaching-Kompetenz) muss unter fachlicher Begleitung und Spiegelung erworben und gepflegt werden. Sich selbst zum Coach zu ernennen, reicht nicht aus. Wir betonen ausdrücklich, dass es sicherlich mehrere gute Qualifizierungsmöglichkeiten gibt.

Die Autoren haben eine 30-tägige Coaching-Ausbildung (inklusive 8 Trainingstage) konzipiert, die ständig weiterentwickelt wird. Sie dient dem Erwerb der wesentlichen Elemente von Coaching-Kompetenz. Unter Bezug auf Team- und Organisationsentwicklung beinhaltet die (>) Qualifizierung zum Coach ein humanwissenschaftlich begründetes Training für Interventionen in Beratungs- und Unterstützungsprozessen, das Selbsterfahrung im Sinne einer grundlegenden Auseinandersetzung mit der eigenen Person einschließt.

Wer diese Möglichkeit Nutzen möchte, kann uns wie folgt erreichen:

Heinrich Fallner
Crüwellstr. 7
33615 Bielefeld
Tel: 0521/122830 – Fax 0521/122818

Michael Pohl
Melanchthonstr.60
33615 Bielefeld
Tel: 0521/176890 – Fax: 0521/5214645
Mail:beratung@pohlvision.de

Coaching als Systemreparatur

Es gibt Auffassungen, die Coaching quasi als Reparaturinstanz zur Beseitigung dysfunktionaler Zustände ansehen. Es gerät dann schnell zur Korrekturmaßnahme für problematische Verhaltensweisen von Führungskräften, aus denen Sachprobleme entstehen. Wenn dabei das Schwergewicht auf Methoden und Techniken gelegt wird und Coaching möglichst rational und beziehungsgereinigt auf der Basis von „Persönlichkeitsanalyse" mittels ausgeklügelter Tests und detaillierter Fragebögen durchgeführt werden soll[114], besteht die Gefahr des „Maschinendenkens" *(Senge, de Geus).*

Coaching-Erweiterungen

Coaching wird oft auf eine Veranstaltung für Einzelpersonen, traditionellerweise Leitungskräfte, reduziert. Zwar beziehen sich einige Autoren auch auf Team- oder Systemcoaching, doch fallen die entsprechenden Ausführungen in der Regel knapp und eher vage aus[115]. Ausformulierte und explizierte Konzeptionen sind bis auf wenige Ausnahmen nach wie vor im wesentlichen auf die Beratung von Einzelpersonen orientiert. Manche AutorInnen beziehen sich, teils am Rande, teils ausführlich auf die Variante des Team-Coaching, andere etablieren es als eigenständige

Beratungsmethode[116] oder beziehen eine systemische Sichtweise konsequent ein.

Ein kreativ-analog erweitertes Coaching-Verständnis ist gleichfalls selten. *Schmidt-Tanger* integriert analoge Elemente wie Teamlandkarte, Spiegel und Betriebstemperaturen in ihren Ansatz des Veränderungs-Coaching. *Schreyögg* widmet einerseits der „Arbeit mit Materialien im Coaching" ein eigenes Kapitel[117] (S. 276ff) und spiegelt in ihrer Behandlung des Themas (Methodische Anleihen im ‚Kinderzimmer') ein gewisses Misstrauen gegenüber dem Einsatz kreativer Medien wider.

Coaching-Kontexte

Coaching mit System ist integrativ und behandelt Arbeitsbeziehungen und Arbeitsbeziehungs-Systeme im Wirkungsfeld beeinflussender Kontexte.

- Organisation/Aufmerksamkeit für Struktur, Hierarchie, Betriebsklima
- Biographie/Berücksichtigung persönlicher Eigenarten und Geschichten
- Ideologie/Auseinandersetzung mit Leitbildern, Sinn- und Glaubensfragen
- Gesellschaft/Blick auf den größeren sozialen Zusammenhang, Verantwortung für das Ganze

Commitment

Commitment bedeutet – kurz gesagt – die Bereitschaft, all die vielen kleinen und großen Schritte zu tun, die zur Erreichung eines Ziels erforderlich sind. Ein anschauliches Beispiel findet sich bei Pohl/Witt 2000. Dort wird anhand der Zubereitung einer Minestrone, zu der gute Freunde eingeladen sind, geschildert, was echtes Commitment ausmacht.

Design

Auch das Wort Design zählt gegenwärtig zu den besonders verbrauchten Begriffen. Der Fachbereich Design der Bielefelder FH hat sich wegen der völligen Banalisierung des Begriffs gerade in „Fachbereich Gestaltung" umbenannt und versteht dies als Rückbesinnung. Das Wort Disegno bezeichnet im Italienischen ursprünglich den Entwurf und die einer Arbeit zugrunde liegende Idee, im Englischen dann den Plan von etwas, das realisiert werden soll. Nachdem der Design-Begriff im Industriezeitalter auf die serienmäßige Formgebung von Gebrauchsgegenständen reduziert wurde, hat er in den letzten Jahrzehnten eine zunehmend *interaktive Komponente* gewonnen.

Mit der Erkenntnis, dass Design nicht nur technische und materielle Funktionen erfüllt, sondern auch Mittel zur Kommunikation ist, wurden Methoden aus Psychologie und Kommunikationswissenschaften eingesetzt. „Waren es früher nur die Formen greifbarer Dinge, so sind es heute Computerprogramme, Abläufe, Organisationsformen und Dienstleistungen, Erscheinungsformen von Firmen (Corporate Design) oder Personen, die es zu gestalten gilt.“[118] Man spricht inzwischen von Servicedesign und Designmanagement.

Peter Zec verweist darauf, dass die „gute Form“ neben der Funktionalität auch Verbesserung der Lebensbedingungen und emotionale Qualität umfasst. „Design erzeugt Höherwertigkeit dadurch, dass Produkte über ihre funktionalen Qualitäten hinaus mit spielerischen und emotionalen Eigenschaften ausgestattet sind.“[119]

Dialog

Der Dialog (griechisch *dia* „durch“ und *logos* „Wort“ bzw. „Sinn“) ist eine hochentwickelte Formen digitaler Kommunikation und dient dem kollektiven Lernen. Im partizipativen Austausch kommen wir zu höheren und klügeren Einsichten, als allein. Das Konzept des Dialogs zielt darauf ab, dass eine Gruppe sich „für den Fluss einer höheren Intelligenz öffnen kann“, um über die grenzen individuellen Verstehens hinauszukommen. „Beim Dialog erforscht eine Gruppe schwierige, komplexe Fragen unter vielen verschiedenen Blickwinkeln. Der einzelne legt sich nicht auf seine Meinung fest, aber er teilt seine Annahmen offen mit.“[120] Es geht – im Unterschied zur (>) Diskussion – nicht darum, zu gewinnen, sondern sich durch das Erkennen der Relativität des eigenen Standpunkts zu bereichern..

Diskurs

In einer demokratisch-pluralistischen Kultur ist der angemessene Austausch von Ansichten, Gedanken und Standpunkten der Diskurs (discorso) als offenes Gespräch. „Es gibt zwei Hauptdiskursformen – Dialog und Diskussion. Beide sind wichtig, damit ein Team zu einem kontinuierlichen generativen lernen fähig ist, aber ihre Macht liegt in ihrer Synergie. Aber um diese Synergie zu erzeugen, muss man die Unterschiede zwischen den Formen kennen."[121] Diskursfähigkeit bringt (>) Dialog und (>) Diskussion in ein ausgewogenes Verhältnis. Ein Kriterium für die Qualität von Arbeitsbeziehungen und -systemen ist das Vermögen, situativ angemessen zwischen Dialog und Diskussion zu wechseln.

Diskussion

In der Diskussion werden Argumente vorgetragen, mit der Absicht, die eigene Sicht der Dinge durchzusetzen. Argumente anderer werden aufgegriffen, um sie zu widerlegen oder um die eigene Meinung zu stärken. Es geht letzten Endes darum, die eigene Ansicht durchzusetzen. Die Kommunikationsform der Diskussion ist oft wichtig und nützlich, um das für und wider von Entscheidungen abzuwägen. Die Problemtendenz der Diskussion besteht darin, dass die TeilnehmerInnen oft dazu neigen, bis zum siegreichen Ausgang entweder immer wieder neue Begründungen für die Richtigkeit des eigenen Standpunkts zu liefern oder gar die eigenen Argumente zu ständig zu wiederholen. Wegen dieser Priorität von Gewinnen und Rechthaben ist sie kein Bestandteil von Coaching-Settings.

Einfrieren

Ein wesentlicher Methodenschritt in analogen Übungen ist das Innehalten. Die Bewegung anzuhalten, bedeutet, die Szene bewusster zu machen. Einfrieren ist eine „Temperatursenkung" im übertragenen Sinne. Als Prozesselementen findet es sich sowohl in der Theatermethodik *Augusto Boals* als auch in den meisten Organisationsentwicklungsmodellen. In OE und Change-Management wird der Veränderungsprozess klassischerweise in drei Phasen – auftauen *(unfreeze)*, verändern *(change)* und neu stabilisieren *(refreeze)* – konzipiert.

Energie und Information

„Energie ist Information und Information ist Energie". Dieser Satz von Gregory Bateson wird oft zitiert und nicht immer verstanden. Was damit gemeint ist, lässt sich plastisch an der Arbeit im (>) analogen Raum als „wissendes Feld" erläutern.

Die Wirksamkeit der Arbeit mit Inszenierungen, Aufstellungen, Rollenspielen und szenischen Rekonstruktionen beruht auf der Identität von Information und Energie:

- Die Personen, die den Praxisfall einbringen, transportieren in ihrer Schilderung und Darstellung unterschwellig immer die realen Energien des Systems

- Die Stellvertreter bzw. Rollenspieler machen sich bei der Informationsaufnahme diese Energien zu eigen – auch wenn sie sie zunächst nicht bewusst wahrnehmen – und erzeugen daraus eine Spiegelung der Realität, die Wesentliches erkennen lässt.

Grenzen

Grenzen wahrzunehmen, bedeutet „die Anerkennung dessen womit wir in Kontakt kommen können und dessen, womit wir nicht in Berührung kommen können"[122].

Auch größere soziale Systeme werden im Coaching mit System auf Grenzphänomene hin betrachtet. Dies geschieht nicht wertend, sondern immer lediglich als Aussage über die gegenwärtige Beschaffenheit der vom System zugelassenen Kontakte. Diese Relationen werden nicht als festgelegte Strukturen sondern als vorübergehende Stadien in einem dynamischen Prozess aufgefasst. Veränderung – jetzt definiert als *Veränderung von Grenzen* – wird erst möglich, wenn hohe *Bewusstheit* über die zunächst gegebenen Grenzen erreicht wird.

„Wenn wir sagen, dass Lernen oder Veränderung an der Grenze stattfindet, so meinen wir damit, dass dies durch das Untersuchen solcher Dinge wie Gefühle, Annahmen und Phantasien geschieht, die die Existenz der Grenze unterstützen. Nur dadurch, dass man mit dieser Linie – die eine Linie der Abwehr oder der Unterstützung sein kann – konfrontiert wird und sie untersucht, um festzustellen, ob sie irgendwo durchlässig ist oder erweitert werden kann, kann eine neue Erfahrung des Vermiedenen oder Unbekannten stattfinden."[123]

Interventionen

Intervention ist die methodisch geleitete professionelle Einflussnahme durch den Coach. Einflüsse des Systems fördern oder behindern die Wirksamkeit von Coaching-Interventionen.

Körper-Bilder

Vielleicht folgen Organisationen dem Muster des menschlichen Organismus: Geburt, Heranwachsen, Reife, Verfall und Sterben. Vielleicht sterben sie oft zu früh, weil sie nicht gepflegt werden (> Coaching-Funktion Systempflege). Zu den Faktoren, die den Organisationskörper – der seinen Ausdruck auch in der bekannten *corporate identity* findet – pflegen, fördern und lebendig halten, gehört mit Sicherheit (>) Kreativität.

Das Herz ist eine zentrale körperliche Metapher. Als Integrationsorgan ist es die Grundlage für alle Funktionen des Systems „Körper". Bilder wie „etwas mit Herz, oder Herzblut tun", „es zur Herzenssache zu machen" oder „Herzrhythmusstörungen" lassen sich auf Arbeitssysteme übertragen. Hat die Organisation (ein) Herz? Wo schlägt das Herz der Organisation? In welchem Zustand ist es? Werden wichtige Entscheidungen mit Herz getroffen? „Alle Wege sind gleich, sie führen nirgendwo hin. Die einzig wichtige Frage lautet: ‚Ist dieser Weg ein Weg mit Herz?' Wenn er Herz hat für dich, dann wage es, ihm zu folgen."[124] *Castaneda/Kopp*

Der kreative Mensch – ökonomisch betrachtet

Aus ökonomischer Sicht wird Kreativität eher unter dem Aspekt der Zweckgerichtetheit betrachtet. Eigenschaften des kreativen Menschen sind hier *visuelles Denken* (um Muster, Figuren, Gestalten zu erkennen), *Sprachfertigkeit* (um sich differenziert und schöpferisch ausdrücken zu können) und *Flexibilität* (um steten Wandel zu bewältigen). Kreativität bedeutet auch, die Dinge nicht zu komplizieren, wenn eine einfache Lösung besser wäre. Sie zeigt sich oft darin, das Augenfällige, das übersehen wird, wahrzunehmen.

„Der kreative Mensch ist fähig, zu wählen und eine größere Vielzahl von Möglichkeiten zu prüfen, um seine Probleme anzugehen und zu lösen. Er ist findig in der Fähigkeit, umzuschalten, ein Bezugssystem gegen ein anderes auszutauschen, sein Vorgehen zu ändern und sich schnell an neue Entwicklungen anzupassen."[125] *Michael Knieß* definiert Kreativität „im engeren Sinne", also betriebswirtschaftlich orientiert als „die Fähigkeit, Konstellationsprobleme zu lösen". Charakteristisch für diese Lösung ist, „dass eine Systemstruktur mit Eigenschaften gebildet wird, die der Problemlösende als Sollzustand anstrebt oder die ihn diesem Zustand näher bringt." Kreativität ist demnach nicht identisch mit Intuition. Vielmehr sind Intuition und Rationalität die beiden Hauptquellen, aus denen Kreativität sich speist. Für den kreativen Menschen definiert er drei wesentliche Merkmale: *Tätigkeitsdrang/Motivation, Kognition und Informationsverarbeitung* sowie *Persönlichkeit*.

Coaching mit System greift diese drei Merkmale auf: Motivation wird vorausgesetzt und immer wieder gefordert, Kognition und Informationsverarbeitung werden durch ständige Übung geschult, die Bildung von Persönlichkeit wird gefördert und unterstützt. Coaching mit System (>) als Erweiterung hält darüber hinaus die Nutzung des analogen Raums und die interaktionelle, soziale Dimension von Kreativität für unerlässlich.

Kreativität und Gestalt

Kreativität ist kein statisches Potential. Sie muss in einem nie endenden Prozess erhalten bzw. wiederbelebt werden. Nach *Zinker* ist Kreativität vor allem die Fähigkeit „zwei Arten von Bewusstsein, zwei Arten in der Welt zu sein, zu integrieren" (z.B. aktiv-passiv, kontrolliert-spielerisch, intellektuell-intuitiv, sequentiell-simultan, analytisch-synthetisch). Wesentliches Merkmal von Kreativität ist hier immer Akzeptanz und Integration von Polaritäten.

Kreativität, fehlende

Möglicherweise hat Vieles, das in Organisationen mehr schlecht als recht funktioniert, eine Hauptursache in fehlender Kreativität. „Ich behaupte, dass eine geradezu verzweifelte soziale Not an kreativem Verhalten kreativer Menschen besteht...Viele der ernstzunehmenden Kritiken unserer Kultur und ihrer Entwicklung können am besten als Mangel an Kreativität beschrieben werden" *(Carl Rogers)*.

Kundenorientierung

Der Begriff „Kunde" wird hier als Synonym verwendet. In betriebswirtschaftlich-produktorientierten Systeme sind die Produktnehmer gemeint. In sozialen Leistungssystemen sind es Menschen, die über helfenden Kontakt in einer empfangenden Beziehung zu den MitarbeiterInnen der Einrichtung stehen. Der „Kunde" ist ein Mensch, der kundig ist. Er weiß in irgendeiner Form, was er braucht, er kennt seinen Bedarf. Dieses Kundigsein kann sprachlich formuliert als Beratungsbedarf definiert sein oder auch rein körperlich oder sozial im Lebens- und Alltagszusammenhang sichtbar sein. Diese Sichtweise grenzt sich ab von einem Kundenverständnis, welches darauf bedacht ist, dem Kunden zu verdeutlichen, was er eigentlich braucht, um dieses oder jenes zu sein oder erreichen zu können.

Künstlerisches Lernen

Manfred Schnell und Yael Niemeyer skizzieren für künstlerisches Lernen einige Essentials, die auch das Coaching-Lernen inspirieren können:

1. Sensibilisierung im Umgang mit Kunst in Galerien, Museen im öffentlichen Raum (Sensibilisierung im Umgang mit sozialen Systemen um uns herum, mit Arbeitsplatz, Firma, Stadt und Gesellschaft)
2. Fachliche und praktische Ausbildung unter Anwendung heutiger Kunstrichtung und Kunststile in Malerei, Zeichnung, Graphik, Film, Video, Skulptur, Multimedia etc. unter theoretischer Einbeziehung vorangegangener Stilepochen (die Analogie zu kreativem Coaching ist u.E. offensichtlich)

3. Vermittlung von formaler Ästhetik und inhaltlichen Positionen von Kunst (Methodentraining und Vermittlung theoretischer Grundlagen von professioneller Beratung)

4. Die eigene künstlerische Auseinandersetzung als Voraussetzung für guten reichhaltigen Unterricht (die Auseinandersetzung mit den eigenen Handlungs- und Bewältigungsmustern als Voraussetzung für konstruktives Agieren im sozialen System)

Lernen und Lehren

„Veränderung bedeutet lernen. Wir alle lernen durch uns selbst, durch die natürlichste Art uns selbst zu steuern....Wenn wir verstehen, wir selbst lernen, verstehen wir, wie andere lernen und sich entwickeln können."[126]

Belehrt werden erzeugt Widerstand

Lernen geschieht immer im Kraftfeld von (>) Polaritäten. Weil immer noch Unterrichtungsformen vorherrschen, die auf das Ansammeln von Informationen, statt auf den Erwerb von Einsichten ausgerichtet sind, sind wir für manche Lebensbereiche „ungebildet". Wirkliches Lernen geschieht nicht durch reine Informationsübermittlung, es hängt mehr vom Lernenden ab, als vom Lehrer. Soziales Lernen kann auch eine Alternative zu therapeutischer und psychiatrischer Lösung von Lebensfragen sein, den es bedeutet, mit den gegebenen Realitäten so umzugehen, dass sie *für* uns sind statt *gegen* uns.

Lernen heißt auch nicht vorrangig, sich etwas an- oder abzugewöhnen. *„Lernen bedeutet immer: unterwegs selbst entdeckt."*[127]

Nachhaltigkeit

Auf der UNO-Umweltkonferenz in Rio wurde die Förderung nachhaltiger Entwicklung *(Sustainable Development)* zum Ziel städteplanerischen Handelns deklariert. Die Lokale Agenda 21 zielt auf eine „Entwicklung, die die Bedürfnisse der Gegenwart befriedigt, ohne zu riskieren, dass künftige Generationen ihre eigenen Bedürfnisse nicht befriedigen können".

Nachhaltigkeit meint seither ein verantwortliche, umfassende menschen- und naturverträgliche Zukunftsgestaltung, die ökonomische, ökologische und soziale Erfordernisse gleichrangig betrachtet und sie miteinander vereinbart. Die A21-Prozesse beruhen auf Konsultation und Beteiligung aller Interessengruppen. Der Schlüssel für die Umsetzung nachhaltiger Stadtentwicklung liegt im „vertrauensvollen und berechenbaren Zusammenwirken aller Akteure in der Stadt – Politiker, Verwaltung, Investoren, Bewohner".

Auch der Begriff „Nachhaltigkeit" unterliegt zurzeit massiver Inflation durch unreflektierten und manchmal sinnentleerten Gebrauch. *Jürgen Juchtmann* karikiert das treffend in einer Glosse[128]. Der Ausweg liegt u.E. allerdings nicht darin, den Begriff zum „Unwort" zu erklären, sondern im (kreativen Begriffsrecycling >).

Wenn wir den Begriff verwenden, meinen wir damit auf obigem Hintergrund die konstruktive und möglichst dauerhafte Beeinflussung sozialer Systeme – z.B. durch Coaching – unter Berücksichtigung von Verträglichkeiten aller Beteiligten. Was verträgt das System? Was verträgt die System-Umwelt? Was vertragen die Kunden? Was vertragen die MitarbeiterInnen?

Neues Denken – (Metanoia)

„Wenn ich recht habe, muss unser ganzes Denken über das, was wir sind, umstrukturiert werden. Das ist nicht lustig, und ich weiß nicht, wie viel Zeit wir haben, es zu erledigen." *Bateson* plädiert für ökosystemisches Denken nach der Metapher des „Musters, das verbindet" als eine Art Metastruktur (Struktur der Strukturen), die öfter verkannt als erkannt werde. Wichtig ist dabei eine innere Haltung, die Konsequenz und Verbindlichkeit mit Gelassenheit und Vertrauen verbindet – nicht eine des Drucks, der Panik, der operativen Hektik.

Offenheit, partizipative und reflektive

Nachhaltigkeit braucht eine offene Haltung. Eine nur partizipative Offenheit, bei der die TeilnehmerInnen von Arbeitssitzungen ihre Ansichten äußern, kann zur „symptomatischen Lösung" bzw. zur Problemverschiebung führen, Auch wenn wir glauben, die erforderliche Transparenz hergestellt zu haben, da ja ständig miteinander gesprochen wird, kann es sein, dass wirkliche Offenheit untergraben wird. „Das Endergebnis ist das merkwürdige Phänomen der ‚offenen Geschlossenheit', wenn jeder das Gefühl hat, seine Meinung zu äußern, aber niemand wirklich zuhört und die Aussage reflektiert. Wir ‚reden aufeinander ein' und verlieren die Fähigkeit zu echter Kommunikation und zum Dialog."[129]

Die reflexive Offenheit, die von der Haltung lebt: „Vielleicht irre ich mich und der andere hat recht", ist eine Fertigkeit, die mit Zeit und Ausdauer entwickelt werden muss. Sie ist Bestandteil von (>) Team-Lernen und zentrales Element von (>) Coaching-Kompetenz.

Polaritäten

Wenn wir nicht in Apathie verweilen wollen, müssen wir ständig zwischen verschieden Möglichkeiten des Handelns wählen. Wir befinden uns dabei in einem Dilemma, da mit jeder Entscheidung eine andere unverwirklicht bleibt. Oft sind diese Entscheidungen mit Bedeutungen und Bewertungen versehen, die wir als Richtig oder Falsch, Gut oder Böse empfinden/betrachten. Jeder Pol hat seine Existenzberechtigung als Teile der Einheit, sonst wäre das Ganze nicht ganz. Sie drückt sich auch darin aus, dass jede Verwirklichung eines Pols den Gegenpol in die Manifestation zwingt[130].Daraus ergibt sich die Unmöglichkeit, einen Pol zu behalten und den anderen aus der Welt zu schaffen.

Der Schritt aus dem Dilemma besteht im Übergang vom Entweder-Oder zum Sowohl-Als-Auch. Es gibt bei den Polen kein richtig oder falsch, insbesondere kein gut oder böse. Es kommt darauf an, die Zusammengehörigkeit der Pole zu begreifen, ihr gegenseitiges „Einander-Bedingen". Dabei ist es nützlich, polar sehen zu lernen, also zu lernen, bei jeder Betrachtung auch den Gegenpol mitzusehen (ying/yang, Tao-Lernen). Auf der Handlungsebene ist es entscheidend, zu beachten, dass die Pole zwar gleichzeitig vorhanden sind, aber nur nacheinander integriert werden können.

Grundpolaritäten im Coaching mit System sind beispielsweise: Kreativität-Systematik, Individuum-System, Theorie-Praxis, Zielstrebigkeit-Absichtslosigkeit, Optimierung-Fehlerfreundlichkeit, Stabilität-Flexibilität, Gleichheit-Ungleichheit, Fremdheit-Zugehörigkeit.

Politik

Es gibt eine „Polarität des Politischen", die sich in zwei entgegengesetzten Politikverständnissen widerspiegelt. Das eine definiert Politik als Vertretung von Eigeninteressen, bei der das „wer" wichtiger ist als das „was"[131]. das andere begreift Politik als Weg vom Beteiligtsein zur Beteiligung, als Einflussnahme auf die eigenen Lebensbedingungen und als Ausbalancierung von Eigeninteresse und Gemeinschaftssinn.

„Wer weiß, vielleicht ereignet sich im Zusammenspiel zwischen den klugen Kindern der Postmoderne und den desillusionierten Vätern der Revolte doch noch jene Wiederentdeckung des Politischen, jenseits von Vulgärliberalismus und autoritärer Staatsgläubigkeit, deren Vision die pragmatische Veränderung der Gegenwart wäre. Politisch im Sinne von: im Dschungel der Einzelinteressen Prinzipien, die den Gemeinsinn stärken, öffentlich verhandeln" *(Reinhard Mohr)*. Beispiel: OpenSpace-Konferenz.

Praxis

Praxis wird oft verstanden als das Gemachte, das Handfeste, Vorzeigbare, das Technische. Ein Freund, technischer Betriebsleiter einer radiologischen Gemeinschaftspraxis (!) neigt dazu, alles das als „praktisch" oder Praxisbezogen anzusehen, was er technisch lösen kann – und auf diesem Gebiet kann er fast alles lösen. Theoretisch und eher abstrakt sind für ihn Emotionen, nicht-technische Kommunikation, Psychologie.

Führungskräfte aus der Wirtschaft nennen sich gerne „die Praktiker", um sich von Wissenschaftlern, Politikern und Normalbürgern – also von fast allen anderen, die nicht betrieblich tätig sind – abzugrenzen.

Wir legen hier einen anderen Praxisbegriff zugrunde. Unter Praxis verstehen wir in erster Linie den Kontakt zur Realität: das real Getane und Wahrgenommene, im Gegensatz zum Gedachten, Gewollten, Erklärten, Gutgemeinten. *Edwin C. Nevis* pointiert diesen Unterschied als „Rechtschaffenheit: der Feind des Bedauerns".[132]

„Wir leben auf zwei Ebenen. Einmal ist da die Realitätsebene, auf der wir Berührung haben mit unseren eigenen Gefühlen, mit unseren Sinnen, mit dem, was in unserem Körper geschieht, mit dem was um uns herum vorgeht. Zum anderen gibt es die Ebene, die wir wohl die Denkebene nennen, auf der wir uns selbst – und damit auch unsere Umwelt – ernsthaft beschummeln. Das ist der Raum, wo wir grübeln....

Das ist die Ebene, auf der wir uns selbst krank machen, indem wir das, was wir sind, terrorisieren mit allem was wir sein möchten und müssen. Elefanten versuchen nicht, Giraffen oder Schwalben zu werden. Radieschen versuchen nicht, Rote Beete zu werden. Aber wir versuchen zu sein, was wir nicht sind."[133]

Prozessuales Arbeiten

Prozess und Konzept sind „Zwillinge" nämlich „gleich" und dennoch nicht dasselbe! Der Prozess ist meine Partnerin, nicht mein Gegner und nicht mein Spielzeug.

Selbstorganisation

Das Prinzip der Selbstorganisation ist für die belebte wie die unbelebte Natur ebenso elementar – es hat die Aufgabe, komplexe Strukturen zu erhalten und auch weiterzuentwickeln. Soziale Systeme mit ihren hochkomplexen Organisationsstrukturen verhalten sich im Idealfall nach dem Prinzip der Selbstorganisation, um ihre Weiterentwicklung in der Balance zwischen Ordnung und Chaos zu sichern.

Skulpturen als Coaching-Methode

Berufliche Interaktionsprozesse, Ein-Stellungen, Haltungen und Kontakte können im Coaching so verlangsamt werden, dass sie für einen Augen-Blick zu einem Standbild gerinnen. Die sichtbare und einfühlbare Skulptur bildet als Moment-Aufnahme einen herausragenden Bezugspunkt für die diagnostische, auswertende und zielentwickelnde Reflexionsarbeit.

In einem Team hat jeder ein inneres Bild über die Art und Weise der Kommunikation und Zusammenarbeit im Team. Sowohl über die Grund-konstellation als auch über die Interaktionszusammenhänge in konflikt-haften Szenen. Skulpturen können phasenweise aufgebaut und weiterent-wickelt werden (> Design-Seminare).

Durch Hinzunahme von verlangsamten und schneller werdenden Be-wegungen kann die Dynamik der ‚gestellten' Konstellation deutlich wer-den. Den Positionsinhabern können auch Aussage, Begriffe und Sätze in den Mund gelegt werden. Dann wird aus dem Standbild ein Bewegungs- bzw. Sprachbild. Ein solcher Aufbau repräsentiert, oft sehr plastisch und anschaulich, die dynamische Komplexität des Teamgeschehens. Inhalts- und Beziehungsebene der Interaktionen werden begreifbarer.

Spiel als System-Lernen

Spielmethoden sind eine Hauptstraße auf dem Weg zur Systemkompe-tenz. Als Simulation sozialer Realität sind sie Lernraum für Selbsterfah-rung und Kompetenzerwerb. „Das Spiel ist eine ernste Sache und folgt seinen eigenen Regeln. Gerade das Rollenspiel ist als Simulation da-durch so realitätsnah, dass es ein eigenes dynamisches System ausbildet, das den Gesetzen realer Systeme folgt. So erscheinen den Spielern Ge-fühle, Rollenerwartungen oder typische Verhaltensmuster manchmal erschreckend echt. Der Unterschied zu echten Erfahrungen kann in ei-nem intensiven Rollenspiel bis zur Unkenntlichkeit verschwinden." „Beim spielerischen Umgang mit sozialen Rollen lernen Menschen nicht einfach nur soziale Spiel-Regeln kennen. Sie erfahren zugleich, wie sie sich als Person in bestimmten sozialen Situationen verhalten und wie ihr Verhalten auf andere Personen und auf Handlungsabläufe wirkt." Der Spielende befindet sich in einer Doppelfunktion als Teilnehmer, als Mitglied des Systems und Beobachter des Systems. „Er greift in die Spieldynamik ein – und sei es durch Nichtstun – und erfährt die Wirkungen seines Handelns im System darüber, wie andere sich ihm gegenüber verhalten."

Das Spiel als systemische Lernmethode umfasst eine große Bandbreite zwischen frei improvisiertem Stegreiftheater und hochstrukturierten Rollenspielanleitungen. Klassisches Beispiel ist das epische Theater von Brecht, das die „Behandelbarkeit" der sozialen Welt erfahrbar machen und den Zuschauer zum begreifen und eingreifen befähigen soll. Die Teilnehmer erleben eine dialektische Spannung von Eingebundensein und „Täterschaft" (Gestaltungsmöglichkeiten). „Damit ist das Spiel das prädestinierte Lernfeld für die Ausbildung sozialer Kompetenzen im Umgang mit komplexen Systemen (Systemkompetenz)" (Vgl. *Manteufel/Schiepek*: Systeme spielen, S. 80-82).

Szenisches Verstehen

Bei sogenannten Kopfmenschen liegt die bildliche Vorstellungskraft oft brach. Um das Denken und Kommunizieren in Bildern zu fördern, finden wir in Augusto Boals Ansatz des „unsichtbaren Theaters" wichtige Anregungen (> Bemerkungen zu den Übungen). Dort wird im Spiel „dialogue of images" die Nutzung nonverbaler Interaktionsformen trainiert. Aufbauend auf Übungen der Selbstauseinandersetzung *(physical monologue)* entwickelt er das körperliche Zusammenspiel *(physical dialogue)*. „Die Bilder, die wir mit Hilfe unseres Körpers auf der Plattform ‚Theater' bauen, unterscheiden sich von den Begriffen, die wir normalerweise zur Verständigung nutzen: Sie sind vielschichtiger, reicher an Konnotationen und so auf vielfältige Deutung angelegt."[134]

Theorie

Der Begriff wird oft mit Abstraktion verwechselt und dann für überflüssig erklärt – für fundiertes Coaching wäre das tödlich, denn dann gerät es in die „Praxisfalle". Das Wort theorein bedeutet im Altgriechischen das Durchschauen der Wirklichkeit und des Handelns. „Theorie ist die Kraft, offen, vielschichtig, komplex, historisch und selbstkritisch nachzudenken. Indem wir uns theorie-fähig machen, überwinden wir den Zustand des relativ blinden und dadurch auch begrenzten Handelns. Durchschauen des Alltags. Aus Neugier. Aus einer Haltung der Reflexion."[135]

Es wäre ein fataler Irrtum für den Coach, anzunehmen, Orientierung auf die Praxis (prattein bedeutet im Altgriechischen Handeln) schließe Theorie aus. Gute Praxis hat Theorie, d.h. sie wird durchschaut. Theorie vertieft die Praxis und macht sie dadurch erweiterungsfähig. Erst dadurch wird im Coaching die Selbst-Begegnung ermöglicht, die Sicherheit und Veränderungsbereitschaft erzeugt. „Das Vermögen unverhüllter Selbstwahrnehmung steigt und fällt mit dem Grad an Sicherheit, den Menschen jeweils erreicht haben." *Norbert Elias*

Vertrauen

Die Anwendung psychologischer Tricks führ schnell zu der Einstellung „der Zweck heiligt die Mittel". Der konsequente Verzicht auf manipulative Tricks setzt Vertrauen in das Arbeitsbeziehungs- oder Klientensystem voraus. Auch das Versprechen von Erfolgsgeheimnissen und „golden rules" ist eine zweifelhafte Sache. Wir halten mehr von Aufrichtigkeit und Verankerung im Existentiellen. Wir vertrauen darauf, dass Wahrhaftigkeit und Authentizität förderlicher für soziale Systeme sind als zwanghafte – und dabei oft hilflose – Steuerungsversuche. Statt mit *Lenin* halten wir es mit *Sprenger – „Kontrolle ist gut, Vertrauen ist besser".*

Zielorientiertheit

Ziele sind in gewisser Weise die Basis menschlichen Handelns. Als Bedürfnisbefriedigung, als egoistische, als soziale und als ethische Ziele. Ziele sind einerseits von fundamentaler Bedeutung, andererseits müssen sie immer in ihrer Relativität gesehen werden. Auch wenn wir konsequent und vermeintlich „unbeirrbar" unsere Ziele verfolgen, kann es angebracht sein, sie situativ zu modifizieren. Wenn wir Ziele zu hoch setzen oder sie zu schnell erreichen wollen, bleibt nicht nur der Erfolg aus, dann können wir auch abstürzen.

Ein Ziel hat keinen Sinn in sich selbst, sondern wird sinnhaft erlebbar auf dem Weg dorthin, in einem Prozess. Zieldefinitionen sind abstrakt, Wege zum Ziel sind erfahrbar. Sie sind die wesentliche Qualität für ein Ziel.

Auch hier begegnen wir einer Grundpolarität, die von uns fordert, die Ambivalenz zwischen der Verfolgung von Zielen und einer manchmal auch absichtsfreien Haltung zu ertragen. Es gilt, Zielstrebigkeit mit der Gewährung und Pflege von Entwicklungsräumen zu verbinden, bei denen nicht garantiert ist, „was dabei heraus kommt".

Schneckensieg – oder der schnelle Weg zum Ziel?

Teil VI – Coaching-Praxis

Heinrich Fallner/Michael Pohl

> *Die Besonderheit sozialer, d.h. menschlicher Systeme besteht in ihrer Fähigkeit zur Selbstreflexion, sowie der Fähigkeit, Symbole zu schaffen, diese aufzunehmen und zu interpretieren.*[136]

Im Praxisteil dokumentieren wir erstens exemplarische Anwendungen von Coaching mit System, die wir in verschiedenen Bereichen durchgeführt haben *(Live-Berichte)*. Wir beschreiben zweitens eine Auswahl oft erprobter analog-systemischer Übungen unterschiedlichen Komplexitätsgrades. Im dritten Abschnitt stellen wir einige unserer Konzeptions- und Arbeitspapiere vor. Wir laden die LeserInnen ausdrücklich ein, die Arbeitspapiere für den Seminargebrauch zu vervielfältigen – unter Angabe der Quelle, versteht sich.

Erläuterungen zur Anwendung

Manche der hier vorgestellten Übungen und Settings sind leichtgängig und situativ flexibel in vielen Beratungs-, Trainings- und Ausbildungssituationen einsetzbar. Andere sind sehr komplex und werden sinnvollerweise nur eingesetzt, wenn genügend Zeit zur Verfügung steht.

Generell sind jedoch einige Punkte zu beachten, wenn die Methoden ihre volle Wirksamkeit entfalten sollen:

- Um wirkliche Beteiligung zu erreichen, werden die TeilnehmerInnen explizit um ihr Einverständnis gebeten. „Wir schlagen Ihnen ein Experiment im analogen Erfahrungsraum vor. Möchten sie sich darauf einlassen?" Dieser kleine, aber entscheidende Kontraktierungsschritt erzeugt Verbindlichkeit. Ohne die innere Bereitschaft, sich auf den jeweils nächsten Schritt einzulassen und ihn zu tun – also Commitment – funktionieren die Methoden nicht oder sie bleiben oberflächlich. Falls die Kontraktfrage mit Ablehnung oder deutlicher Skepsis beantwortet wird, empfiehlt es sich, zunächst auf den gewohnten Ebenen (Sprache, Dialog) zu arbeiten.

163

- Die Bedeutung des Settings. Es ist wesentlich, Struktur und System der Methoden – vor allem die konsequente Trennung in analoge und digitale Phasen – einzuhalten. Etwas unbewusst tun und es bewusst tun, hat eine andere Qualität. Die Form verändert die Inhalte und ermöglicht es, ihnen auf eine andere, tiefergehende Art näher zu kommen. Die Schaffung und Einhaltung der Struktur ermöglicht Kreativität und begrenztes Chaos wird. Das Motto lautet: klares Setting – und dann los.

- Die Grundlage (>) szenischen Verstehens und Arbeitens ist das Denken und Kommunizieren in Bildern. Linke und rechte Gehirnhälfte werden angesprochen. Es entstehen andere und zusätzliche Ansätze des ‚Aus-Drucks‘, als es rein verbale Methoden ermöglichen. Dadurch sollen reine Gesprächssituationen nicht aufgehoben werden, sondern um wesentliche Reflexionsansätze und -inhalte angereichert und erweitert werden. Für die sprachliche Auswertung gilt immer der Satz von Augusto Boal: „First describe whatever you see, then interpret!"

Coaching-Medien

Grundsätzlich kann alles im jeweiligen Raum Vorhandene zum Medium werden. Bewährt haben sich besonders einige leicht zu handhabende Medien, die vielseitig einsetzbar sind und die stets zur Hand sein sollten: das Coaching-Seil, der Coaching-Stab und der Coaching-Ball.

Das Coaching-Seil ist 3m lang und aus weichem biegsamem Material. Bei seinem Einsatz sind der Fantasie keine Grenzen gesetzt. Es regt an zum Verbinden, Verknüpfen, Begrenzen, Umschlingen, Balancieren, Ziehen, Verknoten, u.v.m. Einige typische Anwendungsmöglichkeiten wie Auslegungen, Wegmarkierungen und Interaktionssequenzen werden in den Live-Berichten und Übungen geschildert.

Der Coaching-Stab ist ca. 100 cm lang, hat einen Durchmesser von 2,5 cm, ist aus Kunststoff und an den Enden abgerundet. Er symbolisiert beispielsweise die starre, stabile Verbindung in der Polarität zu Seil oder wird für Führung genutzt. Der Coaching-Ball sieht aus wie ein handelsüblicher Tennisball – das liegt daran, dass es ein handelsüblicher Tennisball ist. Er eignet sich besonders zum Experimentieren in Grenz- und Krisensituationen (> Trackball).

Arbeit mit dem Coaching-Seil

1. Live-Berichte

Kreatives Coaching mit Design-Studenten

Ausgangslage: Ein Coaching-Tag im Rahmen einer Seminarreihe „Wissenschaftliche Grundlagen der Ästhetik" und „Meilensteine der Ästhetik" an einer Fachhochschule mit 18 StudentInnen des Fachbereichs Design.

Ziel: Berufsbezogene Wahrnehmungsschulung: die eigene Person im sozialen Umfeld als Grundlage der Produktgestaltung. Vorbereitung auf nachhaltige Arbeitsmarktfähigkeit.

Methoden: Arbeit mit Stand-, Bewegungs- und Sprachbildern (>Skulpturen als Coaching-Methode)

Nach der Vorstellung gibt der Coach eine kurze Einführung: „Sie werden von mir keine langen Vorträge hören. Ich arbeite nach dem Konzept der Schaffung von Erfahrungs- und Handlungsräumen. D.h. ich biete Ihnen kreative Wahrnehmungsübungen an und Sie können Sie nutzen.

Wir werden diese Übungen hinterher auswerten und ich werde dann noch Einiges zum theoretischen Kontext sagen und es wird Gelegenheit zur Diskussion geben.

Das übergreifende Thema ist die Gestaltung von Arbeitsbeziehungen: Menschen in Strukturen. Menschen im Umgang miteinander und mit sich selbst. (Plakat) Heutzutage wird allgemein beklagt, dass uns „soziale Kompetenz" abhanden gekommen ist. Gemeint ist die Fähigkeit, mit Menschen, uns selbst eingeschlossen „richtig", d.h. angemessen, umzugehen. Daher ist es wichtig, sich immer wieder die Frage zu stellen:

Was passiert mit den Menschen im Zeitalter der Digitalisierung? Diese Frage stellt sich überall: im Berufsleben, in der Wirtschaft, in Verwaltung und Politik, im hochtechnisierten Alltagsleben und natürlich auch in Kunst und Design – insbesondere im Arbeitsleben.

Ein wichtiges Feld sozialer Kompetenz – und hier sehe ich eine Schnittmenge zum Ihrem Fach, zum Design – ist Kommunikation. Wenn die Rede von Kommunikation ist, werden heute sehr unterschiedliche Bereiche und Ebenen darunter verstanden. Es gibt den immer wichtiger werdenden Sektor der Telekommunikation, es gibt ästhetische Kommunikation, es gibt Werbung als Kommunikation... Ich nehme daher einen Konkretisierungsschritt vor. Wir werden uns heute mit analoger und digitaler Kommunikation im direkten menschlichen Kontakt beschäftigen.

Was verstehen wir genau unter digitaler und analoger Kommunikation?

‚Menschliche Kommunikation bedient sich digitaler und analoger Modalitäten. Digitale Kommunikationen haben eine komplexe und vielseitige, logische Syntax, aber eine auf dem Gebiet der Beziehungen unzulängliche Semantik. Analoge Kommunikationen dagegen besitzen dieses semantische Potential, ermangeln aber der für die eindeutige Kommunikation erforderlichen Syntax.'[137]"

Vorstellungsrunde 1 – digitales Kommunikationsverständnis

Alle TeilnehmerInnen stellen sich wie folgt in verbaler Form vor: „Ich bin ... (Name) und Kommunikation bedeutet für mich in erster Linie ..."

Coach: „Richten Sie jetzt bitte ihre Wahrnehmung auf sich selbst. Nehmen Sie wahr: Wie habe ich mich in dieser Runde vorgestellt? Wie habe ich kommuniziert? Wie geht es mir jetzt?"

Vorstellungsrunde 2 – analoger Kommunikationszugang

Nun eine zweite Runde: „Stellen Sie sich noch einmal vor. Sagen Sie ihren Namen, stehen Sie auf und machen Sie eine Kommunikationsgeste. Keine Sorge, Kein Stress. Auch keine (bewusste) Geste ist eine Geste. Es ist nicht möglich nicht zu kommunizieren. Nehmen Sie einfach den ersten Gedanken. First thought, best thought."

Die TeilnehmerInnen stehen sagen noch einmal ihre Namen, stehen diesmal dabei auf und präsentieren pantomimisch ihre jeweils individuellen Vorstellungsgesten.

„Sie haben jetzt etwas von sich gezeigt. Richten Sie die Wahrnehmung wieder nach innen: Wie habe ich mich jetzt vorgestellt? Wie geht es mir? Wie ist der Unterschied zur ersten Runde?

Nun ein Beispiel für verschiedene Kommunikationsebenen. Getreu dem Grundsatz: ‚Nehmen Sie bei der Auswahl von Beispielen das möglichst Naheliegende, das mit Ihnen zu tun hat' , wähle ich dazu die Varianten, in denen ich Ihnen das Thema vermitteln kann. Dieses Seminar heißt „Grundlagen der Ästhetik" – und ich will Ihnen etwas nahebringen. Das was ich vermitteln möchte, muss ich ausdrücken, kommunizieren. Dazu gibt es verschiedene Möglichkeiten:

- Ich kann es erstens kompliziert und wissenschaftlich ausdrücken, dann könnte es z.B. heißen: ‚Design und Körper aus der Perspektive angewandter Sozialwissenschaft – subjektives Erleben im situativen Kontext als Quelle von Konstruktion der Wirklichkeit.'

- Ich kann es zweitens ganz alltagssprachlich-pragmatisch ausdrücken, dann heißt das Thema: ‚Wahrnehmen – Vergegenwärtigen – Ausdrücken'.

- Und ich kann drittens ein analoges Feld schaffen, in dem die sprachliche Ebene erst ersetzt und dann ergänzt wird. Weil das die wirksamste und anschaulichste Möglichkeit ist, möchte ich Sie jetzt zu dieser dritten Variante einladen:

Selbstwahrnehmung im sozialen Raum (analoger Übungsteil)

Bitte stellen sie ab jetzt für einen begrenzten Zeitraum die Sprache ein und stehen Sie auf. Nehmen Sie Ihren Standpunkt wahr. Nehmen Sie Ihren Standpunkt bewusst ein. Wer will, kann die Augen schließen. In jedem Fall konzentrieren Sie sich auf sich selbst. Nehmen Sie ihren Körper wahr, Ihren Standpunkt, Ihren Atem, usw. Zunächst von innen: spüren Sie Ihren Körper, Ihre Verspannungen, Ihre Energien...

Dann richten sie ihre Wahrnehmung – immer noch mit geschlossenen Augen – auf ihre Grenze zur Außenwelt. Wie fühlt sich ihre Haut an? Wie die Kleidung? Wenn Sie wollen, können Sie Ihre Hände benutzen, um etwas von sich zu fühlen. Wozu haben Sie Kontakt? Was spüren Sie von der Luft, vom Boden, von Temperatur und Energie hier im Raum?

Öffnen Sie jetzt die Augen und richten Sie Ihre Aufmerksamkeit auf sich im sozialen System in diesem Moment. Vergegenwärtigen Sie sich jetzt, dass Sie hier im Seminar in Raum 020 der FH Bielefeld mit 18 anderen Menschen sind und nehmen Sie wahr, was im Moment in Ihnen vorgeht: Gedanken, Gefühle, Assoziationen, Bilder.

Selbstskulptur

Welche Impulse nehmen Sie in sich wahr? Bringen Sie jetzt das innere Bild bzw. den Impuls in einen körperlichen Ausdruck, egal ob Sie im Moment Worte dafür haben oder nicht. Bilden Sie eine Skulptur. Experimentieren Sie ein wenig und bleiben Sie dann in der gewählten Haltung. Sichern Sie Ihre Wahrnehmung und spüren Sie in die Körperspannung. Wo ist die Energie?

Nehmen Sie dann innerlich – zunächst nur für sich selbst – einen Digitalisierungsschritt vor und suchen Sie nach Worten oder Sätzen zu ihrer Selbstskulptur, geben Sie ihr einen Namen."

Skulptur und Interaktion (Dyaden)

Die Selbstwahrnehmung ist wesentlicher Ausgangspunkt der Interaktion. Anweisung Coach: „Finden Sie sich jetzt zu zweit zusammen, verteilen Sie sich im Raum und zeigen Sie sich gegenseitig Ihre Skulpturen nach folgender Systematik:

A nimmt – immer noch ohne Worte – seine Haltung ein und B ahmt sie so detailgetreu wie möglich nach. Wahrnehmung in der Haltung sichern. Dann umgekehrt: B zeigt seine Skulptur, A stellt sie nach. Wieder Wahrnehmung sichern: Was habe ich gesehen? Was habe ich gespürt? Wie ging es mir als Modell mit meinem eigenen Körperdesign? Wie war es, den anderen nachzustellen?

Gehen Sie jetzt auf die digitale Ebene und tauschen Sie sich aus, teilen Sie auch mit, wie ihre Skulptur hieß."

Skulptur und interaktives Design (Triaden)

„Jetzt bilden Sie bitte Dreiergruppen und legen Sie fest, wer A,B und C ist. A ist das Modell – B ist die Designerin – C ist das Material. A stellt sich hinter C, so dass diese/r ihn nicht sehen kann und bringt sich in seine anfängliche Selbstskulptur. B ist Designerin, nimmt zunächst die Gestalt von A aufmerksam wahr und designt C digital-verbal in die Gestalt von A, d.h. sie gibt so lange detaillierte Anweisungen – nur mit Worten, ohne Gesten, bis das „Material" in der exakt gleichen Haltung ist wie das Modell.

Nach dem Prozess nehmen Sie sich bitte Zeit, die Wahrnehmung zu sichern tauschen Sie sich dann sprachlich über ihre Erfahrungen aus. Wie war es, passiv gestaltet zu werden? Wie leicht oder schwierig war es, das Material nur mit Worten zu dirigieren?"

Dann folgt zirkulärer Rollenwechsel, so dass jedes Gruppenmitglied einmal jede Rolle innehatte. Zum Abschluss jedes Prozesses Erfahrungs- und Erlebnisaustausch.

Schließlich das Gleiche noch einmal in der analogen Variante: die jeweilige Designerin darf keine Worte benutzen und bringt C ausschließlich mittels Berührungen und Gesten „in Form".

Systemskulpturen in Großgruppen

Die Gruppen werden aufgelöst und die Gesamtgruppe wird aufgefordert, sich in drei Gruppen a sechs Personen aufzuteilen: Die erste ist das Modell-Team, sie stellt Ihre Einzelskulpturen und setzt Sie zueinander in Beziehung, so dass eine Teamskulptur entsteht. Die zweite Gruppe (B) ist das Material-Team. Die (C) dritte ist das Design-Team. Sie formt das Materialteam (B) nach dem Bilde des Modellteams (A).

Variante 1 – verbal, nur mit Worten. Jeder aus der Design-Gruppe gibt der Reihe nach eine Anweisung.

Variante 2 – analog, nur mit Gesten und Berührungen. Jede Designerin führt reihum eine Intervention durch.

Bevor die Gruppenskulpturen aufgelöst werden, findet jede Gruppe einen Titel für die Skulptur und benennt diese entsprechend.

Auswertungsfragen: Was habe ich erlebt? Wie wirkten sich die beiden Kommunikations- und Gestaltungsmodi aus? Dann Gruppendiskussion unter dem Fokus: wie haben sich verbaler und nonverbaler Ausdruck unterschieden bzw. ergänzt. Welche Unterschiede waren in den verschiedenen Komplexitätsstufen erfahrbar? Welche Erkenntnisse wurden gewonnen?

Abschließend: Stellen einer Gesamtskulptur.

Wahrnehmung als Voraussetzung von Gestaltung (Tafelbild)

- Kontakt zu sich selbst ist gleichermaßen Voraussetzung für bedeutsamen Kontakt zu anderen und zur Umwelt, wie Voraussetzung für gültigen Ausdruck und Gestaltung

- Wahrnehmungsschulung erfordert die Unterscheidung zwischen beschreiben und interpretieren, die immer wieder vertieft werden muss.

- Häufiges Vergegenwärtigen durch Wiederholungen im wechselnden Kontext entwickelt Bewusstheit

- Kommunikation geschieht in zwei Grundformen: analog und digital. Bewusstseinsbildung verläuft nicht nur über die Kognition, sondern auch wesentlich über Analogie. Analoge Ausdrucksformen bleiben 5-10mal länger im Gedächtnis als digitale. Watzlawik-Zitat in F/R S. 79

- Coaching und Supervision als professionelle Gestaltung zwischenmenschlicher Interaktion und Design als Gestaltungsprozess beruhen auf sehr ähnlichen Abläufen.

Kontakt und Bewegung

Thema: Veränderung, Beschleunigung und Beständigkeit

Unter Bezug auf das Tafelbild und aufbauend auf den oben geschilderten Erfahrungen ist das Thema jetzt: der Mensch in industriellen und vorindustriellen Systemen. Der Mensch zwischen Bewegung und Stillstand. Ich zwischen Bewegung und Stillstand.

Raumkontakt in Bewegung

Anweisungen des Coaches: „Gehen Sie bitte durch den Raum ohne zu sprechen: gehen Sie eine Weile und nehmen Sie dabei Ihre Umgebung wahr. Was sehen sie? Vergegenwärtigen Sie sich die Einzelheiten dieses Raumes, ihres momentanen Kontextes. Den Fußboden. Die Wände. Die Einrichtung. Die Fenster. Was ist draußen? Nehmen Sie es einfach wahr und speichern Sie es bewusst.

Kontakt zur Fremdwahrnehmung

Jetzt nehmen Sie – immer noch ohne Worte – die anderen Menschen in diesem Raum wahr. Nehmend Sie objektiv beschreibbare Einzelheiten wahr. Größe. Augenfarbe, Kleidung, Bewegung. Nur die objektiven Fakten. Bleiben Sie in Bewegung und sehen Sie sich gut um.

Selbstkontakt

Jetzt lenken Sie bitte Ihre Aufmerksamkeit auf sich selbst. Wie gehen Sie durch den Raum? Wie atmen Sie? Wie halten Sie Ihren Kopf? Ihre Hände? Wie ist Ihr Bodenkontakt? Spüren Sie Verspannungen? Tut etwas weh? Was fühlt sich gut an? Nehmen Sie sich im situativen Kontext und im sozialen System Seminargruppe wahr. In Bewegung.

Bewegungsvarianten

Probieren Sie jetzt verschiedene Arten sich zu bewegen aus. Unterschiedliche Gangarten. Verlangsamen Sie Ihre Bewegung, werden Sie immer langsamer bis Sie sich wie in Zeitlupe bewegen und fast zum Stillstand kommen – aber nur fast. Beschleunigen Sie jetzt wieder und gehen Sie schnell durch den Raum. Eilig. Hastig. Gehetzt. Achten Sie darauf, sich nicht zu verletzen. Finden Sie zu Ihrem ursprünglichen Tempo zurück und nehmen Sie wahr: Wie ist mein momentanes Tempo? Probieren Sie jetzt aus, sich möglichst weich und fließend zu bewegen. Gehen Sie jetzt eckig, steif und maschinell. Werden Sie zum Roboter. Experimentieren Sie und wechseln Sie ein paar Mal zwischen fließend und eckig. Nehmen Sie den Unterschied wahr.

Bewegung in den verschiedenen Epochen

Gehen Sie jetzt weiter und begeben Sie sich auf eine Zeitreise. Sie sind jetzt in der vorindustriellen Zeit. Es gibt Handwerker, Bauern, Adlige Nichtstuer, Windmühlen. Was meinen Sie, wie die Menschen sich damals bewegt haben? Probieren Sie es aus, Experimentieren Sie... Nun kommen Sie ins Industriezeitalter, es gibt Dampfmaschinen, Elektrizität und Fließbandarbeit. Was meinen Sie, wie haben sich die Menschen bewegt? Versuchen Sie, es auszudrücken... Nun sind Sie im ausgehenden 20. Jahrhundert. In der postindustriellen Gesellschaft gibt es Atomkraft, Weltraumfahrt, Fernsehen, Computer und Telekommunikation. Wie bewegen sich die Menschen jetzt? Drücken Sie es aus. Experimentieren Sie.

Bewegung und Stillstand – Die Säule

Kommen Sie dann langsam zum Stillstand und lassen sie die Eindrücke in sich nachklingen: die Beschleunigung, die Verlangsamung, die Bewegung. Bewegen Sie sich noch ein wenig im Stehen und entwickeln Sie dann langsam die innere Vorstellung einer Säule. *Die Säule als Symbol der Beständigkeit, als wichtigstem vorindustriellem Prinzip.* Stellen Sie sich vor, Sie sind eine Säule, finden Sie die passende Haltung und bewegen Sie sich zwei Minuten lang nicht. Atmen Sie ruhig weiter, achten Sie auf Verspannungen, aber stehen sie still. Nehmen Sie wahr, wie sich das anfühlt?

Kommen Sie langsam wieder in Bewegung und gehen Sie noch einmal durch den Raum, experimentieren Sie noch einmal kurz und finden Sie die Bewegungsart und Geschwindigkeit, die am besten zu ihrem momentanen Erleben passt ... werden Sie dann noch einmal zur Säule: beständig, steinern, tragend. Entspannen Sie sich, lockern Sie ein wenig den Körper, kommen Sie wieder langsam in Bewegung."

Was hat das Thema mit mir zu tun?

Digitaler Erfahrungsaustausch in Dreier- bzw. Vierergruppen: „Was habe ich gespürt und erlebt? Was habe ich gedacht? Wie ging es mir dabei?" Austausch im Plenum zu der Frage: Was hat das Thema mit mir zu tun? Wie sieht es in meinem Leben, in meinem Studium mit Stillstand und Bewegung aus?

Prozessschritt	Coaching/Supervision	Design
1. Wahrnehmung	Ich nehme wahr /Ich sehe (video)	
2. Bewusstheit	Ich spüre die Wirkungen des Systems auf mich	Ich spüre die Wirkungen der Umwelt auf mich
3. Verarbeitungsprozess	Ich habe Resonanz, in mir schwingt etwas mit	
4. Kontakt und Ladung	Ich habe einen Impuls zum Handeln	
5. Handlung/Aktion	Ich interveniere	Ich gestalte Produkte

Verlauf des Erkenntnis- und Produktionsprozesses:

- Erinnern – Vergegenwärtigen – Benennen. (Wenn an vorhandenem Material gearbeitet wird)
- Wahrnehmen – Vergegenwärtigen – Ausdrücken (Wenn mit neuem Material gearbeitet wird)
- Bewusstheit und Kontakt sind zentral sowohl für Gestaltungsprozesse im Design als auch in Supervision und Coaching
- Sinn der Arbeit mit dem eigenen Körper: Alle Erfahrungen sind verkörpert, das heißt: im Körper als Erinnerungen gespeichert. Sie können also über analogen Ausdruck abgerufen werden. *(Feldenkrais, Perls, Boal, Fallner)*

Präsentationen I – Meine vier Seiten

Ausgangsfragen: Wie komme ich in die Mitte? Wie werde ich sichtbar am Markt? Was habe ich im Angebot?

Körperlich-beweglicher Einstieg ohne Worte: Je 5 TN bilden eine Gruppe. Eine Person (A) stellt sich in die Mitte. Die anderen (B,C,D,E) positionieren sich an den vier Seiten von A: B stellt sich links von A, C stellt sich rechts von A, D stellt sich vor A, E stellt sich hinter A. Wahrnehmungsphase: B,C,D und E konzentrieren sich ganz auf die jeweilige Seite von A und nehmen sich eine Minute Zeit, um ihre direkte Resonanz darauf zu spüren. Jeder entwickelt innerlich daraus ein Wort und eine Geste.

Auf Anweisung von A („jetzt!") treten alle einen Schritt von A weg, sagen ihre Worte, zeigen ihre Gesten und bleiben einen Moment in der Position. A hat die Gelegenheit, die Spiegelung seiner vier Seiten zunächst von innen zu sehen. Dann tritt A aus der Mitte und betrachtet die Resonanzskulpturen von außen.

In vier weiteren Durchgängen wechseln die TN zirkulär die Positionen. Als nächstes geht B in die Mitte, dann C usw. Danach Austausch zu den fragen: Was habe ich erlebt? Was habe ich Neues entdeckt? Worüber bin ich erschrocken? Was hat mich überrascht?

Variation: Umfangreiche Resonanz

Wenn die Gruppe größer ist, z.B. im Coaching-Training, besteht die Möglichkeit für Einzelne, sich von der Gesamtgruppe Resonanz geben zu lassen. Wer das möchte, geht in die Mitte und die anderen TN verteilen sich auf die vier Seiten. Die Gesamtrückmeldung bietet dann für die Person in der Mitte ein sehr reichhaltiges Spektrum.

Präsentationen II – „Anziehungskräfte"

Erweiterung der „vier Seiten" für Freiberufler, Kleinstunternehmer und alle, die für sich am Markt darstellen wollen: *„Ich bin eine lebendige Akquise – welche Anziehungskräfte habe ich?"*

Jeder Teilnehmer hat 20 Minuten Zeit, anhand des vorhandenen Materials (Flipchartbögen, Ölkreiden, Filzstifte, Klebeband, Kärtchen usw.) seine vier Seiten (z.B. als Coach) zu gestalten. Die Art der Gestaltung ist nicht vorgegeben, der Phantasie sind keine Grenzen gesetzt (Malen, Schreiben, sich Plakate umhängen, sie auf den Boden legen...).

In Fünfergruppen präsentieren die TeilnehmerInnen nacheinander ihre vier Seiten und stellen sich – im wahrsten Sinne des Wortes – dazu. A beginnt, B,C,D und E gehen zu der Seite, die sie am meisten anzieht und erläutern, worin die Attraktion für sie besteht.

Variation: Umfangreiche Resonanz

Es besteht die Möglichkeit, von der Gesamtgruppe zu erfahren: „Wie ist die Attraktivität meiner professionellen Seiten, die ich zeige, beschaffen?" Wer will, geht in die Mitte, präsentiert seine Seiten und steht dazu. Die anderen TeilnehmerInnen nehmen wahr, welche Seite sie am meisten anzieht, verteilen sich entsprechend und geben der Person in der Mitte nach Aufforderung Resonanz in Worten und Gesten.

Für das „sichtbar werden" in der Akquise können die Erfahrungen resümiert werden: „Was sind meine vier Schlüsselworte?" Für den zukünftigen self-support gilt dann: „Meine vier Seiten sind wie vier Coaches."

Präsentationen III – „Visitenkarte"

Ein Beispiel aus dem Team-Coaching mit Wirtschaftsstudierenden

„Jede/r nimmt sich jetzt ein Blatt Karton oder Papier (DIN A4) und faltet es zweimal, also auf Postkartengröße." Der Coach zeigt ein vorbereites Exemplar, während er die Übung weiter erläutert:

„Nun überlegt sich jede/r ein Symbol für seine momentane Situation. Das malen Sie auf die Vorderseite. Auf die Rückseite schreiben Sie einige Fakten über sich: Name, Semester, Wohnort, Herkunftsort, ich studiere Wirtschaft weil:.... Auf die Innenseite links kommt eine Rubrik: Was sind meine Stärken? Innenseite rechts: Was sind meine kleinen Schwächen?

Bevor Sie beginnen, nehmen Sie sich etwas Zeit. Achten Sie darauf, wie sie sitzen, wie Sie atmen und fangen Sie mit dem Symbol an? Wenn Sie wollen, schließen Sie kurz die Augen, um herauszufinden, welches Symbol hier und in diesem Moment gerade zu ihnen passt. Sie haben 10 Minuten Zeit.

Dann setzen sie sich mit dem Nachbarn zusammen und stellen sich anhand der Visitenkarte gegenseitig vor. Vorgabe – also kommunikationspflichtig – ist die Vorstellung des Symbols und der Daten. Was von dem anderen Sie Ihrem Partner mitteilen möchten, bleibt Ihnen überlassen. Nehmen Sie wahr, wie Sie sich entscheiden.

Sie haben zehn Minuten Zeit. Kommen Sie kurz miteinander ins Gespräch."

Nach einer kurzen Runde: „Was war für mich interessant? Wie habe ich mich entschieden?" Stellt im Plenum jeder seinen Partner anhand der erhaltenen Informationen in der Ich-Form vor.

Erweiterungsvariante

In Trainingsgruppen kann die Übung je nach Phase im Prozess und je nach Situation variiert oder erweitert werden. Die Visitenkarte kann mehrere Informationsfelder haben, z.B.

ich als Person	ich im Beruf
ich in der Familie	ich in der Gesellschaft

Wie präsentiere ich mich derzeit in diesen Systemen, ausgedrückt in jeweils einem Symbol und einem Begriff? Auf welche „Präsentations-Spur" bin ich im Austausch zu zweit gekommen?

Betriebserfahrungen

Coachingeinheiten mit Betriebswirtschaftsstudenten. Ziel: Integration und Reflexion von betrieblichen Erfahrungen und Selbstkonzept. Anwendbar in unterschiedlichen Ausbildungen mit Praxisbezug. Einstieg mit der Übung (>) „Visitenkarte".

„Push & Pull" – Der Umgang mit Druck

Stehen Sie bitte auf, finden Sie sich zu zweit zusammen, stellen Sie sich nebeneinander und haken Sie sich kurz ein. Verständigen sie sich darüber, wer A und wer B ist. Bitte nicht sprechen während dieser Übung. Bleiben sie einen kurzen Moment so stehen. Jetzt beginnt A ein wenig zu ziehen, B bleibt regungslos stehen und nimmt die Situation wahr. Keine Kraftprobe bitte. Experimentieren Sie nur ein wenig und achten Sie dabei auf sich selbst: was für Gefühle kommen bei mir in dieser Situation? Wie geht es mir damit? Jetzt bitte wechseln: B zieht und A bleibt passiv.

Halten Sie kurz inne, probieren Sie dann kurz eine andere Variante: Der entgegengesetzte Vorgang: A übt Druck auf B aus. Wieder keine Kraftprobe. Deuten Sie es an. Andeuten, aber deutlich. Nun wieder umgekehrt: B übt Druck aus und A bleibt passiv.

Auswertung zunächst zu zweit: Wie ist das, wenn an mir gezogen wird? Wie ist es, wenn ich ziehe? Wie reagiere ich auf Druck? Womit komme ich besser klar?

Auswertungsfragen im Plenum: Welche Muster im Umgang mit Druck und Zug sind erkennbar, die auch in Arbeitsbeziehungen wirksam werden?

Life-map – „Eintragungen in meine Lebenslandkarte"

Material: Papier DIN A2 und DIN A4, Filzstifte oder Ölkreide, Spielsteine.

Treten Sie bitte in Kommunikation miteinander und bilden Sie drei Vierergruppen. Sie erhalten pro Gruppe ein großes Blatt und pro Person einen Kreidestift. Entscheiden Sie sich in Ruhe für eine Farbe. Jede Gruppe sucht sich ihren Platz.

Lassen Sie nun alles so liegen und wenden sie sich unter dem Fokus ‚Begegnungen in meinem Leben' Ihren Erinnerungen zu: Welche Erinnerung habe ich an Begegnungen seit Beginn des Studiums? – Finden Sie dazu ein Symbol. Gehen Sie dann weiter zurück in die Schulzeit – welches Symbol fällt Ihnen ein? Und dann schauen Sie quasi mit dem Fernrohr in die Kindheit. Welches Symbol fällt Ihnen dazu ein?

Dazu können Sie diesen Raum verlassen, Sie können auf und ab gehen oder sich draußen irgendwo einen Platz suchen. Finden Sie zu jedem der drei Bereiche ein Symbol, das jetzt, hier und heute für Sie passend ist. Nehmen Sie sich dazu ein zweites Blatt (DIN A4) und halten Sie die Symbole fest, um sie ‚nicht zu verlieren'. Sie haben dazu 10 Minuten Zeit – Zeitvergleich.

Beim Wiedertreffen malt jeder seine Symbole irgendwo auf die gemeinsame Kommunikationsfläche, auf das große Blatt. Wenn das geschehen ist, nehmen Sie eine andere Farbe und verbinden alle Symbole miteinander. Jetzt haben Sie eine Vernetzung. Der erste nimmt einen Spielstein und setzt ihn auf ein fremdes Symbol. Derjenige auf dessen Symbol die Figur steht, berichtet, was das Symbol für ihn bedeutet und was er damit verbindet. Die anderen fragen nach – sprechen Sie darüber. Dann geht der nächste auf ein anderes Symbol – nicht auf die eigenen – usw. Sie haben dafür 25 Minuten.

Im Plenum kommt es zu Mitteilung und Austausch: „Was war für mich interessant? Mit welchen Gefühlen, Handlungen und Zielen sind wir in Kontakt gekommen? Welche Unterschiede und Gemeinsamkeiten haben wir entdeckt? Welche Zusammenhänge gibt es zu Begegnungen auf der betrieblichen Ebene?"

Variationen

Je nach Trainingsziel und Schwerpunkt können andere Fokussierungen gewählt werden: Konflikte, Erfolg/Misserfolg, Geborgenheit, Herausforderungen, Erfahrungen mit Autoritäten, etc.

Familienbetrieb I – Rollen in der Familie

Vielleicht fragt sich der eine oder andere, wieso geht es jetzt um die Familie – ich studiere doch Betriebswirtschaft? Die Familie ist die erste Gruppe, die wir erleben – das erste Team, in dem wir uns zurechtfinden müssen. Die Familie wird stark von wirtschaftlichen Gesichtspunkten bestimmt, wie ein Betrieb. Andererseits haben betriebliche Strukturen oft Analogien zu Familien („Wir sind alle eine große Familie"). Besonders eng verwoben ist beides im Familienbetrieb.

Brainstorming Rollensammlung

Was für Rollen, kann es in Familien (und sonst) geben? (Geldverdiener, schwarzes Schaf, die Vermittelnde, der Clown, das Nesthäkchen, der Nörgler, die Gesellige...)

Nehmen Sie ein Blatt, zeichnen Sie eine Fläche ein. Tragen Sie sich und die Mitglieder ihrer Familie ein. Wer hatte welche Rolle? (Wie haben Mutter und Vater kooperiert? Wie wurden Konflikte ausgetragen?) Dann gucken Sie einmal: Welche Organisationsberater hat es gegeben? (Tante Frieda? Der Nachbar?) Welche Einflüsse gab es aus dem Kontext auf das System? Sie haben dafür 10 Minuten.

Dann werden Triaden gebildet, möglichst neue Konstellationen. Rollenverteilung: A) stellt sein Rollenbild vor. B) hört zu und fragt nach. C) ist stiller Beobachter und achtet auf die Zeit – 10 Minuten. Dann Rollenwechsel reihum.

Plenum: Was war interessant für mich? Was für Unterschiede habe ich festgestellt? Wie könnten sich die erlebten Rollenmuster auf betriebliche Kooperation auswirken?

Familienbetrieb II – Klima und Rollen im Betrieb

Wer hat schon mal in einem Betrieb gearbeitet? Ausbildung, Praktikum, Nebenjob. Entscheiden Sie sich innerlich für einen Betrieb. Nehmen Sie ein Blatt und drei Farben – stop, erst beginnen, wenn sie sich erinnert haben – Vergegenwärtigung – jetzt schließen Sie kurz die Augen, achten Sie auf Ihren Atem. Atmen Sie etwas bewusster als sonst ein – und ausatmen.

Was kommt Ihnen in den Blick? Was fühlen Sie dabei? Wie war das Betriebsklima? Wie war die Atmosphäre? Welche Rolle(n) hatten Sie? (Soziale Rolle im weitesten Sinne) Suchen Sie nach einer Bezeichnung für Ihre Rolle und bringen Sie das Betriebsklima in ein Wappen:

- Welches Image hat der Betrieb Ihnen gegenüber gezeigt?
- Wie haben Sie das Image erlebt?
- Wie sind Sie ihm begegnet?

Zeichnen Sie das Systemwappen des Betriebes

Dyaden usw. – Vielleicht werden schon Verbindungen zur Familie deutlich.

Klärungen – Erfolg/Misserfolg

Coachingsequenz in einem Lehrerteam. Anwendbar in Teams und Gruppen verschiedenster Art.

„Bitte schließen Sie die Augen und schauen Sie in sich hinein: fällt Ihnen eine (möglichst berufliche) Szene ein, in der Sie stolz auf sich waren, *in der sie erfolgreich waren?* Dann bitte weiterdenken: Fällt Ihnen noch eine Szene aus der letzten Zeit ein, in der Sie nicht zufrieden mit sich waren, wo Sie etwas in den Sand gesetzt habe*, in der Sie keinen Erfolg hatten?* Wenn die Szenen präsent sind, entscheiden Sie sich bitte, welche der beiden Sie vorstellen und bearbeiten wollen."

Die TeilnehmerInnen bilden Triaden (A/B/C). A stellt seine Szene vor, B fungiert als Coach und fragt nach, C beobachtet, nimmt die Zeit und bildet eine These und eine Bewegung dazu. Das Ganze dauert inklusive Thesenbildung und gestischer Bewegung 15 Minuten. Durch Wechsel der Plätze wird ein deutlicher Schnitt gemacht, bevor zirkulär die nächste Runde beginnt: B berichtet, C ist Coach ...

Nach der Wahrnehmungssicherung („Erkenne ich ein Muster, wie ich mir Erfolg oder Misserfolg organisiere?"), die jeder für sich vornimmt, kommt es im weitergehenden Gespräch in der Gesamtrunde der Beteiligten zur „Mustersammlung" und zu „Mustervergleichen". Ideen über die Entstehung und Quellen solcher Erfolgs- und Misserfolgsmuster werden ausgetauscht.

Hintergrund

Dieser Prozess ermöglicht die Erweiterung eigener Vorstellungen darüber, welche Organisationsmuster für Erfolg und Misserfolg in Systemen vorhanden sind. Für den Coach in Systemen ist das eine bedeutsame Wahrnehmungs-Richtung zur Erweiterung des Diagnosehaushalts.

Ressourcen-Check

Als Einstieg in Teamcoaching-Prozesse und in Sequenzen mit Performance-Charakter (Präsentationen, Produkterstellung):

„Wie stehe ich im Moment zu meinem Team?" Die Teammitglieder stehen auf und beziehen ohne Worte mit Hilfe von Gesten zueinander Stellung. Jedes Teammitglied bildet innere Hypothesen: „Welche Ressourcen vermute ich im Team? Du kannst das gut, du das...Was kann ich denn gut?". Im nächsten Schritt erfolgt die verbale Ressourcenvergegenwärtigung. Jedes Teammitglied teilt den anderen mit: „Ich kann gut...".

Dann analoge Phase: Das Team verbindet sich mit Coaching-Seilen, für jede Verbindung ein Seil, jeder hat ein Seil in jeder Hand, ein Kreis entsteht. Nun beginnen improvisierte Bewegungen ohne Worte zur Musik um analog zu überprüfen, wie die anfängliche Kooperation funktioniert. Geeignet wäre beispielsweise der Song, „You can't always get what you want" von den Rolling Stones, wir verwenden jedoch vorzugsweise „Ganz leicht" von *City:*

„Ich kann eben und ich konnte schon immer,
im Roggenfeld und im Wartezimmer,
an Erlaubnisschaltern und auf langen Bänken
nie anders als ans Fliegen denken.
Und wenn dann immer wieder diese
Flügelschneider und Betonklotzgießer
behaupten, dass die Schwerkraft siege,

dann weiß ich's besser – denn ich fliege.
Ich kann fliegen. Ich kann fliegen."

(Textauszug, Quelle: CD „Rauchzeichen" von City, k&p music 1997)

Nach einigen Minuten der Bewegungsentwicklung fordert der Coach zum Einfrieren auf. Jedes Teammitglied äußert einen Satz: „Ich spüre in dieser Zusammenarbeit...".

Dieser Einstieg kann für konkrete Aufgabenstellungen ebenso benutzt werden wie für die Vorbereitung kreativer Präsentationen.

Variationen für den thematischen Satz:

- „...das kann ich nicht, dazu wünsche ich mir im Team Unterstützung"
- „Im Kontakt zum Team fühle ich mich blockiert und brauche zu einer Lösung für mich..."

Roboter oder „Nr. 5 lebt"

Der Titel bezieht sich auf den gleichnamigen Film von John Badham, indem ein Roboter aus einer neuen High-Tech-Waffen-Serie (Nr.5) durch eine massive „Störung" zum Leben erweckt wird. Er wird vom Blitz getroffen und entwickelt Wissensdurst („Input!") Emotionen und ästhetisches Empfinden.

Setting: Eine Ausbildungsgruppe im Coaching-Training, auch anwendbar in größeren Team. Die Teilnehmerinnen bewegen sich zu zweit (A und B) durch den Raum – ruckartige Musik mit abgehacktem Rhythmus setzt ein (z.B. „Raindogs" von Tom Waits). Die A's spielen Roboter und werden von den B's durch den Raum geleitet.

Eine Weile lang lassen sie sich dirigieren, auf ein Signal hin entwickeln sie Eigenleben, produzieren also eine Störung im bisherigen System. Die B's haben darauf zu reagieren und herauszufinden, wie sie die Roboter so „beruhigen" können, dass sie wieder funktionieren. Fließende, melodische Musik (z.B. „Time" von Tom Waits) unterstützt diesen Prozess. Das Gleiche findet mit vertauschten Rollen noch einmal statt.

Danach tauschen sich Partner über das erlebte aus: „Wie wurde gestört? Wie waren die individuellen Störmuster? Wie konnten die Störungen beseitigt werden?" Jeder versetzt sich in sein Störmuster und zeigt es

dem Partner noch einmal, die Partner übernehmen es probeweise ebenfalls, um sich in dieses „Störmodell" einzufühlen.

Hintergrund

Der jeweiligen Art zu stören und auf Störungen zu reagieren liegen individuelle Bewältigungsmuster zugrunde. Wenn sie erkannt und analog erlebt
werden, kann daraus bewusstes, professionelles Stören werden. Wirksame
Coaching-Interventionen haben oft zunächst systemstörenden Charakter.

Einige Störmuster, die sich in den individuellen Bewältigungshaushal-
ten befinden, stammen aus sehr früher Lebenszeit und frühen Systemen.
Diese (>) Muster waren damals sinnvoll und wirksam. Für neue professionelle Unterbrechungen von Interpunktionen in Systemen sind sie nicht
hinreichend. Zur Ausbildung von (>) Coaching-Kompetenz gehört es, sie
zu vergegenwärtigen und zu überprüfen.

Kontrakt paradox

Im folgenden ein Beispiel für die Verbindung konkreter Vorgaben mit
blühender Phantasie, dass als Tagesabschluss im Coaching-Training verwendet wurde. In Anlehnung an *Fritz Simon* ist unser Motto: Coaching
ohne Humor ist witzlos.

Die TeilnehmerInnen wurden aufgefordert, drei Präsentationsgruppen
zu bilden. Die Gruppen hatten die Aufgabe, kleine Sammlungen von „Er-
folgsrezepten" zu entwickeln und diese dann szenisch darzustellen. Auf
den drei Karten, von denen jede Gruppe eine erhielt, standen folgende
Themenvorgaben:

1. „Trennungsberatung – Wie trenne ich die Kunden am besten von ihrem
   Geld? Drei Wege zum Erfolg."

2. „Wie kann ich mir schon im Kontraktgespräch mit dem System das
   Leben schwer machen? Ein Leitfaden vom IMC (Institut für Masochis-
   tisches Coaching)."

3. „Professionelle Teambeschimpfung – gewusst wie. Sich Luft auf Kos-
   ten des Teams verschaffen und trotzdem weiter kassieren. Kreative
   Methoden für die Praxis."

Zur Einstimmung wurde der Song von City „Wenn ich könnte, wie ich
wollte" verwendet:

182

„Erstmal sehn, wie's kommt/Ist eben so, sind wir gewohnt/Nehmen wir mit/ wissen, wie's läuft/bisschen dran drehn/gar kein Problem/machen wir leicht/Wenn ich könnte, wie ich wollte/wenn ich sollte, was ich kann/dann gäb's Aufruhr und Revolte/dann gäb's Terror, aber dann/Alles klar, wie gehabt/Is' auch was drin, reißen wir ab/Biegen wir hin,/bleibt wie es ist/bleibt unter uns/gar keine Kunst/ aber gewiss/Wenn ich könnte, wie ich wollte/Klarer Fall, da läuft nix schief/ Völlig normal, ha'm wir im Griff/Kannste mit le'm/is' doch bequem/musst dich nicht schäm/liegt am System/Wenn ich könnte, wie ich wollte/Dann gäb's Terror – lasst mich ran!"

(Quelle: CD „Rauchzeichen" von City, k&p music 1997)

Von jeder dieser Präsentationen wurde ein Video gedreht. Als Feedback zur Wahrnehmungssicherung, Ergebnissicherung und Vorsatzbildung – in nicht paradoxer Weise – bot sich so eine Fülle an Material, das mit viel Spaß an der Sache verarbeitet wurde.

Outplacement I – Welchen Weg bin ich gegangen?

Ausschnitt aus einer Coaching-Sitzung, die vorwiegend im Stehen stattfand.

Die Geschäftsführerin (S.) einer kirchlichen Einrichtung ist seit acht Jahren auf ihrem Arbeitsplatz und hat dort erfolgreich gearbeitet. Seit einem halben Jahr behauptet ihr Vorgesetzter, sie sei „ihren Aufgaben nicht mehr gewachsen" und hat Einiges in die Wege geleitet, um sie von ihrem Arbeitsplatz zu entfernen. Sie fühlt sich gemobbt und sucht Unterstützung im Coaching.

In den ersten Sitzungen geht es um den Erhalt des Arbeitsplatzes und um Selbstbehauptung. Nachdem sich herausgestellt hat, dass die Situation nicht mehr zu ändern ist und S. den Entschluss getroffen hat, sich beruflich zu verändern, wird der Beratungsprozess zum Outplacement-Coaching. Neben der Frage, wie sie am vorteilhaftesten aus der alten Stelle heraus und in eine geeignete neue hineinkommt, geht es in der sechsten Sitzung darum, „wie es so weit kommen konnte" – Vergangenheitsbewältigung, um Lehren für die Zukunft zu ziehen.

Der Coach fordert S. auf, das (>) Coaching-Seil dazu zu benutzen, ihren achtjährigen Weg im alten Arbeitsplatz im Raum auszulegen. Zusätzlich gibt es einige Steine, um wichtige Stellen auf dem Weg zu markieren. „Lassen sie sich Zeit, einen geeigneten Ausgangspunkt im Raum zu suchen. Machen Sie mit dem Seil, was Sie wollen. Sie können es legen, knoten, irgendwo festbinden, so wie es Ihnen passend erscheint." S. nimmt sich Zeit und legt einen zielgerichteten, aber kurvenreichen Weg mit vier Markierungspunkten. An einer Stelle führt das Seil unter einem Tisch hindurch. Nach Aufforderung des Coaches stellt S. sich an den Ausgangspunkt. Der Coach steht auch auf und bewegt sich im Raum. „Gehen Sie nun den Weg anhand des Seils noch einmal durch, um festzustellen, wo wichtige Stellen waren, die vielleicht in Vergessenheit geraten sind. Woran erinnern Sie sich? Was löst die Erinnerung heute in Ihnen aus?"

S. nimmt Kontakt zur Situation auf, berichtet und folgt dabei dem Seil. An der Stelle unter dem Tisch sagt sie: „Da war eine Zeit, in der ich mich sehr wohl und beschützt fühlte." Coach (intuitiv): „Gab es zu dieser Zeit auch etwas, das unter den Tisch fiel?" S. nach einigem überlegen: „Nein, das wüsste ich jetzt nicht..." Coach: „Okay, also nichts. Wie ging es dann weiter?" S.: „Moment, jetzt fällt mir ein, da war doch etwas. Die Stellvertreterregelung."

In der digitalen Reflexion stellt sich heraus, dass S. als Nicht-Theologin nach einem Stellenwechsel des theologischen Leiters eine zeitlang stellvertretend die Gesamtleitung innehatte. Daraus entstand ein latenter Konflikt mit dem Nachfolgepfarrer, der die Leitungsstelle dann bekleidete.

S. entdeckte bei sich ein Verhaltensmuster, Konkurrenz und eigene Machtansprüche hinter Harmoniestrategien zu verbergen und wie sie sich durch Nichtgewahrsein dieses Musters selbst in Schwierigkeiten brachte. Sie verließ die Sitzung sehr nachdenklich.

Outplacement II – Wer ist drinnen, wer ist draußen?

Ausgangslage: Team-Coaching in einer Beschäftigungsgesellschaft im Ruhrgebiet. Das Team hat die Aufgabe, Outplacement-Maßnahmen durchzuführen, also bei drohenden Entlassungen in Firmen und Organisationen die betroffenen Mitarbeiter auf neue Arbeitsplätze vorzubereiten. Im Team, das aus acht Mitgliedern besteht, gibt es starke Spannungen, die darin gipfeln, dass zwei Kolleginnen nicht mehr miteinander sprechen.

Der Coach diagnostiziert nach drei Sitzungen, dass das Thema Entlassung und Existenzangst sich auch in der Team-Interaktion widerspiegelt. Die meisten Teamer haben nur befristete Arbeitsverträge. Um die Thematik nachhaltig bearbeiten zu können, schlägt der Coach vor, zwei Sitzungen lang in analogen Erfahrungssettings zu arbeitet. Darauf können sich alle einlassen und es wird vereinbart.

1. Sitzung: Das Team bildet vier Paare, jedes Paar erhält ein (>) Coaching-Seil, die Paare arbeiten parallel im gleichen Raum. Person A legt jeweils das Seil als kreisförmige Grenze um sich herum auf den Boden. Die B's versuchen, die Erlaubnis zu bekommen, in den Kreis zu gelangen.

Sie beginnen mit dem Satz: „Bitte lass mich rein." Die A's haben die Anweisung, sich abzugrenzen: „Nein, bleib draußen." Die Paare haben zehn Minuten Zeit zum Experimentieren und Variieren. Die TN steigen sofort in die Szene ein, lebhaft werden unterschiedliche Strategien entwickelt. Am Ende ist es einem Kollegen gelungen, in den Kreis zu kommen, den anderen nicht.

In einem zweiten Durchgang wird die Situation jetzt umgedreht: Die A's im Kreis sagen: „Bitte komm rein!" und die B's reagieren: „Nein, ich will nicht." Danach kommen die Partner ins Gespräch: „Wie ging es mir drinnen bzw. draußen? Wie war es, nicht hereingelassen zu werden? Wie fühlte es sich an, jemandem den Zutritt zu verweigern? Wo gibt es Bezüge zur realen Arbeitssituation?"

Im nächsten Schritt wird aus drei Seilen ein großer Kreis gelegt. Sieben Teammitglieder im Kreis, eines draußen. Auf freiwilliger Basis kann von außen ausprobiert werden: Wie komme ich ins Team? Drei KollegInnen experimentieren nacheinander: Wie gehe ich am besten vor? Wie reagieren die anderen auf mich? Wer lässt mich rein, wer nicht?

Der Coach fordert dazu auf, die alltägliche Kooperation mit einzubeziehen. Dabei werden problematische Kommunikationsmuster sichtbar: Interaktionen, die nur Energie schlucken und nur wenige, die Ressourcen im Team freisetzen. Die Notwendigkeit der Musterveränderung wird bewusst.

Alte Wege, neue Wege

Ein Drogenberatungsteam. Die Kontaktaufnahme zur letzten Sitzung fällt schwer.

Der Coach gibt als Anregung: „Woran erinnere ich mich? An welche Themen, Szenen, Bilder, Farben? Ich sehe rot ... ich sehe schwarz..."

Das Team sieht grau. Grau für die ausweglose Arbeitssituation. Grau manifestiert im Raum (Sitzungssaal eines Verwaltungsgebäudes).

Coach: „Bitte steht auf und kommt in Bewegung". Die TeilnehmerInnen machen sich auf den Weg durch den Raum. Coach: „Wie sieht es jetzt aus, wenn ihr in Bewegung seid? Wo möchtet ihr heute rangehen?"

Ein Teammitglied: „Ich möchte einen Weg finden, der gut für mich ist."

Coach: „Okay." Er bittet alle anderen, anzuhalten, um die Aufmerksamkeit auf X zu richten. Er zeigt auf einen Punkt auf dem Fußboden. „Hier ist dein Ausgangspunkt. Gehe einmal deinen bisherigen Weg so *wie* du ihn bisher gegangen bist und dann geh den, den du gehen willst, der gut für dich ist. Die anderen beobachten bitte genau die beiden Wege."

Teammitglied X macht sich auf den Weg. Beim ersten Mal hastet sie durch den Raum, um dann dicht vor einer Betonsäule stehen zu bleiben. Beim zweiten Mal einige Schritte, Pause, einige Schritte, Pause, einige Schritte, dann an der Betonsäule vorbei.

Coach zum Teammitglied: „Wie hast du deine beiden Wege erlebt? Was gleich, was war unterschiedlich? Wie kannst du die beiden Wege beschreiben?" Dann zu den anderen: „Wie war die Resonanz auf das Gesehene? Was viel mir auf? Was war typisch, was war untypisch für die Kollegin?"

Danach gehen die anderen ihre individuellen Wege. Jeweils erst den Ist-Zustand, dann die Wunschwege, Verfahren wie oben.

Coach: „Nun macht euch gemeinsam auf den Weg. Stellt euch alle nebeneinander an den Ausgangspunkt und geht eure Wege. Zunächst jeder seinen eigenen alten, dann jeder seinen Wunschweg".

Die TeilnehmerInnen gehen, stoßen zusammen, weichen sich aus, experimentieren, haken sich ein, die Stimmung wird locker und gelöst.

Coach: „Wie korrespondieren die einzelnen Wege? Wie ist der bisherige gemeinsame Weg? Wie kann der gemeinsame Wunschweg für das Team aussehen?"

In einer ausführlichen Auswertung werden die gegangenen Wege mit der Alltagspraxis in Verbindung gebracht, verglichen und erörtert und Folgerungen für die Zukunft gezogen.

Kontext: In dem Buch „Alte Wege, neue Wege" von Günter/Lötscher/ Pohl gibt es viele praktische Beispiele zum Geführtwerden und zum Finden eigener Wege im realen Raum – dort am Beispiel der Industriekultur des Ruhrgebiets.

Coaching und Banking – eine Annäherung

Praxisprobleme bei der Einführung von Coaching und wie sie gelöst werden können. Ziel: Klarmachen, was Coaching ist und die Bedeutung des Coaching-Kontraktes.

Ein Beispiel aus der Praxis der Bankbetriebswirtin Melanie Gajowski

Ausgangssituation: „Kick-Off-Sitzung" für neues Marketing-Konzept in einer Bank. Das Team setzt sich aus Praktikern, in der Regel Filialleitern und Spezialisten aus Fachabteilungen zusammen. Die Teilnahme ist formal nicht verpflichtend. Die Teamleiterin, die verantwortlich für die Vorlage der Konzeption ist, leitet zum ersten Mal ein Team.

Zur ersten Sitzung erscheine alle Teammitglieder, bei der zweiten nur noch die Hälfte, die andere Hälfte hat fadenscheinige Entschuldigungen. In der Sitzung eskaliert die Situation, die übrigen Teammitglieder fühlen sich „veralbert" und stellen die Ernsthaftigkeit des Projektes in Frage. Die Teamleiterin berichtet das „nach oben".

Da ihr Vorgesetzter davon ausgeht, dass es ihr nicht gelungen ist, die Wichtigkeit des Projekts zu vermitteln, bekommt die junge Teamleiterin ein externes Coaching von „oben" verordnet. Sie weiß nicht, was sie erwartet und steht dem Ganzen skeptisch bzw. sogar fast ablehnend gegenüber.

Diese Ausgangsituation wird an der Bankakademie als Trainingsbeispiel verwendet. Die Aufgabe für das Rollenspiel lautet: Wie soll sich der Coach bei seinem ersten Treffen verhalten? In dieser Situation übernimmt Melanie Gajowski die Position des Coach, eine Kommilitonin übernimmt die Rolle der Teamleiterin:

„Zunächst galt es, zwei Missverständnisse auszuräumen: ein Coach wird weder die Kompetenzen seines Gegenüber beschneiden noch handelt es sich bei ihm um eine Kontrollperson.

Bereits während der ersten Sätze wurde klar, dass die Teamleiterin große Befürchtung hat, durch die zur Zurseitestellung des Coach ihr Gesicht zu verlieren und von ihren Teammitglieder nicht mehr für voll genommen zu werden. Ein Coach wird von ihr nicht als Unterstützer des Prozesses gesehen, sondern eher als Störfaktor und Kontrollinstanz. In den der Teamleiterin bisher bekannten Arbeitsumfeldern ist die Funktion des Coach als Prozessbegleiter nicht bekannt. Daher entstehen bei ihr erhebliche Ängste.

Um diese Ängste auszuräumen und der Teamleiterin die Vorteile einer Begleitung durch mich darzustellen, erläutere ich zunächst mein Verständnis von Coaching. dabei gehe ich besonders auf die Aspekte ‚Prozessbegleitung' und ‚Heraushalten aus dem Team' (Beobachtungsfunktion) ein. Ein wichtiger Punkt ist es, der Teamleiterin deutlich zu machen, dass ich keine Lösungen parat habe und auch nicht bereit bin diese stellvertretend für sie zu finden, sondern das ich sie dabei unterstützen werde, eigene Lösungen zu entwickeln.

Abschließend verdeutliche ich, dass wir gemeinsam eine Kontrakt schließen werden, in dem die weitere Vorgehensweise festgelegt wird. Dieser Kontrakt gab der Teamleiterin die nötige Sicherheit, sich auf eine Coachingunterstützung einzulassen."

Der Kontrakt beinhaltet folgendes: Der Coach schlägt der Teamleiterin vor, eine erneute Sitzung einzuberufen und noch einmal „von vorne anzufangen". Sie soll dabei besonders den hohen Stellenwert, den die Konzeptionsarbeit für die Geschäftsleitung hat, verdeutlichen. Außerdem soll sie die Wichtigkeit der Mitarbeit jedes einzelnen Teammitgliedes herausstellen.

Nach dieser Teamsitzung findet eine Coachingsitzung statt, in der sich die Leiterin entscheidet, welche weitere Unterstützung sie von dem Coach wünscht: Will sie reflektierendes Coaching nach den Teamsitzungen oder will sie den Coach lieber in der Teamsitzung dabei haben?

Hintergrund

Wenn Coaching unbekannt ist, oder Vorbehalte bestehen, sind zunächst grundlegende Klärungen nötig. In diesem Fallbeispiel kommt es erstens auf die Entscheidungsfreiheit und Wahlmöglichkeit, zweitens auf die Vereinbarung eines klaren Kontraktes an.

Der Coaching-Prozess ist ein Rückkoppelungsprozess (zirkulär) und nicht ein Prozess mit Ratschlägen (linear).

2. Coaching-Übungen als analoge Erfahrungsräume

Aus den geschilderten Charakteristika des Ansatzes Coaching mit System folgt, dass wir für die analogen Erfahrungsräume, Settings und Übungen kein uniformes Vorgehensraster (Dauer, Material, Ziel, Modus etc.) anbieten. Der Bedarf der LeserInnen nach festen Strukturen und Rezepten ist uns bewusst. Wir erfüllen ihn mit Absicht nur teilweise, um

- schematischen Verfahren keinen Vorschub zu leisten
- und nicht die Illusion zu nähren, für wirksame Beratung brauche man sich Methoden nur „anzulesen".

Dennoch ist immer die Vorgehensweise – manchmal minutiös und millimeterartig, manchmal eher summarisch – beschrieben oder im Blick auf die jeweils ganze Sequenz erkennbar. Alle Settings haben einen klaren Grundverlauf und können je nach Situation variiert, ergänzt und angepasst werden. Manchmal haben wir einige Variationsmöglichkeiten, im Sinne von Anregung, im Text benannt.

Wichtiger als methodische Raster ist eine integrierte (>) Coaching-Kompetenz, die Hand, Herz und Kopf verbindet: eine gute Handwerklichkeit, eine Herzlichkeit für menschliche Ungereimtheiten und ein klarer Kopf. Entscheidend ist auch, das richtige Anforderungs-Maß zu finden, denn

Überforderung führt in die Abwehr oder zur Unterwerfung.

Den analogen Übungen ist eine allgemeine Grundstruktur gemeinsam: 1. Materialhebung und Eigenreflexion, 2. Bearbeitung im Subsystem (meistens Triade), 3. Ankoppelung und Kontaktaufnahme zum Gesamtsystem.

Sie haben unterschiedliche systemische Komplexitätsgrade (Nieder- bzw. Hochschwelligkeit), die je nach Charakter der Anwendungssituation teilweise oder ganz ausgeschöpft werden können.

Anhand einer basalen Reflexionsübung (> „Aufstehen") werden wir zunächst veranschaulichen, welche Komplexität schon in einer auf den ersten Blick ganz einfachen Methode stecken kann. Die Übung kann, wie viele andere auch, als niederschwellige Basisreflexion eingesetzt *und* sie kann – wie hier exemplarisch geschildert – zur intensiven, tiefenden Reflexion genutzt werden.

Aufstehen

Der Coach bittet die sitzenden TeilnehmerInnen aufzustehen. Nachdem sie aufgestanden sind, wenden sie sich dem Stuhl, von dem sie aufgestanden sind, zu und rekonstruieren innerlich, wie sie aufgestanden sind. „Wo begann bei mir die Bewegung des Aufstehens? Wie habe ich mein Gewicht verlagert? Entdecke ich ein Muster? Was ist mir aufgefallen?"

Der Vorgang des Aufstehens ist für uns so selbstverständlich und automatisiert, dass wir diese Fragen zunächst kaum beantworten können.

Der Lehr-Coach fordert die TeilnehmerInnen auf, sich wieder zu setzen, um dann noch einmal ganz langsam – in Zeitlupe – aufzustehen, um diesen Prozess innerlich genau wahrzunehmen.

Dann beschreibt jeder innerlich den Ablauf des Aufstehens. Zum Beispiel: ich lege meine linke Hand auf den linken Oberschenkel, meine rechte Hand auf den rechten Oberschenkel, neige meinen Oberkörper nach vorn, hebe meinen Schwerpunkt (Gesäß) nach oben, dabei übe ich Druck mit den Händen und Armen auf die Oberschenkel aus und richte meinen Oberkörper in dieser Anspannung nach oben auf. Die Spannung lässt nach und ich stehe.

War dieser Prozess angenehm? Gab es schwierige Sequenzen in diesem Ablauf? War es mühsam, war es leicht? Wie bin ich mit meiner Energie und Kraft umgegangen? Ökonomisch und leicht oder aufwendig und schwer? Erkenne ich in meinen Bewegungsabfolgen ein Muster, welches ich in anderen Zusammenhängen meines Lebens und meinen Tätigkeiten in Systemen auch entdecken kann?

Anreicherung durch Rückmeldungen: mit dem eigenen Bewegungsablauf eine andere Teilnehmerin aufstehen lassen. Die eigene innere Beschreibung wird nun zur verbalen Aufsteh-Anleitung für das Gegenüber. Wie gelingt es? Kann die Anleitung in Bewegung übersetzt werden? Das Gegenüber entdeckt im Bewegungsablauf Stark- und Schwachstellen, Energielöcher und Blockaden, Leichtigkeit oder Schwerfälligkeit und so weiter.

Dieses Erleben wird zurückgemeldet und gibt der Anleiterin Möglichkeiten zum Vergleich mit dem eigenen Erleben. Vergegenwärtigte Unterschiede oder Übereinstimmungen sind eine gute Grundlage für Entscheidungen zum Beibehalten oder zum Verändern.

Hintergrund

In der Verlangsamung liegt die Chance der Wahrnehmungserweiterung. Dies ist Voraussetzung für die Vergegenwärtigung innerer und äußerer Prozessabläufe. In der Verlangsamung sind Muster, typische Ersatzhandlungen und unökonomische Bewegungsabläufe erkennbar. Die innere Wahrnehmung und deren Vergegenwärtigung führt zu einer genaueren Wahrnehmung von Bewegungs- und Handlungsabläufen bei anderen.

In der Verlangsamung liegt der Beginn diagnostischer Schnelligkeit in Beratungsbeziehungen. Wir können wieder in Kontakt mit Spuren und Aspekten unseres Bewältigungshaushaltes kommen. Entscheidungen werden möglich. Vieles ist nicht mehr veränderbar, aber es ist wieder in bewusster Weise angekoppelt.

Rückkoppelung ist die Nahrung für Kompetenz-Entfaltung. In diesem alltäglichen und existenziellen Vorgang des Aufstehens sind bereits viele unserer inneren Annahmen, Möglichkeiten und Begrenzungen verkörpert. Durch den angebotenen Erfahrungsraum „Aufstehen" ist das Selbstverständliche wieder entdeckbar (*Moshe Feldenkrais).*

Variante: Aufstehen aus dem Stuhl – wie stehe ich auf – Austausch – gegenseitig vormachen – beibringen – Brainstorming an der Tafel. Ein Text zum Thema Aufstand. Wahlweise: Mach keinen Aufstand. Wir proben den Aufstand. Aufstehen und sich wi(e)der setzen.

Rund oder eckig

Anwendung: Diese Übung ist für Einstiege in Gruppen- und Teamarbeit aller Art geeignet.

Dauer: je nach Variante 20-40 Minuten

Jeder Teilnehmer bekommt ein rundes und ein viereckiges Kärtchen (z.B. aus Moderatorenkoffer). Nun schaut jeder in seine vergangene Woche (in den persönlich-privaten Lebensbereich, in den beruflich-institutionellen und den gesellschaftlichen)

„Was kommen dir für Situationen in den Blick? Sind es Situationen, zu denen du sagen kannst: die oder die war rund, da hat sich für mich was geschlossen, da war es für mich auf dem Punkt? Waren es Situationen, zu denen du sagen kannst: die oder die Situation war eher kantig, eckig, schwierig, da bin ich angeeckt, da habe ich mich gestoßen? Entscheide dich für eine Situation – eine runde oder eine eckige, lege dich fest, welche Situation du betrachten willst und wähle entsprechend das runde oder das eckige Kärtchen."

Jetzt bilden sich Coaching-Triaden (A/B/C)

A nimmt sein Kärtchen und berichtet: „Ich habe mich für eine runde Situation entschieden, sie war für mich wie folgt..." B und C hören zu, fragen nach und nach 3 Minuten bilden sie zu der Darstellung von A ein paar Thesen. A hört diese und überprüft seine innere Resonanz dazu.

Kurze Diskussion: was ist in der Einschätzung gleich? Unterschiedlich? Was für Eckiges steckt im Runden (und umgekehrt), dann zirkulärer Rollenwechsel.

Variationen

Straffung: Die Übung wird in Dyaden (A/B) durchgeführt

Erweiterung: Die TeilnehmerInnen zeichnen entsprechende Symbole auf das runde oder eckige Kärtchen

„Spieglein, Spieglein..."

Ziel: Rollenspiegel für korrespondierende Systeme

Material: DINA3-Papierbögen, Ölkreide

1. Ankommen – aus welchem System komme ich beruflich, privat? Welches System bewegt mich (noch).

2. einen Spiegel (Rahmen) reißen (aus DIN A3-Papier)

3. Hineinschauen: Welche Rolle spiegelt sich mir jetzt aus dem System, welches mich (noch) bewegt?

4. Die TeilnehmerInnen stehen auf, bewegen sich im Raum und nehmen wahr, welches System ihnen zu der gespiegelten Rolle in den Blick kommt.

5. Wahrnehmungssicherung: das Symbol wird auf den ‚Rollenspiegel' gemalt („Skizziere es auf deinem Spiegelbild").

6. Erste Selbstbetrachtung: Wie ist der System-Hintergrund? Wie ist mein Rollensymbol? Wie ist es in Verbindung mit meinem momentanen Erleben?

A: Das habe ich ausgedrückt, dies ist im Vordergrund...der Hintergrund ist ... in Verbindung sehe ich ... B fragt nach, konfrontiert und begleitet A. C beobachtet den Coachingprozess, stoppt die Zeit und gibt eine Rückmeldung

Nach kurzem Austausch zirkulärer Wechsel der Rollen.

Gesichter

Material: Papier, Ölkreide

In der Mitte des Raumes liegen viele skizzierte Gesichter (Fotokopien unterschiedlicher Vorlagen), je 3 von jeder Sorte. Der Coach fordert die TeilnehmerInnen der Coaching-Gruppe auf, sich die Gesichter – ohne diese zu berühren – alle anzusehen unter dem Fokus:

Wenn ich meine berufliche Situation in meinem Arbeits-System in den Blick nehme, dann würde das folgende Gesicht meine Situation gut markieren und widerspiegeln... Die Auswahl wird ohne Worte getroffen.

Nach der stillen Auswahl erfolgt eine innere Ausmalung, das skizzierte Gesicht in Gedanken ergänzen, einfärben. Dann das Blatt nehmen und das Gesicht mit Ölkreide ausmalen (Umsetzung des inneren Bildes).

Wahrnehmungsverdichtung zu zweit (Dyade) oder zu dritt (Triade): A legt ihr Bild vor sich – B + C nehmen den Menschen (die Künstlerin) und das Bild in alle Stille wahr: Welche Übereinstimmungen, Gegensätzlichkeiten, andere Seiten gibt es? Zirkulärer Wechsel

Coaching-Prozess in der Triade A/B/C: A ist Coach, B wird gecoacht, C nimmt den Prozess wahr, achtet auf die Zeit (pro Coaching 15 Minuten)

Die Prozesse laufen/A – B – C Wechsel

Coaching-Plenum: jeder sagt zum eigenen Bild einen Satz, bezogen auf die berufliche Situation in deren Verbindung dieses Bild entstanden ist. Beginnend mit „Ich ...“

Variationen

1. Der Coach darf nur 4 Interventionen durchführen (Interventions-Effizienz) und der Beobachter achtet auf die Anzahl der Interventionen des Coaches.
2. Statt Gesichtern werden Bilder von Masken (Fotokopien unterschiedlicher Vorlagen) verwendet. „Eine Maske zeigt oft mehr, als sie verdeckt." Fokus: Offensichtliches und Verdecktes in meiner beruflichen Rolle.

In den Blick geraten

Diese Übung sollte nur von erfahrenen und trainierten Coaches angeboten und durchgeführt werden. In diesem Erfahrungs-Setting kommt es häufig zum Kontakt mit sehr frühen Erlebnisinhalten und Bewältigungsmustern.

Die TeilnehmerInnen bilden Dreiergruppen – A stellt sich auf einen Stuhl, B steht unten, C steht dazwischen, A und B halten Blickkontakt und versuchen, sich durch C nicht beirren zu lassen und C zu ignorieren, C versucht mit allen Mitteln (außer Gewalt), die Aufmerksamkeit von A und/oder B zu erlangen. Nach einigen Minuten des Experimentierens werden zirkulär die Rollen getauscht. Nach dem dritten Durchgang findet ein intensiver Austausch zwischen den Beteiligten statt:

- Wie ging es mir in der jeweiligen Rolle?
- Welche Strategien habe ich gewählt?
- Welche Handlungsmuster in Systemen habe ich wiederentdeckt?

Hintergrund

Unsere Geschichte ist in uns geschichtet. Frühe Bewältigungsmuster sind in uns verkörpert und durch aktivierende Settings bekommen sie wieder ‚Ladung‘. In diesem Erfahrungsraum ist eine triadische und frühe Konstellation von Kind, Mutter und Vater angelegt. In den frühen Lebensräumen haben wir zu dem Fokus: ‚bin ich im Blick, werde ich gesehen‘ Grundentscheidungen getroffen, die damals ihren Sinn hatten. Den Sinn, Zuwendung zu erhalten oder Abwendungsschmerz zu lindern. Die darin entwickelte Bewältigung kann für heutige Erfordernisse ‚in den Blick zu kommen‘ grundlegend günstig oder ungünstig sein. Durch Wiederbele-

bung wird die Wahrnehmung von Basis-Mustern möglich. Die Vergegenwärtigung ist dann eine Grundlage dafür, ob ich diese Basis-Muster
akzeptiere oder nicht.

Nur was ich akzeptiere, kann ich neu entscheiden und verändern.

Einiges ist nicht mehr entscheid- und veränderbar. Dies führt in Kontakt
mit den frühen Gefühlen, die damit verbunden waren (Angst, Trauer,
Schmerz). Diese Wahrnehmung führt zu einer existentiellen Klarheit und
zu der Frage und Herausforderung, welche Stützungsstrategien ich heute be-
nötige, damit ich nicht in der frühen „Falle" weiterhin stecken bleiben muss.

Nach unseren Erfahrungen braucht es nach dieser Übung viel Raum
zum wechselseitigen Berichten und Einfühlen. Durch die Mit-Teilungen
und Anteil-Nahmen ergeben sich häufig erste Ideen zur Stützung des
nicht mehr Veränderbaren und zur Entwicklung erster (Ersatz-)Strategien
für ein gelöstes ‚in den Blick geraten'.

Trackball

Ziel: Reflexion von Führungsmustern und Verantwortungsübernahme

Steuerung der Partner mit einem Tennisball (Coaching-Ball)

1. A und B/A führt B mit Tennisball/Wechsel – Richtung und Wirkung
   der Interventionen
2. A führt das Team mit Tennisball, TeamerInnen sind über je einen Tennisball in Verbindung – A (= Coach) gibt über Kontakt und Beziehung
   Interventionen in das Team-System – Austausch: Richtung und Wirkung der Interventionen im System

Wechsel – Wünsch dir was – Partnerwechsel hinter dem Rücken – Raten:
„Wer hat mich zwischendurch geleitet?" – „Entwickelt euern Zeichenvor-
rat"

Ball zwischen die Schultern „Es ist etwas zwischen uns. Eine kleine
gemeinsame Zuständigkeit. Lasst sie nicht fallen." ... „Wie habt ihr eure
gemeinsame Verantwortung wahrgenommen?"

Jedes Paar bekommt einen zweiten Ball: „Zwischen uns ist etwas. Wozu brauchen wir das? Welche Funktion hat das?" Beide Handflächen

aneinander mit je einem Ball dazwischen. In Bewegung kommen. „Der Kontakt läuft über das, was zwischen uns ist."

3 Paare finden sich zu Sechsergruppen, Anweisungen von außen

Akrobatikwerkstatt: Die Paare stellen sich auf die Bälle und halten Bälle zwischen den Handflächen. Zuständigkeit für den eigenen Standpunkt, für die Arbeitsbeziehung

Verträglichkeits-Grenze

Ziel: Arbeit an individuellen und kollektiven Toleranzgrenzen

Setting: Kontroll-Coaching, Coaching-Ausbildung, intensive Team-Coaching-Prozesse

Das Team steht dem Coach in einer Reihe gegenüber, der Coach interveniert über Gebärden mit den Händen, die Teammitglieder folgen seinen nonverbalen Anweisungen. Bedeutung der Gebärden:

- Heranwinken – das Team kommt näher
- Abwinken – das Team tritt zurück
- Rechten Arm heben – das Team wird freundlicher
- Linken Arm heben – das Team wird unfreundlicher

Das Team folgt als System und im individuellen Kontakt zum Coach den Dosierungs-Aufforderungen. Als Grundregel gilt: Stop ist Stop.

Der Prozess dauert so lange, bis der Coach seine Verträglichkeitsgrenze spürt. Dabei ist zu entdecken, wie von Nähe, Distanz, Wohlwollen und Feindseligkeit die „Rollenhaut" des Coaches berühren und auf sein Binnensystem wirken.

Die Skulptur kann neu installiert werden, wenn der Coach eine weitere ‚Verträglichkeitsprüfung' machen möchte, z.B. in den Variationen: Nähe und wohlwollend – Nähe und feindselig – Distanz und wohlwollend – Distanz und feindselig.

In beiden Rollen ist vielfältige Spurensicherung möglich: Wie ist der eigene Kontakt zum Bewältigungs-Haushalt (Bewältigungs-Muster)? Wie sind die Verbindungen zum Interventionsverhalten in der professionellen Rolle als Coach?

Die Übung ist gut transferierbar in die Coaching-Praxis mit Teams, z.B. zu den Fragen: Wie erleben Einzelne das Team? Wie erleben sie die Leitung? Wie ist das Team in Kontakt zur Leitung und umgekehrt?

Systemwappen

Reflexionsziel: Wie begegne ich meiner Organisation? Wie begegnet sie mir?

Setting: Einen Platz im Raum als ‚Werkstatt' einrichten

Material: Decken, Zeichenkarton, Ölkreide.

Nach einer einleitenden Entspannungsübung die Augen schließen und sich in der inneren Vorstellung der Organisation die gewählt wurde langsam nähern (Fantasiereise). Welche Stimmung entsteht? Welche Atmosphäre spüre ich? Welche Gefühle steigen auf? Welche Gedanken habe ich? Welches Bild kommt mir vor Augen? Und wieder zurück ins Hier und Jetzt.

Ausdrucksphase: Welche Eindrücke hatte ich? Ich drücke sie jetzt mit der Ölkreide auf dem Karton aus. Ein Begegnungswappen mit der Organisation entsteht.

Wahrnehmungsverdichtung: stille Betrachtung, was ist mir jetzt sichtbar?

Coaching-Prozess: A coacht B mit der Aufmerksamkeitsrichtung: Wessen Wappen ist es? Das der Organisation mir gegenüber oder meins gegenüber der Organisation? Was hat sich aus meinem Kontakt zur Organisation in diesem Wappen verdichtet? Welche Vorsätze ergeben sich für mich? Was will ich beenden, fortsetzen, anfangen? Rollenwechsel.

Variationen

Alle gehen durch den Raum und tragen das Wappen vor sich her. Begegnung der Wappen, welche Wappen ziehen sich an? Welche stoßen sich ab?

Je ein Wappen wird von mehreren TeilnehmerInnen in je eine Skulptur umgesetzt.

Leitung und Energie I – Lebensbewegung

Ziel: Reflexion von Leitungsmustern, Leitungsstrategien, Wahrnehmung eigener Verhaltens-/Bewältigungsmuster in Systemen

Setting: Leitungs- und Beratungsteams, Coaching-Training

Dauer je nach Variante 30-40 Minuten

Zweiergruppenbildung (A und B)

A beginnt, über sich in aktueller Zeit zu reden: „Derzeit bin ich..., vergangene Woche war ich...diesen Sommer habe ich..." A folgt seinem aktuellen Gedankenfluss/Bewusstseinsstrom und redet einfach 5 Minuten lang in der beschriebenen Weise. B hört und sieht zu, und greift in keiner Weise ein. B nimmt wahr, welches innere Bild in den 5 Minuten bei ihm davon entstanden ist, wie A sich derzeit im Leben bewegt, wie sie das Leben meistert und mit welchen Mustern sie die Arbeit bewältigt. B stellt sich diese Bewegung als Körperausdruck vor, um sie A später als Rückkoppelung vorzuführen.

A schließt die Augen, erinnert sich daran, was sie berichtet hat und stellt sich vor, wie die eigene Lebensbewegung als Körperausdruck bez. Bewegungsablauf wohl aussehen würde. B nimmt die entsprechende Körperhaltung ein und lässt A auf ein Signal die Augen öffnen. A konfrontiert sich mit der Wahrnehmung von B. Nach einem kurzen oder längeren Austausch wechseln A und B die Rollen.

Variation 1: B (Resonanzgeber) beginnt zunächst nur andeutungsweise mit seinem Feedback (vorsichtig und langsam) und hält inne. A (Berichterstatterin) hat die Möglichkeit zu entscheiden, ob sie mehr sehen will. Wenn ja, sagt sie: „Weiter", B macht ein Stück weiter und stoppt wieder. Dies geht solange weiter, bis es A reicht bzw. Bis der Bewegungsablauf beendet ist.

Variationen

Zunächst berichten beide hintereinander und merken sich die Körperausdrücke, die sie sich hinterher gegenseitig präsentieren.

Variante zu dritt (A,B,C): A berichtet 5 Minuten lang in der Ich-Form (Ich habe heute..., gestern war ich..., letzte Woche wurde ich...). B nimmt die Zeit und achtet darauf, dass A in der Ich-Form bleibt. B und C hören kommentarlos zu und konzentrieren sich darauf, was sie von A – über den berichteten Inhalt hinaus – wahrnehmen. Atmosphärisch und insbesondere an Bewegung: sie entwickeln als innere Resonanz ein szenisches Bewegungsmuster (statisch oder dynamisch) und einen Satz dazu, behalten beides aber zunächst für sich. Nach den 5 Minuten schließt A die Augen, entwickelt ein eigenes Bild von seiner Lebensbewegung und nimmt die entsprechende szenische Haltung ein. B und C nehmen ebenfalls – das alles noch ohne Sprache – ihre Bewegungsmuster ein. Wenn sie soweit sind, geben sie A ein Signal. A öffnet die Augen und wird in seiner Skulptur mit den Skulpturen und Sätzen von B und Coaching konfrontiert. Zwei Minuten Zeit zur Wahrnehmungssicherung, dann Nachfragen und Austausch (5-10Min.).

Rollenwechsel – Rollenwechsel – nach den 3 Durchgängen Entscheidung für eine Szene, die in Gesamtgruppe vorgestellt wird.

Leitung und Energie II – Energiehaushalt und Leitungsrolle

Setting: Leitungstraining

Material: Coaching-Seile, Papier und Stifte

Kontaktaufnahme zum Thema: Jeder Teilnehmer lässt innerlich eine Szene aus seinem Leitungsalltag in sich aufsteigen. Er entwickelt ein inneres Bild von der eigenen Energie in dieser Szene und legt dann das Coaching-Seil nach diesem Bild aus. Er findet einen Titel für seine Auslegung.

Coaching-Dyaden werden gebildet. Teilnehmer A betrachtet das Seil-Bild von B von verschiedenen Seiten, geht drum herum und lässt es auf sich wirken. Er bildet Assoziationen und äußert seine Resonanz: „Ich sehe... Ich verbinde damit... Ich vermute bei Dir..." Danach gibt B eine knappe Schilderung der dargestellten Situation und es entsteht ein kurzes Gespräch. Dann Rollentausch.

Nun nehmen die Gecoachten Veränderungen am Seil vor. Danach Reflexion: Was habe ich gemacht? Was sagt die Veränderung am Seil über die „innen angelegte Intervention" für die Alltagsszene aus. Wie würde ich jetzt in der Szene handeln? Welche kausale Intervention führt zur Veränderung?

Erstellung eines analogen Leitungskalenders

Anschließend blicken die TeilnehmerInnen 5 Tage rückwärts und skizzieren die Leitungssituationen, in denen sie heftige Regungen in sich gespürt haben. Im Coaching-Prozess (A/B) wird überprüft: in welchen Leitungsszenen der vergangenen Woche wurde Energie abgezogen („Saugstelle") und in welcher Situation gab es einen Energiegewinn („Tankstelle")? Was hat sich in der Situation beziehungsmäßig bewegt? Was bedeutet das für die Leitungssituation? (> Energiebilder)

Leitung und Energie III – Energiebilder

Zielsetzung: Vertieftes Erkennen der eigenen Energieverläufe über längere Zeiträume. Veränderung problematischer Energiezustände wie Über- oder Unterladung.

Settings: Coaching-Einheiten von mindestens eintägiger Dauer, z.B. Ausbildungs- oder Trainingscoaching als Prozess-Einstieg

Material: Pro TN ein großes Blatt Papier (DIN A3), verschiedenfarbige Wachskreiden

Dauer: 60-90 Minuten

Analoge Dokumentation der energetischen Ereignisse eines vergangenen Zeitraums (z.B. eines Tages/einer Woche/einer Sitzung)

1. Phase: erinnern – Die Teilnehmer schließen die Augen und betrachten den ersten zurückliegenden Tag: „Welches energetische Ereignis (Situation, Begegnung, Szene ...) kommt jetzt in den Blick und ist das tagesbestimmende Ereignis gewesen?" usw.

2. Phase: vergegenwärtigen – Die Teilnehmerinnen öffnen die Augen und betrachten noch einmal die energetischen Höhe und Tiefpunkte des je einzelnen Tages, entdecken und entwickeln und dafür ein Symbol – eine „Kennzeichnungs-Skizze" – und legen sich darauf fest.

3. Phase: ausdrücken – sie malen die Symbole auf die Papierfläche und bringen sie (eventuell) in Verbindung, so dass eine analoge Dokumentation einer Woche mit der Aufmerksamkeitsrichtung: „Energie-Haushalt" entsteht

4. Phase: benennen – nach der Ausdruckphase erfolgt eine erste Benennung: wie ist mein Energie-Level in der Woche (z.B. kontinuierlich, auf und ab, mit einem deutlichen Hoch oder Tief)? Wie ist mein Energiestand heute – nach der Woche, wie beginne ich jetzt die nächste Etappe?

5. Phase: Reflektieren – Ist es eine typische Energie-Woche für mich? Ist es eine außergewöhnliche Energie-Woche? Entdecke ich Energie-Muster und Zusammenhänge: Bewältigungs-Muster? Welche Muster werden in den energetischen Szenen sichtbar? Von welcher Qualität ist meine Energie-Bewegung: wie bekomme ich „Ladung"? Wie bekomme ich „Überladung"? Wie bekomme ich Energie-Verlust? Wie entlade ich mich? Explosion, Implosion, Entspannung? (Batterie-Entladung erhöht die Lebensdauer der Batterie). Wie und wann komme ich in den Reserve-Modus (Unter-Energie) in den „roten Bereich"?

6. Phase: Umstrukturierungs-Ansätze sichern – Was will ich verändern und wozu?

- wie will ich das anfangen?
- was muss ich beginnen?
- was muss ich beenden?

Variation „Energetische Ereignisse"

Anwendung: Analoges Protokoll einer Sitzung, Skizzierung des Sitzungsverlaufs: Wie verliefen die Energiekurven (die eigene, die des Teams)? An welchen Stellen gab es beim Einzelnen und/oder beim Team Energie-Verlust, Energiegewinn, energetische Harmonie?

Leitsatz: „Energie ist Information, Information ist Energie" (Bateson und Watzlawick)

Systemdiagnosen I – Das Überschreiten der Systemgrenze

Ziel: Reflexion von Systemzugehörigkeiten, von eigenen Mustern beim Betreten und Verlassen von Systemen

Setting: Leitungs- und Beratungsteams, Trainings- und Ausbildungsgruppen

Material: 3 Coaching-Seile pro Dyade

Dauer: 30-40 Minuten

Kontaktaufnahme zu einem aktuellen Grenzübergang – Kontakt zum Seil. Anweisung: „Welche Systeme hast Du in der letzten Woche betreten/ verlassen? Welches System kommt Dir jetzt in den Blick? Lege Dich innerlich auf eines fest und überprüfe: Wie bist Du in das System hinein- gegangen? Mit welcher inneren mit welcher äußeren Haltung? Mit wel- chen Stimmungen und Gefühlen? Mit welchem Muster? Drücke das mit- hilfe des Seils aus (auslegen oder anderer kreativer Umgang). Richte nun Deine Aufmerksamkeit darauf, wie Du aus dem System rausgegangen bist und drücke das mit einem zweiten Seil aus."

Zweiergruppenbildung – Coaching-Dyade (A und B):

Der Coach (B) betrachtet zunächst das Seil, mit dem das Reingehen mar- kiert wurde („Eintritts-Seil"). Er lässt es auf sich wirken und äußert seine Resonanz nach der Systematik: „Ich sehe...Ich spüre...Ich verbinde da- mit." A hört einfach kommentarlos zu.

Nun richtet B seine Aufmerksamkeit auf das zweite Seil (Verlassen des Systems) und benennt ebenso: „Ich sehe...Ich spüre...Ich verbinde damit." Danach überlegt der Coach, was wohl in dem System zwischen rein- und rausgehen geschehen ist und legt ein drittes Seil so dazu, wie er den Sys- tem-Prozess vermutet. Darauf äußert A seine Resonanz auf das dritte Seil (auf alle drei?): „Ich sehe...Ich spüre...Ich verbinde damit."

Dann ausführlicher Austausch, dann Rollenwechsel: die Beratene wird zum Coach.

Systemdiagnosen II – individuelle Muster im System

Ziel: Sensibilisierung für die Wahrnehmung von individuellen Grundmus- tern, ihre Funktionen im System und in der System-Dynamik. („Wir sind ein System – jede mit ihrem Muster darin") – Vorhandene Leitungsmus- ter und Bewältigungsmuster und ihre Wirkung identifizieren.

Setting: Leitungs-, Beratungs- und Ausbildungsgruppen

Material: Große Papierbögen, Ölkreide

Dauer: 60-90 Minuten

Ausgangssituation: Mehrere Gruppen von jeweils 4 TeilnehmerInnen an einer großen Papierfläche. Jede entscheidet sich für eine Farbe, wählt den entsprechenden Kreidestift aus und bestimmt seinen Ausgangspunkt auf der Papierfläche. Die Sprache wird eingestellt, der Prozess verläuft nonverbal.

Anweisung: „Ausgehend von Deinem Ausgangspunkt bewege Dich in diesem System auf dieser Fläche mit Deiner Farbe – und bleibe im Bewegungsfluss." Nach ca. 10 Minuten „Stop!" Jetzt werden die Teilnehmer aufgefordert, die Augen zu schließen und sich den derzeitigen Status ihres inneren Systems zu vergegenwärtigen.

Leitfragen:

- „Wie ist es mir ergangen?"
- „In welcher Stimmung bin ich jetzt?"
- „Welche Gefühlsphasen/-bewegungen habe ich durchlebt?"
- „Womit bin ich in Kontakt gekommen?"

Die Teilnehmer werden aufgefordert in Bewegung zu kommen und das Ganze zu betrachten („Was sehe ich?"), die Perspektiven zu verändern („Was sehe ich jetzt?"), die Wahrnehmungsfolien auszutauschen (Landkarte, Kunstwerk, Körpermodell, technische Zeichnung...) und jeder für sich einen Titel für das Ganze zu entwickeln. Die nonverbalen Phase endet. Die Gruppenmitglieder kommen über den Austausch ihrer Titel in eine erste Reflexion (5 Minuten) .

Nun gehen die Gruppen wechselseitig zu den anderen Bildern bzw. Gestaltungen und verfahren damit wie oben (Anreicherung). Dann geht jede Gruppe zurück zum eigenen Systembild und zum jeweiligen Ausgangspunkt jedes Systemmitgliedes.

Leitfragen: „Wie habe ich begonnen?", „Welches war meine erste Bewegung in die Fläche?", „Wie ging ich dann weiter?", „Entdecke ich mein Muster in dem Ganzen?"

1. Herausmalen (identifizieren) des eigenen Musters auf einem separaten Blatt. Betrachten und das Muster für sich benennen.

2. Wahrnehmung und Benennung der Muster durch die Reflexionpartner bzw. kollegialen Coaches in der Gruppe: Jeder geht zu jedem individuellen Muster, gibt ihm einen eigenen Titel auf einem Zettel, legt diesen verdeckt zum jeweiligen Muster.

3. Konfrontation mit der Außenwahrnehmung: jeder geht zurück zum eigenen Muster und vergleicht seine Benennung mit der kollegialen.

Diese Reflexion findet wieder in der Ausgangsgruppe statt. Alle Kollegen beteiligen sich und spiegeln ihre Funktionshypothesen. Der Austausch findet in metaphorischer Form statt, z.b.: „Ich bin als LeiterIn wie ein Schiff das trägt, weil..." Wichtig dabei – Phantasien und Assoziationen freien Lauf lassen. Wichtig ist der Bezug auf die Funktion des eigenen Musters in Systemen, z.b.: „Ich bin als LeiterIn wie ein Schiff das trägt, weil ... und habe in meinem System die Funktion eines / als..."

Zusammenfassung im Plenum: Meine momentane Bilanz jetzt als „Muster-Schüler", individuelle Resümees der eigenen derzeitigen Leitungs- und Bewältigungsmuster.

- Wie sind meine Muster-Funktionen in der Leitungsarbeit?
- Was bewirke ich mit meinen Grundmustern als Leiterin im System?
- Was kann ich verändern?
- Wie kann ich mit problematischen Grundmustern anders umgehen?

Systemdiagnosen III – Wir haben keine Ahnung

Erfahrungs-Raum: Körper – Bewegung – Interaktion in der Coaching-Trainingsgruppe. Standhalten und Ausweichen.

- Wie ist die Energie in der Gruppe? Alle stehen im Kreis. Mit ausgestreckten Armen nähern sich die Hände aller zur Mitte. Energie ist zu spüren („Wie viel Energie hat das System?"). Langsam gehen alle wieder rückwärts. Das Energiegespür tritt in den Hintergrund.
- Standpunkt: macht eine innere kleine Selbstberatung mit kleinem Selbstkontrakt – drei Worte, z.B.: ich mache weiter, ich habe genug, ich steige aus etc.
- Durch den Raum gehen: wer – wann – wozu – ich war es nicht – egal, sprachlich mit Worten, mit Gesten, mit Musik (geeignet ist z.B. der Song von den Puhdys: „Wir haben keine Ahnung") gehen – ausweichen – Seitenhiebe – ich war es nicht. So entwickelt sich eine innere Dynamik in der Trainingsgruppe.
- Drei Teams aus je fünf TeilnehmerInnen entstehen. ‚Team' ist miteinander in Verbindung und auf dem Weg, Seitenhiebe und sich nicht erwischen lassen, 2 Teams kämpfen miteinander, 1 Team hält sich raus.

Reflexionsfragen?

„Wer hatte die strategische Führung? Wer heizte an? Wer hielt zurück? Wer schützte das Team? Welchen Charakter hatte das Coaching-Team?"

Ein Energiekreis als Abschluss: alle stehen Schulter an Schulter, Seite an Seite im Kreis. Hineinspüren: „Was hat sich in der Trainingsgruppe bewegt? Was bewegt mich jetzt?" Jeder äußert einen Satz zum gegenwärtigen eigenen Erleben.

Systeme ohne Worte I – „Wir da unten – Ihr da oben"

Ziel: Umgang mit Hierarchie-Dynamiken in Systemen

Die Trainingsgruppe bewegt sich in einer anwärmenden und sensibilisierenden Körpererfahrung: Gehen, anhalten, weitergehen und dann gebeugt gehen und anhalten, dann in Streckung gehen, anhalten und weitergehen. Im nächsten Schritt wird die Trainingsgruppe in A und B-Positionen aufgeteilt.

Die Hälfte der TeilnehmerInnen geht hinunter in eine sitzende oder hockende Haltung auf den Boden (A), die andere Hälfte bleibt stehend und gehend oben (B).

- Zunächst nehmen die unten miteinander Blickkontakt auf und tun so, als gäbe es die da oben gar nicht. Die da oben haben untereinander ebenfalls Blickkontakt und tun so, als gäbe es die da unten nicht. Anweisung: jeder bleibt auf seiner Ebene. Die Ebenen sind nicht in Kontakt miteinander.

- In der nächsten Phase bekommen die da unten die Anweisung, mit „energetischen" Blicken Kontakt mit denen da oben aufzunehmen. Die da oben bekommen die Anweisung, auf keinen Fall den Blickkontakt auf der oberen Ebene zu unterbrechen, vielmehr alle Blickversuche von unten zu ignorieren.

- Die da unten nehmen nun in Richtung oben Gesten der Kontaktaufnahme und des Wahrgenommenwerdens dazu und weiter ein paar intensive Worte: bitte, hallo, hier bin ich, sieh mich an und so weiter.

- Bis hin zu ein paar Körperberührungen zu denen da oben.

- Die da oben bleiben im Blickkontakt auf ihrer Ebene, ignorieren die Kontaktversuche von denen da unten.

- Wann kippt es, wann hält einer da oben nicht durch und wendet sich denen da unten zu? Wann steigt einer da oben – oder da unten – aus? Wer hält die Spannung des Kontaktes dieser Verweigerungsart nicht aus und durch?

- STOP – die da oben treffen sich als Gruppe und teilen sich einander mit, was war leicht, schwer aushaltbar, nicht aushaltbar, wie war das Machtgefühl, wann kippte es um?

- Die da unten treffen sich als Gruppe und teilen sich einander mit, Empfindungen, Gefühle, Wut, Angriff, Macht, Ohnmacht, wann kippte es?

- Wechsel der Gruppen und gleicher Verlauf.

- Abschluss in der Trainingsgruppe: Womit bin ich in Kontakt gekommen? Bin ich als Coach eher unten oder oben im System und so weiter.

Assoziationen: Bettler, arm und reich, soziale Gegensätze, auf jemanden herabsehen, zu jemandem aufschauen, Helfersyndrom (wo ist mein wunder Punkt?), mit welcher Strategie „bettele" ich am erfolgreichsten? Wie gelingt die Abgrenzung?

Systeme ohne Worte II – Team ohne Worte

Ziel: Training der Wahrnehmung von Phänomenen in Subsystemen und Teams. Diagnose-, Hypothesen- und Interventions-Training für Coaches.

Die Trainingsgruppe Coaching teilt sich in Untergruppen, in Teams mit ca. 5 TeilnehmerInnen. Zu jedem Team kommt ein außenstehender Coach, der auch ‚draußen' bleibt.

Das Team verbindet sich über Handkontakt oder über Stäbe und Seile. Anweisung durch Lehrcoach: Stellt euch jeweils vor: „Wohin will ich gleich mit meinem Körper und mit meinen Händen?" (Zielvorstellung). Entscheide dich für eine Richtung und gehe für die Richtung auch in Energiebereitschaft. Tu es noch nicht, sondern bleibe zunächst in deinem inneren Entwurf, deiner inneren Vorstellung für das, was du gleich, nach dem Signal tun wirst. Alle im Team werden es tun. Keine weiß vom anderen, welche Richtung er einschlagen wird.

Der Coach von außen beobachtet die Bereitschaft des Teams und stellt sich auf die Wahrnehmung dessen ein, was gleich geschehen wird. Es folgt das Signal: tut es jetzt!

Die Teamer tun es klar und eindeutig, mit Energieeinsatz. Einzige Regel: einander nicht verletzen.

Wohin bildet sich das Team, was zeigt es jetzt? In welchen Beziehungen wird was sichtbar, analog, direkt, unmittelbar?

Das Team hält auf Anweisung hin inne („friert die Kontakte ein") und skulpturiert somit den Stand nach dem Anweisungs-Stop.

Der Coach sieht, nimmt wahr und bildet für sich eine Hypothese als Grundlage für sein Handeln (Intervention). Was wird er unterbrechen, was verstärken, wo wird er ansetzen, was leitet ihn, welche Hypothese überprüft er?

Dieser Prozess läuft in den Teams der Trainingsgruppe parallel. Es gibt mehrere Durchgänge, jeweils mit Coachwechsel.

Teams und Coaches werten die Prozesse aus. Was haben die Teamer realisieren wollen?

Welches Thema hat das Team gezeigt? Was hat der Coach gesehen? Welche Hypothese hat der Coach entwickelt? Wie hat er sie überprüft, was hat er dazu ‚am Team getan'?

Variationen

Jedes Team-Mitglied bildet eine Hypothese zum Team-Prozess aus seiner Binnensicht.

Systeme ohne Worte III – Organisation ohne Worte

Ein komplexes System mit 3 Hierarchie-Ebenen – ohne Worte – (obere, mittlere, untere Ebene, Außenkreis, Wechsel der Gruppen und Ebenen) Setting entsteht aus den Lerngruppen.

Im Raum wird mit der gesamten Trainingsgruppe die Hierarchie einer Organisation mithilfe von Tischen und Stühlen aufgebaut. Vorher wird gefragt und festgelegt, wer die Coaches von außen sind.

Drei TeilnehmerInnen stehen auf den Tischen, fünf TeilnehmerInnen stehen auf den Stühlen, die sich in unmittelbarer Nähe am rund um die

Tische befinden, Fünf TeilnehmerInnen stehen auf dem Fußboden bei den Stühlen. Zwei Coaches sind in entfernter Position (außerhalb des Systems).

Die TeilnehmerInnen innerhalb des Systems sind über Hände und Coaching-Seile auf der gleichen Ebene und von Ebene zu Ebene miteinander verbunden. Ein komplexes Organisationssystem mit drei Hierarchieebenen wird so unmittelbar sichtbar.

Es folgen Anweisungen der Coaches mit verschiedenen Experimentier- und Aufmerksamkeitsrichtungen, z.B.:

- Bewegung geht von der unteren Ebene (Boden)
- Bewegung geht von der mittleren Ebene (Stühle)
- Bewegung geht von der oberen Ebene aus (Tische)

Variante

„Stellt euch jeweils einzeln vor: ,Welchen Impuls mit welcher Zielrichtung will ich gleich in dieses System geben?' Entscheidet euch für die Richtung und geht dann in die Energiebereitschaft. Macht euren inneren Entwurf ganz klar und realisiert ihn, wenn die Aufforderung kommt."

Danach jeweils Wahrnehmung von außen: „Ich sehe..." und einen Begriff für das System.

Auflösung des Systems: jeder sagt einen resümierenden Satz: „Ich im System..."

Abschluss: Erkenntnisgewinn für meine Rolle als Coach

Coaching-Ausbildung I – Rollen-Entwicklungs-Stand

Eine Sequenz aus der Ausbildung zum Coach

Entwicklungs-Bewegung in der neuen Rolle als Coach/Themen – Befürchtungen – Herausforderungen/ankommen. Zum Joining, zum hier sprachfähig werden, wird die Einstiegsübung (>) „Rund oder eckig" eingesetzt.

Dann Gesamtrunde im Plenum mit den Fragestellungen: Was war für mich interessant? Was war für mich am Coaching unterstützend, vertiefend, spurensichernd und zielergiebig? (hier erfolgt die große Plenums-Runde mit Mitteilungs-Zusätzen und der Vergewisserung der Namen)

Streichholz-Reliefs

Material: 50 gefüllte Streichholzschachteln, die mit unterschiedlichsten Bildmotiven beklebt sind.

In der Mitte des Raumes sind Streichholzschachteln mit Inhalt ausgelegt. Jede Schachtel ist mit einem Bild/Motiv beklebt.

Zunächst schaut jede/r hin und spürt, welches Motiv spricht mich an? (Genügend Auswahl vorhanden). Jede/r nimmt sich ihre/seine Schachtel und sorgt dann für den Ort der weiteren Arbeit. Dazu genügend Platz für sich und eine Papier oder Stofffläche ca. DIN A 3.

Bequemer Sitz auf dem Stuhl oder auf dem Boden und zunächst spielen mit der Streichholzschachtel, das Motiv auf der Schachtel noch einmal betrachten, die Schachtel öffnen und wieder schließen: „Wenn ich an meine neue Rolle als Coach denke, spüre, fühle ich, wie offen bin ich dafür und wenn ich mich öffne für die neue Rolle, dann bewegt mich/dann bewege ich..."

Nun beginnt (ganz ohne Worte) die Auslegung der Streichhölzer auf der Fläche, dies kann ganz langsam geschehen oder blitzartig, Streichhölzer dürfen zerbrochen werden und so weiter.

„Lass das, was dich bewegt und oder was du bewegst über die Hände mit den Streichhölzern auf die Fläche" (es entstehen Bewegungsmuster unterschiedlichster Art). Auf der Fläche liegt nun – ausgelegt – der derzeitige Rollen-Gestus, die ganz persönliche Bewegung in und mit der neuen professionellen Entwicklungs-Rolle. Jede/r betrachtet zunächst ihre/seine Auslegung und findet dann einen Platz für die Schachtel mit dem Bild/Motiv: wohin gehört sie in dieser Gestaltung – oder war sie nur der Behälter der Hölzer?

Coaching-Prozess: Bildung von Coaching-Triaden (A-B-C)

A bittet B+C zu sich herüber (Achtung: die im Raum befindlichen Rollen-Entwicklungs-Bilder sind empfindlich, sie sind nicht festgeklebt!). B+C sagen: ich sehe...- ich verbinde damit (immer und immer wieder, mit Perspektivwechsel etc.). A hört nur zu – nach ca. 5 Minuten sagt A: das habe ich ausgelegt, ich nenne es ... dabei bewegen mich folgende Themen ... dabei bewege ich folgende Themen ...

Abschließend kurze Diskussion und Rollen- und Ortswechsel.

Bildliche Gestaltung des eigenen Musters

Nach Abschluss der Coaching-Triaden geht jede/r wieder zu seinem/ihrem Relief und nimmt ein zusätzliches Blatt und Wachskreide, um die Grund-Bewegung/den originären-individuellen Rollen-Gestus in der Grundstruktur aufzuzeichnen. Die Reliefs werden aufgelöst.

Fortsetzung: es bilden sich völlig neue Coaching-Triaden (A-B-C). A zeigt ihre/seine Aufzeichnung und sagt: dieses habe ich so entdeckt und gemacht und ich nenne es ... und folgende Themen verbinden sich für mich damit. B+C schauen und sagen, was sie sehen und wie sie es nennen; und welche Themen sie damit in Verbindung bringen. A darf sich nicht rechtfertigen, sondern die übereinstimmenden Sichtweisen und Themen und die diskrepanten Sichtweisen und Themen gelten lassen.

Unterschiedlichkeit aushalten – erst weit werden – nicht eng – dann fokussieren.

Variation

Streichholz-Reliefs zu anderen Themen, z.B.: Was bewegt mich in meiner Organisation als Leiterin?

Coaching-Ausbildung II – Interventionsdiagnose

Ziel: Umgang mit Hindernissen und Beeinflussungen im Coaching-Prozess

Setting: Die TeilnehmerInnen sind – untereinander mit Seilen und Stäben verbunden – auf Stühlen sitzend im Raum verteilt. Die Hälfte entscheidet sich – ohne es bekanntzugeben – in diesem System förderlich zu agieren, die andere Hälfte entscheidet sich für hinderliche Beeinflussungen.

Ein Teilnehmer ist Coach, einer ist Klient, je nach Gruppengröße gibt es noch Beobachterinnen im Außenkreis. Der zu coachende begibt sich an eine Eingangsstelle des Systems und schließt die Augen. Der Coach bleibt außerhalb des Systems und beginnt nun, seinen Klienten mit verbalen Interventionen durch das System zu (beg-)leiten. Der Prozess beginnt – ohne Worte – in das System kommt Bewegung. Die Förderer und Hinderer führen ihre jeweiligen Interventionen aus. Regel dabei: sie dürfen den Stuhl nicht verlassen.

Die im folgenden aufgeführten grundlegenden Aufmerksamkeitsrichtungen für den analogen externen Coachingprozess können auch im Sinne eines reflecting-systems an die Beobachter im Aussenkreis verteilt sein:

- Erlebnis-Ebene (alle:) Womit bin ich in Kontakt gekommen, Szenen, Bilder, Gefühle, Rückspiegel, Lust, Perspektive als Coach, Herausforderung, Unterstützung?
- Rolle und Haltung: Wie war der individuelle Gestus (ich bin die Grundintervention), Verbindung zur Rolle hier im Anleitungsprozess, Rollenpräsenz, Rollenklarheit, Zusammenarbeit des Rollengespanns.
- Intervention: Thematischer Bezug und Zusammenhang zum „Coaching-Entwicklungsstand". Analogien, welche Interventionen, Klarheit der Interventionen, Richtung und Wirkung...
- Prozess: Verlauf der Einheit („Sitzung"), Struktur und Aufbau, Etappen, Spannungsbogen, Vertiefungen, Fokussierungen.

Variation

Coach und Klient gehen gemeinsam mit geöffneten Augen durch das System und sind durch einen Tennisball miteinander verbunden. Die Verbindung darf nicht gelöst werden, der Tennisball (Coachingball) darf nicht zu Boden fallen. Diese Variation symbolisiert einen internen Coaching-Prozess.

Teil VII – Materialien und Arbeitspapiere

1. Altbewährtes

- Modell „Coachen von Subsystemen – Teamentwicklung"
- Coaching-Konzept „Begegnungsraum"
- Wann werden Schwierigkeiten zur Krise
- Der Talentgarten – eine Phantasiereise
- Kollegiales Coaching – Strukturschema
- Kollegiales Coaching – Anwendungsprinzipien
- Beweg-Gründe und Hemmschuhe
- Evaluationsbogen für Coaching-Prozesse

Coaching von Subsystemen
Teamentwicklung

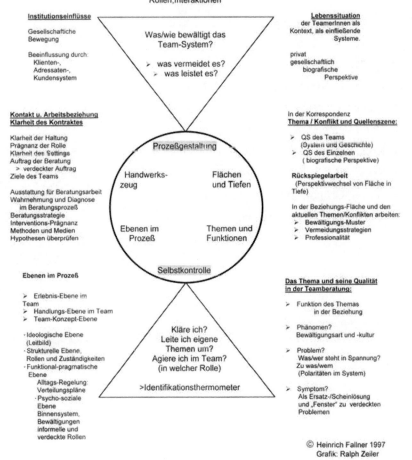

Team-Praxis:
Aufträge, Arbeit Beziehungen,
Rollen, Interaktionen

Institutionseinflüsse

Gesellschaftiche
Bewegung

Beeinflussung durch:
Klienten-,
Adressaten-,
Kundensystem

Was/wie bewältigt das
Team-System?

➤ was vermeidet es?
➤ was leistet es?

Lebenssituation
der TeamerInnen als
Kontext, als einfließende
Systeme.

privat
gesellschaftlich
biografische
Perspektive

Kontakt u. Arbeitsbeziehung
Klarheit des Kontraktes

Klarheit der Haltung
Prägnanz der Rolle
Klarheit des Settings
Auftrag der Beratung
➤ verdeckter Auftrag
Ziele des Teams

Ausstattung für Beratungsarbeit
Wahrnehmung und Diagnose
im Beratungsprozeß
Beratungsstrategie
Interventions-Prägnanz
Methoden und Medien
Hypothesen überprüfen

Prozeßgestaltung

Handwerks-
zeug

Flächen
und Tiefen

Ebenen im
Prozeß

Themen und
Funktionen

Selbstkontrolle

In der Korrespondenz
Thema / Konflikt und Quellenszene:

➤ QS des Teams
(System und Geschichte)
➤ QS des Einzelnen
(biografische Perspektive)

Rückspiegelarbeit
(Perspektivwechsel von Fläche in
Tiefe)

In der Beziehungs-Fläche und den
aktuellen Themen/Konflikten arbeiten:
➤ Bewältigungs-Muster
➤ Vermeidungsstrategien
➤ Professionalität

Ebenen im Prozeß

➤ Erlebnis-Ebene im
Team
➤ Handlungs-Ebene im Team
➤ Team-Konzept-Ebene

- Ideologische Ebene
(Leitbild)
- Strukturelle Ebene,
Rollen und Zuständigkeiten
- Funktional-pragmatische
Ebene
Alltags-Regelung:
Verteilungspläne
- Psycho-soziale
Ebene
Binnensystem,
Bewältigungen
informelle und
verdeckte Rollen

Kläre ich?
Leite ich eigene
Themen um?
Agiere ich im Team?
(in welcher Rolle)

>Identifikationsthermometer

Das Thema und seine Qualität
in der Teamberatung:

➤ Funktion des Themas
in der Beziehung

➤ Phänomen?
Bewältigungsart und -kultur

➤ Problem?
Was/wer steht in Spannung?
Zu was/wem
(Polaritäten im System)

➤ Symptom?
Als Ersatz-/Scheinlösung
und „Fenster" zu verdeckten
Problemen

© Heinrich Fallner 1997
Grafik: Ralph Zeiler

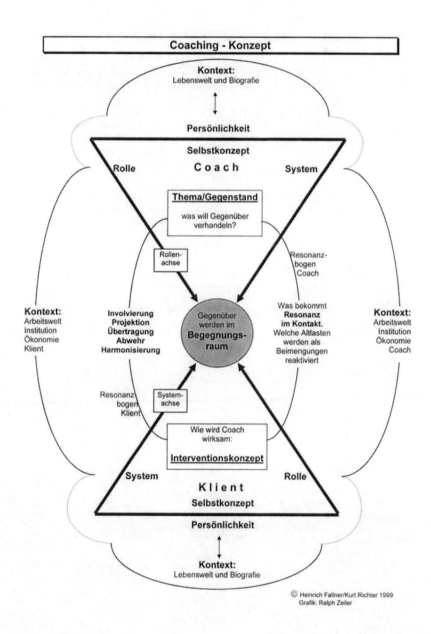

© Heinrich Fallner/Kurt Richter 1999
Grafik: Ralph Zeiler

215

Wann werden Schwierigkeiten zur Krise ?

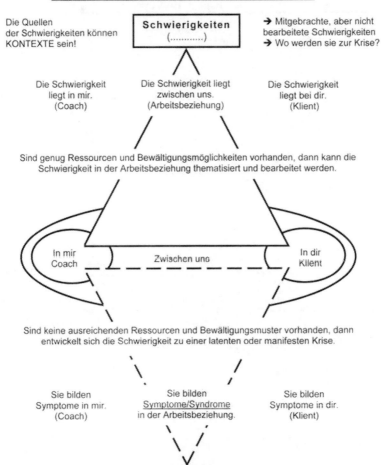

Die Quellen
der Schwierigkeiten können
KONTEXTE sein!

Schwierigkeiten
(.............)

→ Mitgebrachte, aber nicht
bearbeitete Schwierigkeiten
→ Wo werden sie zur Krise?

Die Schwierigkeit
liegt in mir.
(Coach)

Die Schwierigkeit liegt
zwischen uns.
(Arbeitsbeziehung)

Die Schwierigkeit
liegt bei dir.
(Klient)

Sind genug Ressourcen und Bewältigungsmöglichkeiten vorhanden, dann kann die
Schwierigkeit in der Arbeitsbeziehung thematisiert und bearbeitet werden.

In mir
Coach

Zwischen uns

In dir
Klient

Sind keine ausreichenden Ressourcen und Bewältigungsmuster vorhanden, dann
entwickelt sich die Schwierigkeit zu einer latenten oder manifesten Krise.

Sie bilden
Symptome in mir.
(Coach)

Sie bilden
Symptome/Syndrome
in der Arbeitsbeziehung.

Sie bilden
Symptome in dir.
(Klient)

Krise

Krise wird erlebt,
wenn Bewältigungsvermögen
und Ressourcen nicht mehr
ausreichen, um einer Herausforderung standzuhalten.

© Heinrich Fallner / Kurt Richter 2000
Grafik: Ralph Zeiler

Fantasiereise „Talentgarten"

Ziel: Zugang zu unbekannten bzw. verschütteten inneren Potentialen

Material: Ölkreide, großes Papier, Musik (in der Art von Kitaro), eventuell Decken.

„Bitte machen Sie es sich bequem (Auf Decken oder im Sitzen, vielleicht an die Wand gelehnt). Nehmen Sie sich Raum. Schließen Sie bitte die Augen. Ich möchte Sie jetzt zu einer kleinen Reise nach innen anregen. Begeben Sie sich auf Talentsuche.

Es ist Frühling. Die Luft ist angenehm mild. Alles hat angefangen zu blühen. Die Luft ist gefüllt mit den Geräuschen des Frühlings. Sie sind im Freien und gehen spazieren. Der Weg führt über eine Wiese, an einem rauschenden Bach entlang. Es ist warm und ein leichter Wind weht. Der Weg führt weiter und Sie gehen an einer alten Mauer entlang, die mit Efeu bewachsen ist. Nach einer Weile stehen Sie vor einem Tor. Das Tor ist offen und Sie gehen hindurch. Sie schauen sich um und finden sich in einem alten verwunschenen Garten wieder.

Sie sind im Garten der Talente. Alles, was Sie dort sehen, riechen, fühlen, sind Ihre Talente. Alles was dort wächst, wächst in Ihnen selbst. Manches ist Ihnen vertraut, manches, was Ihnen hier begegnet, ist in Vergessenheit geraten, manches ist Ihnen vielleicht noch nie aufgefallen. Schauen Sie sich in aller Ruhe ein paar Minuten in dem Garten um. Nehmen sie sich Zeit. Nehmen Sie sich Ihren Raum.

- Was sehe ich in dem Garten?
- Wie fühlt es sich an?
- Was ist mir bekannt?
- Was kann ich dort neu entdecken?

– Nur-Musik-Phase (10-15 Minuten) –

Schauen Sie sich noch einmal um – es ist ein schöner Ort. Trotzdem verlassen Sie den Garten jetzt wieder. Sie gehen wieder durch das Tor. Sie gehen den Weg zurück. An der Mauer entlang, an dem rauschenden Bach vorbei, über die Wiese. Es ist immer noch Frühling. Und Sie öffnen die Augen."

Die TeilnehmerInnen haben 15 Minuten Zeit, den eigenen Talentgarten mit Farbe auf das Papier zu bringen. Die Auswertung erfolgt je nach Gruppengröße imPlenum (kleinere Gruppen) oder in Zweier- bzw. Dreiergruppen. Leitfragen:

- Welche bekannten und genutzten Talente,
- welche bekannten, aber ungenutzten (verschütteten) Talente
- welche unbekannten Talente sind mir in den Blick geraten?

Kollegiales Coaching – Struktur-Schema

Phase	*Schritt*	*Aktivität FalleinbringerIn*	*Aktivität Gruppe*	*zu beachten*
Übersichtverschaffen	Rollenverteilung	Entscheidung über aktuelle Rolle treffen (FalleinbringerIn, ModeratorIn, TeilnehmerInnen)		
	Darstellung	beschreiben der Situation bzw. des Problems	zuhören	
	Informationssammlung	exakt antworten	sachliche Informationsfragen stellen	noch keine Lösungsvorschläge!
Genauerbetrachten	Bildersammlung	zuhören	Bilder und Assoziationen entwickeln	auch „Unvernünftiges" äußern
	Analyse	zuhören	Hypothesen, Erklärungen, Gründe entwickeln	noch keine Lösungsvorschläge!
	Standortbestimmung	Reaktion auf Bilder & Hypothesen (positiv / negativ)	zuhören	
Lösungen suchen und Entscheiden	Lösungssammlung	zuhören	Konkrete Lösungsvorschläge anbieten („An Ihrer Stelle würde ich...)	sich wirklich in FalleinbringerIn hineinversetzen
	Entscheidung	eigene konkrete Vorsatzbildung entscheiden und begründen	zuhören	
	Bilanz	Befindlichkeit und Lerngewinn	Eigener Bezug zum Thema und Lerngewinn	

Auswertung / Reflexion
(„Was lief gut? Was könnte beim nächsten Mal besser laufen?)

© Michael Pohl 1999

Kollegiales Coaching – Anwendungsprinzipien

Externes Coaching ist meist wirksamer als internes, manchmal fehlt es jedoch an den finanziellen Mitteln. Dies kann ein Gesichtspunkt sein, sich auf die vorhandenen Kompetenzen und betriebsinternen Ressourcen zu besinnen, z.B. die im Team vorhandenen. Das muß nicht bedeuten daß Kollegiales Coaching immer nur die „zweitbeste Lösung" ist. Insbesondere bei gut funktionierenden Teams kann es dazu beitragen, die Qualität der laufenden Arbeit zu sichern und zu verbessern.

Kollegiales Coaching als fachbezogene systematisierte Kommunikation kann eine weitgehend kostenneutrale und effiziente Maßnahme sein. Kostenneutral, da nur die aufgewendete Arbeitszeit als Kostenfaktor anfällt. Allerdings empfiehlt es sich auch hier, ein begrenztes externes Training in Anspruch zu nehmen, um sich die Methode anzueignen. Es ist jedoch davon auszugehen, daß der Effizienzgewinn dazu führt, daß sich so eine Maßnahme letzten Endes auszahlt.

Funktionen:

1. Qualitätssicherung der Arbeit, bezogen sowohl auf Ergebnisqualität wie auf Prozeßqualität (Kommunikation und Kooperation)

2. fundierte Reflexion der eigenen Praxis

3. betriebs- /organisationsinterne Fortbildung

4. Erhöhung der Arbeitszufriedenheit

Zu beachtende Regularien/Kriterien:

- konsequente Einhaltung der Struktur (Regeln, Zeiten)

- strukturadäquate Moderation/Leitung

- „Beratung ohne Gefälle" - Abwesenheit formaler Hierarchie

- Aufzeichnungen schriftlich und möglichst auch mit Bildern und Symbolen

Der Sinn der Systematik

1. Verhinderung vorschneller Scheinlösungen
2. Gewährleistung effizienter Problembehandlung
3. Differenzierung der verschiedenen Problemebenen
4. Nutzung subjektiv unterschiedlicher Sichtweisen

Wichtige Grundsätze

- Strikte Trennung in zuhörende und informationsgebende Rollen zur Optimierung der Informationsübermittlung.
- Es wird nicht in jedem Fall sofort eine konkrete Lösung geben. Oft liegt der Gewinn auch schon in einer erweiterten Problemsicht. Manchmal kann es auch sinnvoller sein sich „vom Problem zu lösen".

Anwendungsvarianten

1. Innerhalb eines Teams (entweder multiprofessionell oder z.b. eines Beratungs- oder Verkaufsteams)
2. für Funktionsträger oder Führungskräfte gleicher Ebene aus verschiedenen Subsystemen (z.B.Abteilungsleiter, Anlageberater)
3. Organisationsübergreifend für Funktionsträger oder Führungskräfte aus verschiedenen Firmen der gleichen Branche (Vorteil „Über den eigenen Tellerrand gucken" – Nachteil: mögliche Behinderung durch Konkurrenz(-Denken)

© Michael Pohl 1999

Beweg-Gründe und Hemmschuhe

(Arbeitspapier zur Motivation)

Ich arbeite in der Organisation, Firma...

I. Beweg-Gründe

1. Was bewegt mich dazu, meine tägliche Arbeit zu tun?

2. Was bewegt meine KollegInnen dazu (Hypothesen)?

3. Welche Motive kenne / vermute ich, die jemanden bewegen, bei uns Kunden zu sein?

Hemmschuhe

Was wirkt (sicher, wahrscheinlich oder vermutlich) de-motivierend

1. auf mich?

2. auf meine KollegInnen?

3. auf die Kunden und Kundinnen?

Evaluations-Bogen

für Coaching-Prozesse (besonders für Coach-The-Coach)

Wie war für mich die aktuelle Sitzung?

Welche Themen kamen vor? Welche Unterthemen?

Was habe ich gelernt hinsichtlich
1. meiner Person?

2. meiner Arbeitsbeziehungen?

3. meiner professionellen Rolle?

4. meines Methodenkoffers (Anwendungsbezug)?

5. meiner Arbeitshaltung?

Bitte für jede Kategorie einen Konzeptsatz formulieren und eintragen.

Feedback an den Coach/Coaching-Trainer:

2. Neue Hand-Outs aus der Qualifizierung zum Coach

Im Folgenden stellen wir einige neue und zentrale Hand-Outs vor, die sich auf zentrale Coachingthemen beziehen. Sie haben sich in zahlreichen Coachingausbildungen bewährt, und werden von vielen Coaches wirksam und erfolgreich in der alltäglichen Praxis eingesetzt.

- Die *Kurzdefinition Coaching* fasst die Essenz von Coaching hochkomprimiert zusammen und eignet sich sowohl zur Information von potentiellen Coaching-Interessenten als auch zur Vergewisserung des eigenen Selbstverständnisses. Die beigefügten Konzept-Metaphern von Heinrich Fallner verbildlichen die Definition.

- Die Systematik *Wozu Coaching gut ist* gibt einen Überblick über die Anwendungsbreite von Coaching. Die Reihenfolge der drei Säulen ist dabei nicht zufällig. Vorausschauende Organisationen nutzen Coaching zur Qualitätssicherung und zur Zielerreichung und warten nicht, bis das Kind in den Brunnen gefallen ist und große Probleme zu bearbeiten sind.

- Die *Ansätze eines Coachprofils* bieten jedem Coach die Möglichkeit zur Selbstüberprüfung: In welchem der drei o.g. zentralen Bereiche liegen meine Stärken und Vorlieben? Was liegt mir eher nicht? Auch Coaching-Kunden können den Profil-Check bei der Entscheidung für einen Coach nutzen.

- Das *Konzeptentwicklungsquadrat* begleitet die Teilnehmerinnen durch die Ausbildung. Es verdeutlicht die komplexen Dimensionen der Konzeptentwicklung und betont die unabdingbare Individualität jedes Coaches: Vergiss nichts von dem, was Du schon kannst und weißt – integriere es in Dein eigenes Coaching-Konzept!

- Der *Beratungsraum* ist eine Wahrnehmungs- und Reflexionsfolie mit der aus unterschiedlichen Rollenperspektiven gearbeitet werden kann: Als Coach, als Coachee oder auch als Coach, der sich selber coachen lässt (im Begleit-, Lehr- oder Kontrollcoaching). Das Modell ist sowohl rückblickend als auch prozessplanend anwendbar.

- Der *Führungsraum* ist eine Variation des Beratungsraums. Er ist geeignet als Grundlage für die Entwicklung von Führungsstrategien, für Mitarbeitergespräche mit Coachingelementen oder für die Analyse und Reflexion von Führungsstil und –verhalten. Eine gute Ergänzung dazu stellt die folgende Organisationsanalyse dar.

- Die *Blickrichtungen in die Organisation* erweitern den systemischen Blick und lenken die Aufmerksamkeit auf eine möglichst komplette Perspektive bei der Arbeit mit und in Organisationen. Die reflektierende Betrachtung des Coaches kann so zur gründlichen systemischen Diagnostik und Interventionsentwicklung beitragen. Er sollte dabei immer wieder zum Perspektivwechsel in der Lage sein.

- Als *Systemhaus revisited* wird das im bisherigen Materialteil (s.o.) sehr komplex dargestellte Modell noch einmal aufgegriffen. Die grafische Umsetzung ist jetzt auf das Wesentliche reduziert und damit für die praktische Arbeit besser geeignet – eben so, wie es im Coaching sein sollte.

- Das *Arbeitsbeziehungs-Telegramm* ist eine sehr breit einsetzbare Methode, um den für Coaching zentralen Beziehungsaspekt zu fokussieren. Sein Einsatz ist sehr nützlich, wenn es gilt, Zwischenmenschliches im professionellen Kontext zu klären. Besonders ergiebig ist die Arbeit mit einem Vorher- und einem Nachher-Telegramm, wenn es darum geht, Veränderungen wahrzunehmen.

- Die *Krisenschritte* liefern einen komprimierten „Notfallkoffer" für akute Krisensituationen oder Eskalationen, die auch im Coaching vorkommen können. Sie geben Sicherheit und helfen dem Coach dabei, auch das eine oder andere Wagnis in der Beratung einzugehen.

- Das *Zielcoaching* ist eine differenzierte Matrix, die bei der Entwicklung, Konkretisierung und Umsetzung von Zielen hilft. Der Coach kann und soll sie dazu nutzen, Zielfindungsprozesse gleichermaßen wohlwollend wie kritisch zu begleiten.

- Die abschließenden *Arbeitsprinzipien* geben Hinweise zur günstigen Gestaltung von Kooperationsprozessen. Sei es im Coaching, sei es in der Teamarbeit oder in anderen Kooperationssettings – die hier formulierten Grundsätze haben sich in der Praxis als sehr hilfreich und prozessfördernd erwiesen.

Coaching - Kurzdefinition

1. **Coaching ist** Begleitung, Reflexion und Unterstützung im beruflichen Alltag durch eine darin erfahrene Beratungsfachkraft.

2. **Gegenstand von Coaching sind** die berufliche Rolle, das persönliche Erleben und Verarbeiten von Interaktionen sowie das fachliche Handeln im Alltag der Organisation.

3. **Coachingausbildung befähigt dazu**, ein professionelles Begleitangebot zur Stabilisierung und Qualifizierung beruflichen Handelns in Arbeitssystemen umzusetzen.

4. **Das Konzept** ist systemflexibel und bedarfsorientiert. Es kann als internes Coaching und als externes Coaching realisiert werden.

5. **Coaching dient** primär weder der Verbesserung von Fachwissen noch der von instrumentellen Fertigkeiten. Coaching ist Dialog und keine Belehrung.

6. **Coaches** stellen ihre professionelle Erfahrung, eine mehrperspektivische Wahrnehmung und ein humanwissenschaftlich fundiertes Methodenspektrum zur Verfügung. Sie sind konstruktiv-kritische Reflexionspartner.

7. **Coaching ermöglicht** ein professionelles Verständnis der eigenen Verhaltens- und Erlebensweisen sowie der Reaktionen anderer und hilft dabei, diese im jeweiligen Kontext einzuordnen. Es hilft, neue Erkenntnisse über Ursachen und Auswirkungen des eigenen Handelns sowie über das Zusammenspiel emotionaler, kognitiver und systembedingter Faktoren zu gewinnen. Bewusste Gestaltung von Kommunikation und Interaktion ist dann die Grundlage für geplante und sinn-volle Veränderungen.

Wesentliche Grundsätze

- Das Problem liegt zwischen uns. In der Kommunikation.
- Eine Hand für mich, eine Hand für's Boot.
- Wenn du nicht im Kontakt mit dir selbst bist, fummele nicht in den Prozessen anderer Leute herum.
- Problemlösungen auf der Basis von Vermeidung sind die Probleme von morgen.

www.coaching-bielefeld.info

226

Wozu Coaching gut ist

Qualität
sichern

Damit es rund läuft...
Begleitung durch eine professionelle Aussensicht um Betriebsblindheit zu vermeiden

Pflege
der Arbeitsbeziehungen, vorbeugende Aufmerksamkeit für Atmosphäre, Zufriedenheit und Rollenklarheit

Wartung
der Kommunikationsabläufe, regelmäßige Inspektionen: läuft alles so, wie es soll? Falls nicht – muss etwas geschehen?

Veränderungsbegleitung
bei Umstrukturierungen und Reorganisation

Ziele
erreichen

Vorbereitung auf bestimmte Anforderungen
- Aufgaben
- Präsentationen
- Bewerbungen
- Konfliktsituationen

Zielführungsprozesse
- was will ich erreichen?
- was steht mir zur Verfügung?
- was hindert mich?
- was brauche ich noch?
- wie mache ich es genau?
- woran werde ich/werden andere den Erfolg erkennen?

Generelle Ziele
Haltungen, Einstellungen und Verhaltensweisen verändern oder stabilisieren

Probleme
bearbeiten

Berufliche Krisen
- situativ bedingte
- persönlich bedingte
- kombiniert bedingte

Job-Stress
Permanenter Druck der als Überforderung erlebt wird

Berufliche Deformation
Tunnelartige Ausrichtung des Denkens und Handelns

Burn-Out
Missverhältnis zwischen Einsatz und Erfolg - Energieverlust

Mobbing
Verdecktes Austragen von Kritik und Konflikten

227

Das eigene Coaching-Auftragsprofil

Arbeitspapier zu der Übersicht "Wozu Coaching gut ist": Die drei Säulen "Qualität sichern, Ziele erreichen, Probleme bearbeiten"

Datum:

1. Coaching-Aufträge welcher Art habe ich bisher bekommen?

....
....
....
....
....

2. Coaching-Aufträge welcher Art würde ich in Zukunft am liebsten bekommen? Wo sehe ich meine momentanen Stärken?

....
....
....
....
....

3. Coaching-Aufträge welcher Art würde ich momentan/in Zukunft eher ablehnen? Was liegt mir nicht?

....
....
....
....
....

Das Konzeptentwicklungs-Quadrat

Coaching mit System

Selbstkonzept

- Identität
- Selbstkenntnis
- Standpunkt
- Spiritualität

Rollen- und Arbeits-Beziehungs-konzept

- Kontakt
- Abgrenzung
- Konflikt
- Harmonie

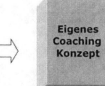

Eigenes Coaching Konzept

Handlungskonzept

- Strategien
- Methoden
- Interventionen
- Feldkompetenz
- Interaktionsmuster
- Organisations-erfahrungen

Wissenskonzept

- Lebenshintergrund
- Reflektierte Erfahrung
- Gute Allgemeinbildung
- Intuitiver Spürsinn
- Material aus den Seminaren und Kursen
- Theorie/Literatur

www.coaching-bielefeld.info

Der Beratungs-Raum

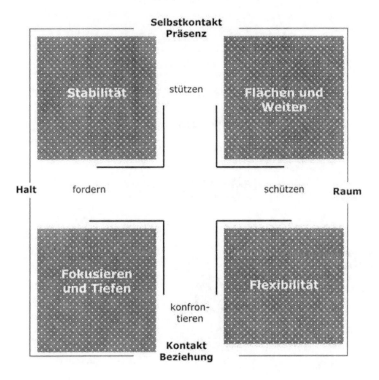

- In den Raum eintreten – Was wird gespürt?
- Den Innenraum betrachten und erleben – Womit gibt es Kontakt?
- Den Raum Verlassen – Erfahrungen und Ergebnisse
- Wie war der Kontakt in den Beziehungen?
- Gab es genügend Halt und Raum im Prozess?
- Wie wurde geweitet, fokussiert und getieft?
- Waren die Grundinterventionen "Stützen, Schützen, Fordern, Konfrontieren" in Balance?

© Heinrich Fallner

Der Führungs-Raum

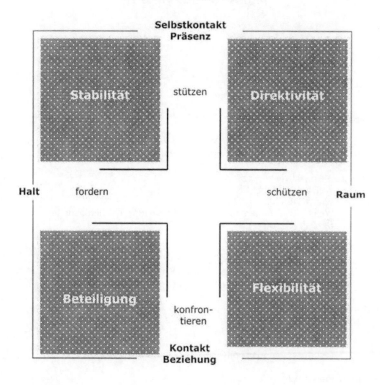

**Eine Grundlage für Führungs- und Leitungs-Diagnostik -
Was ist los im System?**

- Fragen
- Aufmerksamkeitsrichtungen
- Hypothesen
- Perspektiven

Blickrichtungen in die Organisation -
in das System hinein

Leistungs-Perspektive
- Was leistet das System?
- Was gelingt dem System?
- Was vermeidet das System?

Problem-Perspektive
- Welche Probleme hat das System und wozu braucht es die?
- Wie hält das System die Probleme am Leben?
- Wie pflegt, wartet und nährt es Probleme und Konflikte?

Lösungs-Perspektive
- Welche Probleme löst das System?
- Wie werden die Probleme gelöst?
- Welche Funktionen haben die Problem- und Konfliktlösungen für das (Gesamt-) System?

Qualitäts-Perspektive
- Welches Qualitätsverständnis gilt im System (welches ist gefordert, welches gilt tatsächlich?)
- Wie wird Qualität im System gesichert, wie verhindert?

Leitbild-Perspektive
- Welche System- (Firmen-)Grundsätze sind erkennbar?
- Wie ordnet sich das System gesellschaftlich ein?
- Woraufhin orientiert es sich (Produkt-, Kunden- oder Mitarbeiterorientiert)?

Mensch-Perspektive
- Wie sind Atmosphäre, Klima und Werte im Umgang miteinander?
- Haben Sorgen, Trauer und Freude einen angemessenen Raum im System?
- Wie werden Zugehörigkeit, Leistung und Originalität wertgeschätzt und gewürdigt?

Kulturelle Perspektive
- Umgangsformen
- Streitkultur
- Visions-Spektrum

Spirituelle Perspektive
- Werte, Sinn
- Geistige Säulen
- Orte der Kraft

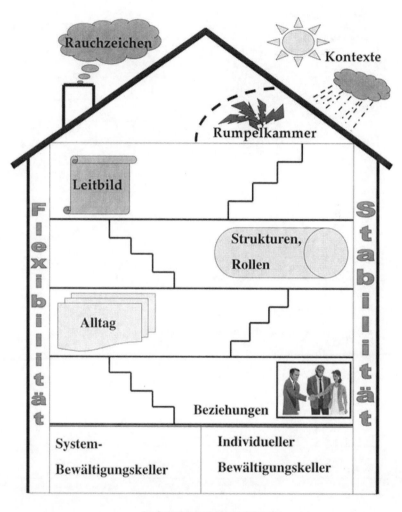

Das Systemhaus nach Heinrich Fallner ©

Arbeits-Beziehungs-Telegramm

am_____

Symbol für unsere derzeitige Beziehung:

von _____

an _____

TEXT: (max. 50 Buchstaben)

Dies ist ein:

☐ Erwartungs – Telegramm

☐ Unterstützungs-Angebot – Telegramm

☐ Klarlegungs – Telegramm

☐ Vorwurfs – Telegramm

☐ _____

© Heinrich Fallner

234

Krisen-Schritte

Vorgehensweise in akuten Krisenszenen

⇨ Kontakt herstellen

⇨ Konzentration auf die Situation hier und jetzt (keine Therapieversuche)

⇨ Direktiv stützen – Struktur geben – Halt bieten

⇨ Emotionalen Ausdruck ermutigen – Raum geben

⇨ Kleine Schritte gehen – zeitnahe Perspektive anbieten

⇨ Soziales Netzwerk einbeziehen – Verbindungen herstellen

„Krise ist ein produktiver Zustand – man muß ihr nur den Beigeschmack der Katastrophe nehmen." Max Frisch

kritein (griechisch)=scheiden / Krise=entscheiden

Zielcoaching

Die Arbeit an Zielen zwischen

Konsequenz ◄————————————————► **Kreativität**

und

	Ein persönliches Ziel *(im weiteren Sinne)*	Ein Coachingziel *(fallbezogen)*
Zielfindung - *Was ist mein Ziel?*		
Zielklärung - *Wie genau kann ich es beschreiben?* - *Will ich es wirklich?*		
Zielressourcen/-kontexte - *Was steht mir zur Verfügung?* - *Was fehlt mir noch?*		
Wege zum Ziel im Kontext - *Wie komme ich zum Ziel?* - *Was kann ich dafür tun?* - *Was hindert mich daran?*		
Ankunftsüberprüfung - *Woran merke ich, daß ich das Ziel erreicht habe?* - *Woran merken es andere?*		
Zufriedenheitsüberprüfung - *Ist der Zustand jetzt besser als vorher? Wie genau?* - *Falls nicht — an welcher Stufe hat es gelegen?*		
Wie geht es weiter? - *Gibt es neue Wege?* - *Was muß ich entscheiden?*		

www.coaching-bielefeld.info

Arbeitsprinzipien

Grundlegende Kompetenzen, die Kommunikation fördern, lassen sich auch als als Grundregeln im Coachingprozess formulieren:

1. **Akzeptanz** - ich habe meine Eigenarten und die Anderen sind anders. Wenn ich das annehme, können wir voneinander profitieren.

2. **Selbstzuständigkeit -** ich bin kein Opfer der Umstände, für mein Verhalten kann ich niemand anders verantwortlich machen.

3. **Vertrauen** - Vertrauen ist wichtiger als Kontrolle. Dadurch werden Selbstverantwortung, Selbststeuerung und Selbstoptimierung gefördert.

4. **Grenzen respektieren** - Druck erreicht oft weniger als das Zulassen der eigenen Begrenztheit. Niemand wird zu etwas gedrängt, was ihn überfordert - das schließt Anstöße und positive Provokationen nicht aus.

5. **Risikobereitschaft** - wenn ich etwas Neues probiere, eine Hürde überspringe, kann es auch schief gehen. Es gibt selten eine Erfolgsgarantie.

6. **Fehlerfreundlichkeit** - nur wer nichts tut, macht keine Fehler. Ein Fehler ist kein Makel, sondern eine Lernchance.

7. **Prozesshaftes Denken** - Ziele sind wichtig, aber Ziele können sich ändern. Ziele sind relativ und manchmal ist der Weg das Ziel. Wenn ich die obigen Punkte beachte, wird etwas Gutes dabei herauskommen.

8. **Lockerheit** - die Arbeit darf auch Spaß machen. Tut sie es nicht, läuft etwas schief.

Diese Arbeitsprinzipien fördern produktive Zusammenarbeit und sind daher sowohl für das Einzelcoaching als auch Team- und Gruppenberatungen zu empfehlen. Sie sind praxisorientiert und berücksichtigen den *Prozeßcharakter von Zusammenarbeit*.

Bibliographie

Arnold, R.: Konstruktivismus und Erwachsenenbildung. In: Report 3/2003. Gehirn und Lernen. Bielefeld 2003, S. 51-61

Baecker, D.: Postheroisches Management. Ein Vademecum. Merve Verlag Berlin 1994

Bateson, G.: Ökologie des Geistes. Frankfurt/M. 1983

Bauer, W.: Mut zum Vertrauen. Plädoyer für neue Formen der Zusammenarbeit. Campus 1996.

Baumgartner, I./Häfele, W./Schwarz, M.: OE-Prozesse. Bern 1998.

Bayer, H.: Coaching-Kompetenz. Persönlichkeit und Führungspsychologie. München/Reinhardt 1995

Belardi, N.: Supervision. Grundlagen, Techniken, Perspektiven. München 2002.

Benevolo, L: Die Stadt in der europäischen Geschichte. Frankfurt/Wien 1993

Bennis, W./Biederman, P.: Geniale Teams. Das Geheimnis kreativer Zusammenarbeit. Campus 1997

Berker, P.: Lernen, was Supervision ist. In: Supervision 13/1988, S. 51-62

Bernler, G./Johnsson, L.: Supervision in der psychosozialen Arbeit. Integrative Methodik und Praxis. Weinheim und Basel 1993.

Besser-Siegmund, C./Siegmund,H.: Coach Yourself. Düsseldorf 1996

Birkenbihl,V.: Stroh im Kopf? Gebrauchsanleitung fürs Gehirn. Landsberg 1998

Brinkmann, R.D.: Mitarbeiter-Coaching. Heidelberg 1994

Buchner, D.: Team-Coaching. Gemeinsam zum Erfolg. Wiesbaden 1994

Buer, F.: Lehrbuch der Supervision. Münster 1999

Canfield, J./Miller, J.: Heart At Work – Geben wir der Arbeit Herz und Seele zurück. Wien 1997.

Castaneda, C.: Die Lehren des Don Juan. Ein Yaqui-Weg des Wissens. Reinbek 1980

Ciompi, L.: Affektlogik, affektive Kommunikation und Pädagogik. Eine wissenschaftliche Neuorientierung. In: Report 3/2003. Gehirn und Lernen. Bielefeld 2003, S. 62-70

Comelli, G.: Training als Beitrag zur Organisationsentwicklung. Handbuch der Weiterbildung für die Praxis in Wirtschaft und Verwaltung. München/Wien 1985.

Culley, S.: Beratung als Prozess. Lehrbuch kommunikativer Fertigkeiten. Weinheim 1996.

De Roeck, B.-P./van den Abeele, J.: Leben lernen, statt gelebt zu werden. Offenbach 1988

De Roeck, B.-P.: Gras unter meinen Füßen. Eine ungewöhnliche Einführung in die Gestalttherapie. Reinbek 1992.

De Roeck, B.-P.: Dein eigener Freund werden („De Loernoot-Therapie en maatschappij"). Reinbek 1986.

Dekkers, M.: An allem nagt der Zahn der Zeit. Vom Reiz der Vergänglichkeit. München 1999

Deutsche Gesellschaft für Supervision (DGSv): Qualitätsentwicklung von Supervision. Projekt 2003-2006. Köln 2003

Eck, C.D.: Rollencoaching als Supervision. In: Fatzer, G. Handbuch 1990, S. 209-248

Eckhardt, U./Richter, K./Schulte, H. (Hg.): System Lehrsupervision. Aachen 1997

Fallner, H./Gräßlin, H.-M.: Kollegiale Beratung. Eine Systematik zur Reflexion des beruflichen Alltags. Hillle 1999

Fallner, H./John, R.: Handlungsmodell Supervision. Theoretische Grundlagen und praktische Anwendung. Mayen 1980.

Fallner, H.: Kommunikation ist Bewegung – Körper und Bewegung als Wahrnehmungs- und Erfahrungsrichtung in der prozessualen Supervision. In: Degwart, I: Dem Tag das Fenster öffnen, Münster 2000

Fallner, H.: Kompetenz-Entfaltung in der Lehrsupervision. In: Eckhardt, U./ Richter, K./Schulte, H.: System Lehrsupervision, Aachen 1997, S. 159-181

Fallner, H.: Skulpturen in der Supervision. In: „Supervision" (Sonderheft) 1990, S. 67-70. Münster 1990

Fatzer, G. (Hrsg.): Supervision und Beratung. – Ein Handbuch – Edition Humanistische Psychologie 1990.

Fischer-Epe, M.: Coaching: Miteinander Ziele erreichen. rororo 2002.

Franz, M.G.: Nachhaltiger Erfolg mit Kopf, Herz und Hand. In: IQ – Magazin zur Weiterbildung von Führungskräften. Themenschwerpunkt Coaching. 1/2000

Fromm, E.: Haben oder Sein. Die seelischen Grundlagen einer neuen Gesellschaft. Stuttgart 1976

Geißler, K.A./Orthey, F.M.: Das traditionelle Arbeitsmodell gilt nicht mehr. Süddeutsche Zeitung bzw. DGSv aktuell 1/99, S. 15-16

Glasl, F./Kalcher, T./Piber, H.: Professionelle Prozessberatung. Das Trigon-Modell der sieben OE-Basisprozesse. Freies Geistesleben 2004. 69,00

Graf, J.: Seminare 2008. Das Jahrbuch der Management-Weiterbildung. ManagerSeminare 2007

Gropengießer, H.: Lernen und Lehren – Thesen und Empfehlungen zu einem professionellen Verständnis. In: Report 3/2003. Gehirn und Lernen. Bielefeld 2003, S. 29-39

Günter, R.. Wissenschaftliche Grundlagen der Ästhetik. Ein Bildungs-Buch einer Hochschule

Günter, R.: Poetische Orte. Essen 1998

Günter, R.: Was ist Gestaltung? FHspecial '99, Bielefeld 1999.

Guntern, G.: Im Zeichen des Schmetterlings. Argumente für eine neue Führungskultur. München 1995

Haberleitner/Deistler/Ungvari: Führen, Fördern, Coachen. So entwickeln Sie die Potentiale Ihrer Mitarbeiter. München 2003

Hartkemeyer, M./Hartkemeyer, J.: Freeman, D.: Miteinander denken. Das Geheimnis des Dialogs. Stuttgart 1998.

Hauffe, T.: Design. 3. Auflage Köln 1998

Häußermann, H.: Lebendige Stadt, belebte Stadt oder inszenierte Urbanität. In: Berlin-Foyer 9/95, S. 12-14

Hendrich, F.: Die vier Energien der Führung. Signum 2002

Hössl, A./Spitzbart, B.: Einzelcoaching durch externe Berater als Instrument der Personalentwicklung. Dissertationsexpose Uni Graz 2002 im Internet.

Huber, A.: Stichwort: Chaosforschung. München 1996

John, R./Fallner, H.: Handlungsmodell Supervision Theoretische Grundlagen und praktische Anwendung. Hille 1990

Kaweh, B.: Das Coaching-Handbuch. Für Ausbildung und Praxis (Lernmaterialien). Vak-Verlag 2005. 19,95

Kersting, H.-J./Neumann-Wirsig,H. (Hg.): Supervision – Konstruktion von Wirklichkeiten. Aachen 1997

Knieß, M.: Kreatives Arbeiten. Methoden und Übungen zur Kreativitätssteigerung. München 1995

Königswieser, R./Exner, E.: Systemische Intervention. Architekturen und Designs für Berater und Veränderungsmanager. Stuttgart 1998

Kopp, S.: Triffst du Buddha unterwegs...Psychotherapie und Selbsterfahrung. Frankfurt/M. 2000

Kopp, Sheldon: Kopfunterhängend sehe ich alles anders. Köln 1984

Lenz,G./Ellebracht, H./Osterhold, G.: Vom Chef zum Coach. Der Weg zu einer neuen Führungskultur. Wiesbaden 1998

Looss, W.: Unter vier Augen. Landsberg/Lech 1997

Manteufel, A./Schiepek, G.: Systeme spielen. Selbstorganisation und Kompetenzentwicklung in sozialen Systemen. Göttingen 1998

Miedaner, T.: Coach dich selbst, sonst coacht dich keiner. MVG 2002

Migge, B.: Handbuch Coaching und Beratung. Beltz 2005. 49,90

Mohr,N./Woehe,J.M./Diebold: Widerstand erfolgreich managen. Professionelle Kommunikation in Veränderungsprozessen. Frankfurt/New York 1998

Möller, M.L.: Die Wahrheit beginnt zu zweit. Das Paar im Gespräch. Reinbek 1996

Moran, L., Musselwhite, E., Zenger, H.: Effektives Team-Coaching. Teams managen und zum Erfolg führen. Düsseldorf 1997

Neumann-Wirsig, H./Kersting, H.(Hg.): In Arbeit. Systemische Supervision und Beratung. Aachen 2002

Neumann-Wirsig, H./Kersting, H.(Hg.): Supervision in der Postmoderne. Aachen 1998

Neumann-Wirsig, H./Treiber,G.: Lehre mich nicht zu lernen. Online-Journal: Das gepfefferte Ferkel 2/2002

Nevis, E.C.: Organisationsberatung. Ein gestalttherapeutischer Ansatz. Edition Humanistische Psychologie. Köln 1988

Noteboom, C.: Die Form, das Zeichen. In MERIAN 5/1992, S. 36-41

Osterhold, G.: Supervision und Coaching – die Annäherung. In: Management-Seminar 4/92

Pallasch, W./Petersen, R.: Coaching. Ausbildungs- und Trainingskonzeption zum Coach in pädagogischen und sozialen Arbeitsfeldern. Juventa 2005. 18,00

Pennebaker, J.W.: Opening Up. Die befreiende Kraft des Redens. Econ 1991.

Petzold, H.G.: Integrative Supervision und Organisationsentwicklung. Modelle und Methoden reflexiver Praxis. Ein Handbuch. Paderborn 1998

Pohl, M./Braun, M.: Vom Zeichen zum System. Coaching und Wissensmanagement in modernen Bildungsprozessen. Waltrop 2004

Pohl, M./Witt, J.: Innovative Teamarbeit zwischen Konflikt und Kooperation. Heidelberg 2000

Pohl, M./Wunder, M.: Coaching und Führung. Orientierungshilfen und Praxisfälle. 2. Auflage Frankfurt 2005

Pohl, M.: Chef als Coach. In: Club-Report des Marketing-Club Bielefeld 11/2001, S. 6-9

Pohl, M.: Coaching und Teamarbeit als Mittel zur Bewältigung des Wandels. In: Braun, M./Schild, T.: Arbeiten im Park. Waltrop 2002

Pohl, M.: Supervision und Coaching an der Hochschule. In: Neumann-Wirsig, H./ Kersting, H. 2002, S. 125-162

Popcorn, F.: „Clicking" – der neue Popcorn-Report. Neue Ideen für das Jahr 2000. München 1997

Rau, H.R./Trauth, F.: Business as unusual – Coaching in Echtzeit. In: OSC 1/00, S. 9-32

Raudsepp, E.: Kreativitätsspiele für Manager. München 1994

Rauen C. (Hg.): Handbuch Coaching. Göttingen 2002

Rauen, C.: Coaching. Innovative Konzepte im Vergleich. Göttingen 1999

Reichel, R./Rabenstein,R.: Kreativ beraten. Ökotopia Verlag 2001. 22,00

Richter, K./Fallner, H.: Kreative Medien in der Supervision und Psychosozialen Beratung. Hille 1989

Richter, K.: Methoden um der Methoden willen? In:OSC 1/1996, S. 91-94.

Richter, K.: Methodenintegration in der Supervision. In: „Supervision" (Sonderheft) 1990, S. 64-66. Münster 1990.

Richter, K.: Erzählweisen des Körpers. Kreative Gestaltarbeit in Theorie, Beratung, Supervision und Gruppenarbeit. Kallmeyer 1997

Riemann, F.: Grundformen der Angst. München / Basel 1978

Rogers, C.: Therapeut und Klient. Frankfurt 2004. 10,90

Romhardt, K.: Wissen ist machbar. 50 Basics für einen klaren Kopf. München 2001

Roth, G.: Warum sind Lehren und Lernen so schwierig? In: Report 3/2003. Gehirn und Lernen. Bielefeld 2003, S. 20-28

Rückle, H.: Coaching. Düsseldorf 1992

Ruping, B. (Hg.): Gebraucht das Theater. Die Vorschläge von Augusto Boal. Münster 1993

Sackmann, S.: Diagnose von sozialen Systemen. In: Fatzer,G. (Hg.): Supervision und Beratung – ein Handbuch. Köln 1993

Satir, V.: Kommunikation. Selbstwert. Kongruenz. Konzepte und Perspektiven familientherapeutischer Praxis. Junfermann 1990

Schmidt, G.: Business Coaching. Mehr Erfolg als Mensch und Macher. Wiesbaden 1995

Schmidt, M.R.: Bob Dylan und die sechziger Jahre. Aufbruch und Abkehr. Frankfurt/M. 1983

Schmidt, S.: Was wir vom Lernen zu wissen glauben. In: Report 3/2003. Gehirn und Lernen. Bielefeld 2003,S. 40-50

Schmidt-Semisch, H.: Die prekäre Grenze der Legalität. Drogenkulturgenuß. München 1994

Schmidt-Tanger, M.: Veränderungscoaching. Kompetent verändern. NLP im Changemanagement, im Einzel- & Teamcoaching. Paderborn 1998

Schönberger, M.: Mein Chef ist ein Arschloch, Ihrer auch? Ein Überlebenstraining. München 2001

Schreyögg, A.: Coaching: Eine Einführung in Praxis und Ausbildung. Frankfurt/M. 1995

Schreyögg, A.: Die Zukunft von Coaching. In: Online-Journal das gepfefferte Ferkel 2003

Schreyögg, A.: Supervision. Ein integratives Modell. Lehrbuch zu Theorie & Praxis. Paderborn 1991.

Schulz von Thun, F.: Das „innere Team" und situationsgerechte Kommunikation. Reinbek 1998

Senge, P.M.: Die fünfte Disziplin. Kunst und Praxis der lernenden Organisation. Stuttgart 1996

Sennett, Richard: Fleisch und Stein. Der Körper und die Stadt in der westlichen Zivilisation. Berlin 1997

Shula, D./Blanchard,K.: Talent zum Coach hat jeder! So führen Sie zum Sieg. Wien 1996

Siebert, H.: Das Anregungspotenzial der Neurowissenschaften. In: Report 3/2003. Gehirn und Lernen. Bielefeld 2003, S. 9-13

Simon, F.: Die Kunst, nicht zu lernen. Auer Heidelberg 1997

Spinner, H.: Die Architektur der Informationsgesellschaft. Entwurf eines wissensorientierten Gesamtkonzepts. Frankfurt a.M. 1998

Sprenger, R.: Das Prinzip Selbstverantwortung.Wege zur Motivation. Frankfurt/New York 1997

Sprenger, R.: Mythos Motivation. Wege aus einer Sackgasse. Frankfurt/New York 1998

Stein, A./Stein, F.: Kreativität. Psychoanalytische und philosophische Aspekte. München 1987

Stuber, M. et al: Diversity. Luchterhand 2003

Thomann, C./Schulz von Thun, F.: Klärungshilfe. Handbuch für Therapeuten, Gesprächshelfer und Moderatoren in schwierigen gesprächen. Rowohlt. Hamburg 1988.

Ulsamer, B.: Ohne Wurzeln keine Flügel. Die systemische Therapie von Bert Hellinger. München 1999

Van Schlippe, A./Schweitzer, J.: Lehrbuch der systemischen Therapie und Beratung. Göttingen 1996

Vogel, H.-C. u.a.: Werkbuch für Organisationsberater. Texte und Übungen. Aachen 1994

Vogelauer, W.: Methoden-Handbuch Coaching. Luchterhand 2005

Wahren, H.K.: Coaching. Eschborn 1997

Watzlawick, P. u.a.: Lösungen – Zu Theorie und Praxis menschlichen Wandels. New York 1974

Watzlawick, P. u.a.: Menschliche Kommunikation. Bern/Stuttgart/Wien 1974

Watzlawick, P.: Wie wirklich ist die Wirklichkeit? Wahn – Täuschung – Verstehen. München 1976

Whitmore, J.: Coaching für die Praxis. München 1997

Wilker, F.W. : Supervision und Coaching. 1995

Wyrwa, H.: Supervision in der Postmoderne. In: Neumann-Wirsig,H./Kersting,H. (Hg.): Supervision in der Postmoderne. Aachen 1998

Zec, P.: Mit Design auf Erfolgskurs. Strategien, Konzepte, Prozesse. Köln 1998

Zinker, J.: Gestalttherapie als kreativer Prozeß. Paderborn 1993

Anmerkungen

1   Stein/Stein, S. 13
2   Vgl. u.a. Christa Müller: Der Schlüssel zu dauerhafter Wettbewerbsfähigkeit: Erziehung, Bildung, Qualifikation
3   Arie De Geus, Planungsleiter von Royal Dutch/Shell, zitiert nach Senge, S. 11
4   Schreyögg 1999, S. 5
5   Peter Senge, S. 215
6   Siehe hierzu das Modell der „Sondersitzung" von John MacCarthy bei Senge, S. 317ff
7   Peter Senge, S. 313ff
8   Zur Effektivität spielerischen Systemlernens s.a. Manteufel/Schiepek; Systeme spielen
9   Das sind z.b. John Whitmore, Astrid Schreyögg, sowie Lenz/Ellebracht/Osterhold
10   Rauen, C. 1999
11   Besser-Siegmund/Siegmund, S. 18
12   ebenda, S. 20
13   Vgl. Whitmore, S. 13f.
14   Siehe Schreyögg, S. 62ff
15   Schreyögg, S. 8 und 9
16   Vogel et al, S. 161
17   Rauen, 296f.
18   Martina Schmidt-Tanger integriert analoge Elemente wie Teamlandkarte, Spiegel und Betriebstemperaturen in ihren Ansatz des Veränderungs-Coaching.
19   So widmet Schreyögg einerseits der „Arbeit mit Materialien im Coaching" ein eigenes Kapitel (S. 276ff) und spiegelt in ihrer Behandlung des Themas (Methodische Anleihen im ‚Kinderzimmer') ein gewisses Mißtrauen gegnüber dem Einsatz kreativer Medien wider.
20   Lenz et al, S. 6
21   Whitmore, S. 12
22   Whitmore, S. 24/S. 25
23   Schreyögg, S. 11
24   Franz, S. 17
25   Rauen, S. 65
26   Looss 1991, S. 41
27   Schreyögg 1995, S. 58/59

28   Rauen 1999, S. 24
29   Rauen, S. 41
30   Buer, S. 186
31   Petzold 1998, S. 378
32   Schreyögg 1995, S. 59
33   Vgl. hierzu u.a. De Geus, Guntern, Lenz et al, Senge, Witt
34   Roland Günter 1999, S. 13
35   Roland Günter 1999, S. 5
36   Roland Günter 1999, S. 13
37   Roland Günter: Was ist Gestaltung?
38   Thomas Hauffe, S. 17/18
39   Michael Knieß, S. 6
40   Zitate in diesem Abschnitt nach Mathias R. Schmidt: Bob Dylan und die sechziger
     Jahre, S. 182, 183 136 und 137.
41   Das gilt von der Folk-Rock-Synthese bis zu seinem vorläufigen Alterswerk „Love
     And Theft" von 2001.
42   Joseph Zinker, S. 70 ff.
43   Leonardo Benevolo, S. 19
44   Benevolo, S. 13
45   Midas Dekkers, S. 123
46   Midas Dekkers, S. 124
47   ebenda
48   Sennett, S. 108
49   Noteboom, C. S. 39
50   Häußermann, S. 13
51   Andreas Huber, S. 88
52   Peter, Senge, S. 174
53   Peter Senge, S. 315
54   Vgl. hierzu Peter Senge, S. 192ff
55   Peter Senge, S. 193
56   Peter Senge, S. 194
57   Zinker, S. 201. Vgl. zum Folgenden seine Ausführungen zu „Polaritäten: Grundla-
     genarbeit für das Verstehen von Konflikten", S. 192ff
58   Zinker, S. 33.
59   Kurt Richter 1997, S. 16
60   Schmidt-Semisch: Die prekäre Grenze der Legalität
61   Kurt Richter 1997, S. 22/23
62   De Roeck 1986, S. 89
63   De Roeck 1986, S. 107
64   Rauen, S. 147ff.
65   Huck zitiert nach Rauen, S. 26
66   Nevis, S. 65
67   Nevis, S. 66
68   Bernler/Johnsson, S. 101
69   Nevis, S. 67
70   Nevis, S. 136

71   Nevis, S. 89
72   Nevis, S. 108
73   Nevis, S. 109
74   Nevis, S. 77
75   Der Lehr- und Lernprozeß ist ausführlich dargestellt dargestellt bei Günter/Löt-scher/Pohl „Alte Wege, neue Wege", insbesodere in dem Beitrag von Michael Pohl: Kreatives Praxislernen und prozessuale Supervision an der Hochschule.
76   Der Beitrag „Driftende Inseln" von Michael Pohl (In: Pohl/Braun 2004) umreißt die theoretischen Grundlagen des entsprechenden Lernmodells
77   Ebenda, S. 75
78   Die theoretischen Grundlagen des Lernmodells werden in dem Text „Driftende Inseln" von Michael Pohl umrissen. S. Pohl/Braun, S. 55ff.
79   Neben der 30jährigen Ausbildungspraxis von Heinrich Fallner seien hier exemplarisch die Gestalt- und Supervisionsausbildungen an der Akademie Remscheid mit Kurt Richter, die Team- und Lehrsupervisionskurse der Autoren an der Diakonischen Akademie Deutschland in Kooperation mit Heinz Kersting und Heidi Neumann-Wirsig sowie die deutschen „Mastery"-Workshops genannt.
80   S. 14
81   Diese Fähigkeit gilt übrigens auch als allgemeines Lernziel von Universitätsausbildung, vgl. G. Schulze: „Gehen ohne Grund. Eine Skizze zur Kulturgeschichte des Denkens." Frankfurt a. M. 1994
82   Bertolt Brecht, Dreigroschenoper.
83   S.o. S. 133-205 „Coaching-Praxis – 1. Live-Berichte und 2. Coaching-Übungen"
84   Zitiert nach Hartkemeyer et al, S. 147
85   Vgl. Kapitel 7. dieses Textes
86   H. Fallner: Kompetenzentfaltung in der Lehrsupervision. In: Eckhardt et al., S. 159ff.
87   Vgl. Richter/Fallner 1989, Fallner 2000, Richter 1997
88   Siehe Stuber et al. 2003
89   ManagerSeminare Heft 75/2004, S. 16-18
90   Die Deutsche Gesellschaft für Coaching hat ihren Sitz in Berlin / www.coaching-dgfc.de
91   So an der Bundesakademie für Kirche und Diakonie Deutschland (BAKD) und bei der Bildung & Beratung Bethel
92   DGSv 2003, S. 5
93   Das Konzept des Coachinglernens und ein dazu passendes Qualifizierungsmodell werden bei Pohl/Braun: „Vom Zeichen zum System. Coaching und Wissensmanagement in modernen Bildungsprozessen. Waltrop 2004" ausführlich beschrieben.
94   Vgl. den Absschnitt „der Coach stiehlt, wo er kann" und Teil I/2. „Coaching mit System als konzeptionelle Weiterentwicklung" in diesem Buch.
95   Pohl/Braun 2004
96   Astrid Schreyögg 2003: Die Zukunft von Coaching. In: Online-Journal „Das gepfefferte Ferkel"
97   Ebenda
98   Ebenda
99   Ebenda

100 Ebenda
101 Schmidt-Semisch S. 128
102 Schmidt-Semisch S. 129
103 Z.B. die Studie „Weiterbildungsszene Deutschland" des Verlages managersemina-
     re. Siehe Jürgen Graf: Weiterbildung in der Krise? In: BDVT-Journal. Jubiläums-
     ausgabe 2004, S. 19-22
104 J.Graf 2004, S. 21f.
105 Diese Metapher von Leonard Cohen umschreibt die Wertschätzung auch für dieje-
     nigen, die Gutes leisten, ohne dabei vordergründig gesellschaftlich geprägten Er-
     folgskriterien zu genügen.
106 Klaus Eidenschink: Wie finde ich den passenden Coach? Information zur Orientie-
     rung für Coachingkunden. Quelle: Downloadbereich von www.eidenschink.de
107 Siehe www.coaching-dgfc.de
108 Klaus Eidensschink, S. 8
109 Ulsamer 1999, S. 98
110 Ulsamer 1999, S. 99
111 Toblacher Thesen: Auch Schönheit ist ein Lebensmittel, FR 28.9.1998, S. 8
112 Königswieser/Exner, S. 47
113 Moran/Musselwhite/Zenger, S. 197
114 Siehe Rauen, S. 297 u. S. 299
115 Vgl. hierzu die Sammelrezension von Rauen
116 Buchner „Team-Coaching" und Moran et al „Effektives Team-Coaching" bzw.
     Lenz et al
117 Schreyögg, S. 276ff.
118 Hauffe, S. 18/19
119 Zec, S. 34
120 Senge, S. 293
121 Senge, S. 292
122 Nevis, S. 212.
123 Nevis, S. 213.
124 Kopp 1978, S. 163/Castaneda, S. 88
125 Raudsepp, S. 24
126 Lenz et al, S. 11
127 De Roeck/van den Abeele, S. 10
128 Jürgen Juchtmann: „Wortspielerei.Nachhaltig". Neue Westfälische vom 11.4.2000
129 Peter Senge, S. 333
130 „Was du zusammendrücken willst, das mußt du erst richtig sich ausdehnen lassen.
     Was du schwächen willst, das mußt du erst richtig stark werden lassen." Laotse
131 Vgl. hierzuPeter Senge, S. 333ff.
132 Nevis, 233ff
133 De Roeck 1992, S. 15
134 B. Ruping 1993, S. 63
135 R. Günter: Wissenschaftliche Grundlagen der Ästhetik, S. 20
136 Sonja Sackmann, S. 345
137 Watzlawick 1974, S. 68

Ihre Meinung ist uns wichtig

Nachhaltige Beratung lebt von Dialog und Feedback. Zur Qualitätssicherung und um die Arbeit weiter entwickeln und verbessern zu können, benötigen lernende Organisationen Rückmeldung. Das gilt auch für uns.

- Was in diesem Buch ist für Sie nützlich?
- Was hat Sie praktisch oder gedanklich angeregt?
- Was könnte noch verbessert werden?

Bitte teilen Sie uns Ihre Impulse, Gedanken und Vorschläge mit. Interessante Beratungsanfragen und -aufträge nehmen wir natürlich auch gerne an.

Michael Pohl – Coaching, Supervision, Moderation
Tel: 0521/176890
beratung@pohlvision.de
www.pohlvision.de

Heinrich Fallner – Coaching, Supervision, Weiterbildung
Crüwellstr. 7
33615 Bielefeld
Tel: 0521/122830

Carola Wedekind-Pohl – Coaching, Weiterbildung, Psychotherapie
Melanchthonstr.60
33615 Bielefeld
coaching@isp-bielefeld.de

Basiswissen Psychologie

Herausgegeben von Jürgen Kriz

Ralf Brand
Sportpsychologie
2010. ca. 120 S. Br. ca. EUR 12,90
ISBN 978-3-531-16699-5

Mark Helle
Psychotherapie und Beratung
2010. ca. 120 S. Br. ca. EUR 12,95
ISBN 978-3-531-16709-1

Margarete Imhof
**Psychologie für
Lehramtsstudierende**
2010. 152 S. Br. EUR 12,95
ISBN 978-3-531-16705-3

Thomas Kessler / Immo Fritsche
Sozialpsychologie
2010. ca. 120 S. Br. ca. EUR 14,90
ISBN 978-3-531-17126-5

Bernd Marcus
**Einführung in die Arbeits-
und Organisationspsychologie**
2010. ca. 120 S. Br. ca. EUR 12,90
ISBN 978-3-531-16724-4

Klaus Rothermund / Andreas Eder
Motivation und Emotion
2010. ca. 120 S. Br. ca. EUR 14,90
ISBN 978-3-531-16698-8

Karl-Heinz Renner / Gerhard Ströhlein /
Timo Heydasch
**Forschungsmethoden
der Psychologie**
Von der Fragestellung zur Präsentation
2010. ca. 120 S. Br. ca. EUR 12,90
ISBN 978-3-531-16729-9

Erich Schröger
Biologische Psychologie
2010. ca. 120 S. Br. ca. EUR 12,95
ISBN 978-3-531-16706-0

Thomas Schäfer
Statistik I
Deskriptive und Explorative Datenanalyse
2010. ca. 140 S. Br. ca. EUR 14,90
ISBN 978-3-531-16939-2

Dirk Wentura / Christian Frings
Kognitive Psychologie
2010. ca. 120 S. Br. ca. EUR 12,95
ISBN 978-3-531-16697-1

Matthias Ziegler / Markus Bühner
**Grundlagen der
Psychologischen Diagnostik**
2010. ca. 120 S. Br. ca. EUR 14,90
ISBN 978-3-531-16710-7

Erhältlich im Buchhandel oder beim Verlag.
Änderungen vorbehalten. Stand: Januar 2010.

www.vs-verlag.de

VS VERLAG FÜR SOZIALWISSENSCHAFTEN

Abraham-Lincoln-Straße 46
65189 Wiesbaden
Tel. 0611.7878 - 722
Fax 0611.7878 - 400

Printed by Printforce, the Netherlands